高等学校英语专业系列教材

（第二版）

跨文化交际：理论与实践

Theory and Practice in Intercultural Communication

— (Second Edition) —

隋虹　隋泷宇　著

武汉大学出版社

图书在版编目(CIP)数据

跨文化交际：理论与实践／隋虹,隋泷宇著. -- 2 版. -- 武汉：武汉大学出版社,2025.8. -- 高等学校英语专业系列教材. -- ISBN 978-7-307-24997-4

Ⅰ. G115

中国国家版本馆 CIP 数据核字第 2025G652H3 号

责任编辑：徐胡乡　　　责任校对：鄢春梅　　　版式设计：马　佳

出版发行：**武汉大学出版社**　　（430072　武昌　珞珈山）
（电子邮箱：cbs22@whu.edu.cn　网址：www.wdp.com.cn）
印刷：武汉图物印刷有限公司
开本：720×1000　1/16　印张：12.25　字数：215 千字　插页：1
版次：2018 年 3 月第 1 版　　2025 年 8 月第 2 版
　　　2025 年 8 月第 2 版第 1 次印刷
ISBN 978-7-307-24997-4　　定价：59.00 元

版权所有，不得翻印；凡购我社的图书，如有质量问题，请与当地图书销售部门联系调换。

第二版前言

《跨文化交际：理论与实践》（Theory and Practice in Intercultural Communication）于 2018 年 3 月由武汉大学出版社出版发行。鉴于全球化背景下"地球村"（global village）的概念已经深入人心，我们积极推进此次再版，主要从以下两个方面对本书内容进行了修订。

其一，本书主体部分新增了"文化身份、文化自信与外语教育"章节，该内容源自山东省社科项目"重塑中国文化自信视角下外语教育本土化创新路径及启示"的立项研究。文化自信事关国运兴衰，它支撑着中华民族屹立于世界民族之林，是一个国家、一个民族发展中最基本、最深沉、最持久的力量。同时，文化自信也是本书理论研究的根基，以及跨文化交际活动研究者和参与者的行动指南。新增此部分内容，必将夯实本书的理论基础，进一步完善再版内容。

其二，众所周知，经济全球化是教育国际化的重大推动力量。近年来，跨文化交际学科研究与时俱进，日新月异，跨文化交际实践活动的范围越来越广泛，内容越来越丰富。因此，再版时我们增加了相应的新鲜案例。这部分内容的修正，势必提升该教材的时效性，使其真正实现理论性和实践性的高度统一。

在当今国际交往日益频繁的世界，跨文化交际活动中固有的文化差异已成为普遍性常识，亟待众多语言学习者和跨文化交际活动参与者去关注和实践。在此背景下，本书旨在帮助外语学习者和跨文化交际活动参与者立足个体文化意识，坚定个人文化身份认同感，增强自身文化自信心，从而获得更多有效的跨文化交流策略，在实践中更好地融入跨文化交际活动，进一步提高其跨文化交际能力。

本书的修订仍然在原书的基本框架内进行。本书的学习对语言学习者和跨文化交际活动参与者的语言实践运用能力以及其跨文化交际的顺利完成，亦有一定的导航和践行作用。修订过程中，作者参阅了部分国内外学者的文献资料，具体文献详见书末的参考文献部分。在此，谨向各位学者表示衷心的感谢。

同时，此次修订工作也得到了诸多同行的支持和鼓励。烟台大学韩晓玲教授和于翠红博士针对本书提出了中肯且富有建设性的修改意见；隋泷宇为本书提供了颇具价值的英文参考资料，还参与了其中部分章节的撰写工作；武汉大学出版社编辑对本书的修订出版付出了辛勤的劳动。借此机会，向他们一并表示最诚挚的感谢！

2025 年的第一场雪如约而至。我倾心聆听雪花飘落的声音，在白雪皑皑的童话世界里，感受内心的宁静与美好……校园内三元湖畔，冬雪飞扬，片片雪花婀娜多姿，仿佛愉悦地唱着歌，那悦耳的欢歌笑语洒落在湖面上。哦，春姑娘已经在路上了！

此次修订对 2018 版内容进行了改进和整体提升。然而，由于作者学识和水平有限，书中难免存在疏漏和错误之处。恳请同行专家和使用者提出批评和指正，以期共同进步。

隋虹

2025 年 1 月

于烟台大学三元湖畔逸夫馆

第一版前言

在经济全球化、教育国际化的趋势和潮流下,一个全球化的地球村(global village)已经渐露雏形,跨文化交流也已成为世界各国人民之间一项普遍的人际交往活动。在大量外国人涌入中国学习、工作的同时,越来越多的中国人也开始走出国门,去旅游、探亲或学习等,将自己置身于异国文化的环境中,体验着伴有文化休克的跨文化交际过程。

然而,在当今中国大学教育的外语教学课程设置中,能够将文化知识和跨文化交际理论结合在一起的课程凤毛麟角。外语课堂教学的主要任务大多以听、说、读、写等语言知识和技能的传授为主,极少涉及其相关的文化内容和知识。不少人想当然地以为,只要学会了外语,凭借常识、按照惯例,一切问题都可以迎刃而解。在这里,他们错误地将跨文化交际能力和学习外语的四项基本技能画上了一个等号。

无论是耳闻目睹,抑或是亲身经历,我们都知道,即使两种文化间只有一点点细微的差异,都可能意味着截然不同的价值观和方法论。在中国特定文化背景下属于常识性的行为和表述,在某个外国文化背景下的跨文化交际中可能就是极为反常的举动。大多数情况下,仅靠丰富的词汇和正确的语法表述是难以顺利完成一个完整、成功的跨文化交际过程的。

综上所述,跨文化交际活动中所固有的文化差异已成为一个普遍性的常识摆在人们面前,等待更多的语言学习者和跨文化交际活动的参与者去认识和关注。本书正是在这样的背景下应运而生,旨在帮助外语学习者和跨文化交际参与者掌握更多的跨文化交流策略,在实践中更好地融入和调和跨文化交际活动,进一步提高他们的跨文化交际能力,同时对他们的语言实践运用能力和跨文化交际的顺利完成亦有一定的导航作用。

本书第一章"文化与语言",概述了文化和语言的基本概念及其相互关系,并将关注点聚焦于文化休克现象,对其进行了较为全面的分析。第二章

"交际与跨文化交际",介绍了交际的定义、交际的特征、交际的模式,并对跨文化交际、跨文化交际研究和跨文化交际学做了详细的阐述。第三章"文化'花'园面面观"是本书的主体部分,主要对英、汉两种不同文化进行了一个深层次的纵向探讨。如果将本书的框架比作一个坐标系,那么书中谈及的英、汉不同文化体现便是该坐标系中的横坐标,而对其不同文化层面的分析探讨则是纵坐标。笔者以此为切入点,对英、汉文化进行了全方位、立体化的分析和探究。文中的相关例证均采撷于现实生活的实例和跨文化交际的实践活动,其目的是增强它的客观性和可信度。在跨文化交际活动中,英、汉语的地位具有无可比拟的重要性,这两种语言均为世界上具有统治地位的通用语言。其中,汉语是世界上使用人口最多的语言,英语是使用最广泛的语言。在本章的每一个小节后,本书还截取了英、美、俄、法、日、德等几个国家文化不同层面的知识,或以面概述,或取点分析,将它们一一收入"花海踏浪篇",作为本书主体部分每小节之后的文化赏析小文章,目的是将知识性和娱乐性有效融合,进而达到理论性和实践性的完美统一。第四章"跨文化交际能力",在概述文化和跨文化交际能力的关系的基础上,着重论述了在大学外语教学实践中,如何切实培养和提高大学生的跨文化交际能力。

在写作过程中,笔者参阅了不少国内外研究者的著作与学术刊物,并在书后列出了主要参考文献,在此向这些作者一一致谢。

从本书的构思到挂笔封稿的这段时间里,笔者得到了烟台大学韩晓玲教授、冷惠玲博士的热情支持和鼓励,他们在百忙之中对此书提出了一些有价值的修改意见。在此一并向他们表示诚挚的感谢。

由于笔者水平有限,本书难免存在疏漏之处,恳请同行专家批评指正。

隋 虹
2018 年 1 月
于烟台大学三元湖畔

目 录

第一章 文化与语言 ·· 1
  第一节 文化与语言 ·· 1
    一、文化 ·· 1
    二、语言 ·· 8
    三、文化与语言的关系 ·· 9
  第二节 文化休克 ·· 13
    一、文化休克 ·· 14
    二、文化休克的特征 ·· 18
    三、文化休克的应对策略 ·· 19

第二章 交际与跨文化交际 ·· 23
  第一节 交际 ·· 23
    一、交际的定义 ·· 23
    二、交际的特征 ·· 24
    三、交际的模式 ·· 26
    四、交际和文化 ·· 26
  第二节 跨文化交际 ·· 28
    一、跨文化交际 ·· 29
    二、跨文化交际研究 ·· 30
    三、跨文化交际学 ·· 33
    四、文化休克与跨文化交际能力 ·································· 40

第三章 文化身份、文化自信与外语教育 ······························ 44
  第一节 文化身份 ·· 44

一、文化身份的定义 …………………………………………… 44
　　二、文化身份与跨文化交际 …………………………………… 45
第二节　文化自信 ………………………………………………… 46
　　一、文化自信 …………………………………………………… 47
　　二、文化自信与外语教育 ……………………………………… 54

第四章　文化花园面面观 …………………………………………… 57
第一节　各有特色的馈赠文化 …………………………………… 61
　　一、馈赠文化的差异 …………………………………………… 61
　　二、英语国家的送礼习惯 ……………………………………… 64
　　三、汉民族的送礼习俗 ………………………………………… 67
　　　花海踏浪篇（1）——求实创新的英国文化 ……………… 71
第二节　妙趣横生的数字文化 …………………………………… 74
　　一、西方国家的数字文化 ……………………………………… 74
　　二、汉民族的数字文化 ………………………………………… 78
　　　花海踏浪篇（2）——开放进取的美国文化 ……………… 85
第三节　迥然各异的称谓用语 …………………………………… 88
　　一、称谓的意义 ………………………………………………… 88
　　二、英语国家的称谓习惯 ……………………………………… 88
　　三、汉民族的称谓特点 ………………………………………… 92
　　　花海踏浪篇（3）——俄罗斯的趣味称谓文化 …………… 97
第四节　千姿百态的婚俗文化 …………………………………… 101
　　一、婚姻的起源 ………………………………………………… 101
　　二、汉民族婚礼礼仪的历史变迁 ……………………………… 102
　　三、英、汉婚俗文化差异 ……………………………………… 107
　　　花海踏浪篇（4）——现代化的法国文化 ………………… 111
第五节　源远流长的姓氏文化 …………………………………… 114
　　一、姓氏的起源 ………………………………………………… 114
　　二、英语国家的姓氏 …………………………………………… 114
　　三、汉族的姓氏文化 …………………………………………… 118
　　　花海踏浪篇（5）——俄罗斯人的姓氏花絮 ……………… 122
第六节　风采各异的植物象征意义 ……………………………… 127
　　一、植物的托物言志 …………………………………………… 128
　　二、西方人最爱的植物 ………………………………………… 128

三、汉民族的植物喜好 ································ 130
　　花海踏浪篇（6）——德国的文化特质——森林崇拜 ·········· 135
第七节　谨小慎微的禁忌文化 ······························ 139
　一、禁忌的渊源 ······································ 140
　二、英语国家的禁忌习俗 ······························ 141
　三、汉民族的禁忌习俗 ································ 145
　　花海踏浪篇（7）——日本的茶道文化 ················ 150
第八节　五花八门的中西饮食文化 ·························· 153
　一、宴客 ·· 153
　二、西方人的理性饮食观 ······························ 154
　三、中国人的感性饮食观 ······························ 158
　　花海踏浪篇（8）——"无酒不成宴"的友好邻邦：俄罗斯
　　　　　　　　　　　　　　　　　　　　　　　　　　　163

第五章　跨文化交际能力 ································ 169

第一节　文化与跨文化交际能力 ···························· 169
　一、跨文化交际能力 ·································· 169
　二、文化差异在跨文化交际中的重要性 ·················· 172
第二节　外语教学与跨文化交际能力的培养 ·················· 173
　一、跨文化交际能力培养的局限性 ······················ 174
　二、提高跨文化交际能力的策略 ························ 176
　三、跨文化交际能力的培养途径 ························ 178
　四、外语教学与跨文化交际能力的培养 ·················· 180

参考文献 ·· 184

第一章

文化与语言

文化和交流都依赖于特定的符号系统。贾玉新认为,交际是人们赖以生存、社会赖以活动、文化赖以传承和储存的重要机制。① 同时,交际也会受到文化的影响。在相同的文化背景下,人们遵循着同一套行为规则,因而在交际过程中,文化就如同润滑剂一般,使交流顺畅无阻。然而,对于来自不同文化背景的跨文化交际参与者而言,彼此迥异的文化背景则会成为他们在跨文化交际活动中的一道难以跨越的天然屏障。

第一节 文化与语言

语言的产生和发展,使得人类文化得以诞生和传承。不存在脱离语言而独立存在的文化,也不存在没有文化内涵的语言。从广义角度来看,文化包括语言;同时,文化又无时无刻不在影响着语言,促使语言为了适应文化发展变化的需求,而变得更加缜密和精确。文化和语言二者关系紧密相连、密不可分。每一个外语学习者和跨文化交际活动参与者都希望能够恰当、得体地运用自身所掌握的外语,顺利完成跨文化交际活动。因此,关注和研究文化和语言之间的关系就显得尤为必要。

一、文化

近年来,"文化"一词使用的频率很高,范围也很广,其内涵和外延都变得十分丰富。学者纷纷着眼于此,开始聚焦我国传统文化与现代文化之间的关系、东西方文化比较等相关问题。文化常以潜意识的形式存在并活动于大部分人的头脑中,人们往往将自身文化的诸多方面视为理所当然,只有当

---

① 贾玉新. 跨文化交际学 [M]. 上海:上海外语教育出版社,1997.

异文化与之发生冲突时，才会明显地感到自身文化的独特性。各大媒体上经常讨论的"企业文化""饮食文化""茶文化"等，尽管都用了"文化"这个词，但不同的人对这个词的理解大相径庭，此文化非彼文化。文化研究的大部分内容具有隐蔽性，不在使用者视线内。因此，有学者把文化比作冰山，正所谓"冰山一角"，我们能看到的只是它露出水面的一小部分。水下的大部分才是语言学习者和跨文化交际活动参与者所要关注和研究的主体部分。

语言是人们沟通交流的表达方式，是最重要的交际工具，人们借助语言来实现保存和传递人类文明成果的目的。同时，语言又是民族差异的重要标志。一般来说，各民族都有自己的语言，英语、汉语、俄语、西班牙语和阿拉伯语是世界主要语言。据德国语言学家1979年出版的《语言学及语言交际工具问题手册》统计，世界上查明的有5651种语言。在这些语言中，有1400多种还没有被正式承认或是正在逐渐消亡。

1. 文化的概念

在跨文化交际研究中，我们不可避免地要进行文化对比。但定义"文化"是一件非常困难的事情，它不仅是跨文化交际研究中的关键问题，而且相当复杂。由于文化本身涵盖面广，且研究者的学科背景各不相同，他们提出了数以百计与之相关的定义。如果对文化的理解不同，那么对比的结果就有可能相差甚远，甚至对比的事物都可能是不同指代。因此，在讨论跨文化交际的某些具体问题之前，我们先要弄清楚"文化"究竟是什么。

目前，学术界公认的"文化"定义是由"人类学之父"、英国人类学家泰勒（E. B. Tylor）提出的，他在《原始文化》（*Primitive Culture*）中，对"文化"下的定义是"文化或文明，就其广泛的民族学意义来讲，是一个复合整体，包括知识、信仰、艺术、道德、法律、习俗以及作为一个社会成员的人所习得的其他一切能力和习惯"。[①] 泰勒是第一个对"文化"进行系统定义的人。值得注意的是，他所强调的是知识、习俗、能力、习惯等，而不是具体的实物。这个定义将"文化"解释为社会发展过程中人类创造物的总称，包括物质技术、社会规范和观念精神。它由特定群体共享并代代相传，包括语言、知识、社会规范和价值观等核心要素，持续影响着群体成员

[①] E. B. Tylor. Primitive Culture Volume I (Dover Thrift Editions) [M]. New York: Dover Publications Inc., 2016.

的行为方式。

2. 文化的分类

关于文化的划分，最常见的做法是将其分为广义文化和狭义文化，也有人将其区分为大文化和小文化。日本社会学家富永健一认为："正如我们将社会区分为广义的社会和狭义的社会那样，有必要将文化也分为广义的文化和狭义的文化。广义的社会是与自然相对应的范畴；同样，广义的文化也是作为与自然相对应的范畴来使用的。在这种情况下，技术、经济、政治、法律、宗教等等都可以认为是属于文化的领域。也就是说，广义的文化与广义的社会的含义是一致的。但另一方面，狭义的文化与狭义的社会却有不同的内容。后者是通过持续的相互关系而形成的社会关系系统；而前者如我们上文中提出的定义那样，是产生于人类行动但又独立于这些的客观存在的符号系统。"①

此外，文化还可以分为显性文化和隐性文化，代表人物是美国人类学家克莱德·克鲁克洪（Clyde Kluchohn）。他认为，文化分析必然既包括显露方面的分析，也包括隐含方面的分析。显性文化寓于文字和事实所构成的规律之中，它可以经过观察直接总结出来。人们只需在自己的观察中看到或揭示其连贯一致的东西。人类学家不会去解释任意的行为。隐性文化则以一种无形的方式存在，潜移默化地影响个体的世界观、价值观和人生观。只有在文化最为精深微妙的自我意识之处，人类学家才在文化的承载者那里关注隐性文化。隐性文化由纯粹的形式构成，而显性文化既有内容又有结构。

社会学还提出一种"亚文化"的概念。当一个社会的某一群体形成一种既包括主文化的某些特征，又具备一些其他群体所不具备的文化要素的生活方式时，这种群体文化便被称为亚文化。亚文化的形成依据多样，它可以基于原有的国籍，如美籍墨西哥人文化和美籍意大利人亚文化；也可以围绕职业种类发展而来，如医学或军事部门的亚文化；可能是基于种族或民族的差异，如美国黑人亚文化；还可能是源于地区的差异，如美国南部各州的亚文化。每一个复杂社会都包含着许多亚文化，社会成员常常会在一个以上的亚文化中发挥作用。反过来说，他们在一生中也会经历多种亚文化。

文化哲学把文化结构细分成物质文化、制度文化、精神文化三个层面。其中，物质文化是指人类在物质生产活动中所创造的全部物质产品，以及创

---

① ［日］富永健一. 社会学原理［M］. 严立贤，陈婴婴，杨栋梁，等，译. 北京：社会科学文献出版社，1992.

造这些产品的手段、工艺、方法等；制度文化是人们为反映和确定一定的社会关系，并对这些关系进行整合和调控而建立的一整套规范体系；精神文化也称为观念文化，是以心理、观念、理论形态存在的文化。精神文化又包括两个部分，一是存在于人心中的文化心态、文化心理、文化观念、文化思想、文化信念等；二是已经理论化、对象化的思想理论体系，即客观化了的思想。可以说，物质文化是人类文明的基础，制度文化和精神文化构成上层建筑，这三者相互渗透、彼此制约。

在近段时期的文化研究中，对于文化的区分又出现了高雅文化、精英文化、通俗文化、大众文化、流行文化、产业文化、商业文化等新概念，并且催生了大量学术研究成果。此外，在各个学科也产生了相应的文化概念，如政治文化、经济文化、企业文化、行政文化、管理文化、法律文化等。这些纷繁的文化定义反映的是文化与人类及社会的密切关联度，它不仅揭示了文化与人类社会进程的关系，而且揭示了文化与人类社会整体的联系，这种联系涉及社会的各个层面和领域。同时，它还凸显了文化对每一位个体的权利、利益、自由、生存状况的关注。

文化是跨文化交际研究的核心，它影响着跨文化交际中的许多因素，包括历史、传统、宗教、价值观念、社会组织、风俗习惯、社会所处的发展阶段和社会制度等，本书聚焦英语、汉语两种文化背景在上述若干层面的对比。

本书涉及的有关文化的重要概念和术语，包括文化意识、文化研究、文化适应、跨文化交际等，均选自拜伦（Michael Byram）的《语言教学百科全书》（*Routledge Encyclopedia of Language Teaching and Learning*）。[①]

（1）文化意识

文化意识和语言关系最为密切，它产生于 20 世纪 80 年代人文和社会科学讨论的"文化大转型"语境中。文化关系因民族、种族、社会、地域或制度的差异而变化，但其重要共性是文化意识概念的内省性或反思性。换句话说，理解和感受异文化的运作方式或文化系统有助于个体反观自身文化和身份。在人文教育中，文化意识早已被广泛应用于许多相关学科中，如地理学和社会学研究会优先从文化角度来阐释问题。相比而言，虽然在母语教学中文化意识常被提及使用，但实际上，它在第二语言学习和外语教学中具有更强的指导性。

---

① Michael Bylam. Routledge Encyclopedia of Language Teaching and Learning ［M］. London：Routledge，2004.

尤其是在大学的外语教学中，文化意识具有绝对的重要性。因为各个层次的语言教学越来越聚焦文化内容，从19世纪开始，文化因素便以文化阅读和直观文化教具的形式渗入课堂，语言教学已经烙上了国家文化和社会的印记。在教学法发展史上，文化意识是一个既强调发展文化洞察、文化态度，又强调发展文化身份的关键概念。拜伦建立的语言与文化教学模式，包括语言学习、语言意识、文化意识和文化经历。一般来说，对文化和教学论的讨论主要受美国人类学家格尔茨（Clifford Geertz）的影响。在《文化的解释》（The Interpretation of Cultures）中，他从符号学角度对文化进行了全方位解释。① 除此之外，少数批评取向的文化意识方法则进一步凸显反思性，推动认知从民族中心主义向文化相对主义发展，从民族文化定势向从多元视角看世界发展。因此，文化意识把两个不同的传统学科联系起来，一方面是对人类学中的文化代表性和相对性的讨论；另一方面是对社会心理学关于偏见、文化定势和社会认知的讨论。

文化意识与跨文化能力这两个概念存在着某种竞争关系，其理论更多地被用在评价标准上。与跨文化能力相比，文化意识是一个更为普遍的概念，其多元解释常存在于多样化的语境中，也是语言教学感兴趣的内容。

（2）文化研究

文化研究最早开始于英国，它是关于文化现象多学科或跨学科分析的综合性术语。该术语第一次出现在理查德·霍加特（Richard Hoggart）和雷蒙·威廉斯（Raymond Williams）的两部作品中。两位作者传承了英国的文化批评传统，并通过文化概念平民化使其发扬光大。从此，文化研究不再只是关注精英文化和高层文化，而是转向聚焦社会内部种种纷繁复杂的文化。1964年，理查德·霍加特在伯明翰大学建立了英国文化研究发展史上最具代表性和影响力的"当代文化研究中心"，开启系统的理论和实证研究。此后，美国、澳大利亚、意大利、德国等国都根据各自需求发展文化研究。近几十年来，文化研究迅速扩展到世界各地。在向纵深发展的同时，文化研究也渗透外语教学和其他学科的教学研究中。

纵观文化研究的发展，它是一个波浪式前进、螺旋式上升的历程。

① 当第二次世界大战后的后遗症逐渐消失，社会和心理资源得以充实时，人性的社会和政治意义吸引了更多人的兴趣，对曾经无法与法西斯战争抗衡的社会准则和价值观，人们开始系统反思并力图重塑。在欧洲，这些特征逐渐在"人性的危机"中显现出来，也再一次体现在20世纪50年代的

---

① Clifford Geertz. The Interpretation of Cultures [M]. New York: Basic Books, 1973.

政治、文化转型中，这对学术观点以及一代人的政治、文化观都产生了一定影响。

②20世纪50—60年代，英国和欧洲其他国家的移民数量激增。当时，这些移民并没有被认为是影响政治文化的因素，但他们的存在对文化和政治关系的讨论产生了极其微妙的影响。当这些移民的第二代和第三代进入学校时，他们对欧洲政治、文化的统一甚至产生了决定性影响。

③在发展文化研究的同时，美国逐渐丧失了控制全球经济的能力。人们意识到，美国再也没有能力确立自己建立"世界新秩序"的大国地位了。

从全球视角来看，经济、政治、文化发展这种不可逆转的变化，必将在全球范围内引发文化研究领域旷日持久的论战。全球化语景下的文化交流变得更加频繁，不同文化之间的相互借鉴和融合成为常态。文化多元化既激发了社会创新和思想碰撞，也带来了文化冲突乃至文化休克的挑战。

（3）文化休克（即文化冲击）

事实上，每一个人在置身于与自身成长背景不同的文化时，都会受到不同程度的冲击。原先运用自如的社会技能、自觉遵守的行为规范和价值标准，在异文化环境中突然失去了作用，从而引起自身心理秩序的混乱和不安，这种不适是文化休克在现实生活中的具体反映。

在西方国家，人们非常在意安全距离，排队时自觉与前一位保持约1米的距离，这便是我们说的"一米线"。而我国在排队时，更习惯前后依次站着。随着社会的发展和中西文化交融，"一米线"已成为一个被广泛接受的公共行为准则，并于2020年4月作为京版文明新规写入《北京市文明行为促进条例》，一条简单的距离线让我们看到了社会公德和文明的进步。又知，按照俄罗斯的待客习惯，家里来客人，主人需要把盐撒在面包上，以表示很看重客人的来访。与生俱来的多种文化差异必将产生多种文化冲击，因而，对异文化的适应不可能有一个通用的模板。

20世纪50年代末期，美国人类学家奥博格（Kalvero Oberg）第一次提出"文化休克"（culture shock）的概念，之后便被普及开来。继奥博格之后，众多学者相继使用不同文字表述来定义"文化冲击"，如爱德华·霍尔（Edward Hall）提出，所谓文化休克，就是自己迄今为止所经历过的大量的熟悉的环境或是失去或是扭曲，而被另外的自己所不熟悉的环境所替代。在总结大量观点的基础上，日本学者星野命认为，"文化休克"就是"一个人在接触与自己的文化所具有的生活方式、行为规范、人际关系、价值观或多或少不相同的文化时，最初所产生的感情上的冲击和认知上的不一致"。它还会引发身心不适应症，以及由此累积形成的一种潜在性的、慢性的恐慌状态。

鉴于文化休克在跨文化交际中的重要地位,本书将另辟章节对其进行详细阐述。

(4) 文化适应

即使性格再开放、能力再突出,跨文化交际者也难以完全避免文化休克。在跨文化交际过程中,文化休克是一个必须正视的重要问题。人们在文化冲击中逐渐适应了新的环境,并不断地超越原有的文化意识。通过一段时间的努力,人们能够将文化冲击降至最低,从而避免遭受更多的痛苦。

首先,学习掌握异文化社会技能是首要步骤。社会技能是指在人的思想、看法、行为中那些与人交往时需要用到、会发生作用的所有东西。它所包含的内容涉及交际行为中的诸多方面,从开始打招呼的方式到结束交际时的暗语;从语音、语调在感情方面的运用到体态语的含义。例如,在西方人眼中,东方人的谦虚可能是缺乏自信,而西方人的直截了当、能言善辩,也会让一些东方人感到咄咄逼人。对于跨文化交际者而言,有诸多因素容易使他们遭受异文化冲击。因此,在异文化环境中,跨文化交际者必须要学习与自身文化有差异的那部分社会技能。

其次,心理建设同样关键。在异文化环境学习和适应过程中,学习者必须相信自己,抛掉自卑和成见,要时刻提醒自己,国家经济实力有强弱之分,但文化本身并无优劣,必须用自己的自信去赢得他人的尊重。在跨文化交际中,心怀成见、戴着有色眼镜看人的做法是有百害而无一利的。

最后,外语能力更是一个不可忽略的重要因素。作为跨文化交际参与者,流畅的外语虽能降低交易成本,却总有它的局限性和交流中无法跨越的沟壑。一个外语说得很流利的人,在其语言背后常隐藏着某种文化假象,使人误认为他同时具备所使用语言的文化背景和价值观念,他的语用失误会让人觉得是一种故意冒犯,导致冲突发生的可能性也极大。

归根结底,"入乡随俗"并非简单顺从,而是在跨文化交际中主动增进相互理解,以寻求真正意义上的文化适应,以积极的态度去理解别人。如果我们身在异域他乡,既不学习当地的社会技能和交际礼仪,也不遵从其风俗习惯,肯定会在生活上有诸多不便。显然,顺应对方的行为规范有其合理的一面,但理解对方并非等于同化于对方的文化模式。我们不能将自身文化模式强加于人,而是既要站在对方的文化背景下理解对方的行为,也应该基于自身文化背景适度地解释自己的行为。只有这样,在发生冲突时,双方才能在认识到不同点的同时,积极寻找其共同点,做到真正意义上的相互理解。总之,建立在文化适应基础上的跨文化理解,其难度超出了我们的想象。在整个跨文化交际过程中，从文化意识、文化研究、文化休克到文化适应，是一个从发生误解、消除误解直至接受对方的过程。从某种意义上来说，它们皆源于某种文化本身的互动。

经历文化休克历练后建立起来的文化适应，是一种极具正面性、积极性的收获。经过这个阶段后，人们逐渐学会设身处地替他人着想，并养成站在对方的立场、从对方的角度来考虑问题的习惯。与此同时，语言学习者更加清醒地认识到语言表达的重要性。只有具备了良好的语言表达能力，跨文化活动参与者才能够准确地传递所想所感。完成文化适应后，越来越多的人将进一步意识到跨文化交际的重要性。

二、语言

语言是指人类特有的、作为人类交际工具的音义结合的符号系统，它是指同类生物之间由于沟通需要而制定的具有统一编码解码标准的声音（图像）信号。每个符号系统中，其发音和意义的结合是任意的。正是这种任意性的存在，才使人们能够用有限的音位根据一定规则进行组合，从而表达和反映人类环境，以及各种各样的经历和感情。

语言系统具有层级性，它由音位、语素、词或短语、句子及组合规则等层次组成。语言系统的这种层级性赋予了它无限的灵活性，使其能通过不断改变和调整自身结构，来适应外界交际环境的变化。相比之下，所谓动物的"语言"，虽然也能够发出声音，用以表达其感情或在群体中传递信息，但这仅仅是一种刺激反应（stimulus-bound）。就其表达功能和复杂性来说，它们都无法与人类的语言相提并论。

语言能力是指在漫长的生物进化过程中，人类所获得的一种特殊技能。生理学研究表明，人脑中有专司语言的神经区域。一般情况下，人们的语言神经区域位于左脑半球，左撇子（即左利手）或其他特殊情况者（如小时候得过脑神经障碍症者），其语言区域可能位于右脑半球。动物之所以无法学会人类语言，是因为它们不具备形成这种语言能力的生理基础。当然，人类获得语言的能力，还需要后天的语言环境。一个孩子出生后，如果长期与世隔绝，他就永远不可能掌握语言。每一个人学习语言都有一个关键的时间段，过了这段时间，即使有一定的语言环境，学习者也无法正常地掌握一门语言。事实上，日常生活中发生的很多事例已经充分证明了这一点，众所周知的"狼孩"故事便是一个很好的例证。

同样，对于语言学习者而言，由于地域、职业、性别、年龄、受教育程度、社会地位等诸多因素存在差异，人们所掌握的语言系统也不尽相同。根据不同的标准，我们可以划分出多种语言变体，如地域变体、社会变体以及风格变体等。语言是人们交流思想和传递感情的媒介，它对政治、经济、社会、科技乃至文化本身都产生着重要影响。语言作为一种文化现象，是不断向前发展的，其现今的空间分布也是过去长期发展的必然结果。我们根据语言的语音、语法和词汇等方面特征的共同之处，以及其起源，把世界上的语言分成不同语系。每个语系中又包括数量不等的语种，这些语系与语种在地域上都有一定的分布范围，很多文化特征都与之有着密切的关系。其中，本书主要研究的两种语言，英语归属于印欧语系日耳曼语族的西日耳曼语支，汉语则归属于汉藏语系汉语族。

三、文化与语言的关系

社会学家告诉我们，文化丰富多彩，语言多种多样，每一种文化都是独一无二的，彼此之间存在着显著差异。由于文化和语言本质的差异，对于需要在不同语言和文化背景下进行交际的人来说，成功交流有一定的难度。跨文化交际常会遇到一些无法想象的障碍和困难。正如美国语言学教授萨皮尔（Edward Sapir）所说："语言的背后是有东西的。并且，语言不能离文化而存在。"① 就语言和文化的关系而言，柏默（L. R. Palmer）的评价一语中的："语言的历史和文化的历史是相辅而行的，它们可以互相协助和启发。"②

语言是文化的一部分，对文化的发展起着重要的作用。有些社会学家认为，语言是文化的基石——没有语言，就没有文化；从另一个角度来看，语言受到文化的影响，同时也反映文化。可以说，语言反映了一个民族的特征，它不仅包含着该民族的历史和文化背景，还蕴藏着该民族对人生的看法、生活方式和思维方式。作为一名语言学习者和跨文化交际的研究者，我们必须注意到，学习语言必须了解文化，了解文化必须掌握语言，语言与文化是互相影响、互相作用的双向互动关系。

1. 语言是通过社会而习得的

语言是人类创造的一种特殊的社会现象，是人类交际最重要的工具，也

---

① Edward Spair. Language [M]. New York：Harcourt, Brace and Company, 1921：221.

② Palmer L R. An Introduction to Modern Linguistics [M]. New York：Publications Inc., 2016：151.

是人类思维的工具，它并非孤立存在。语言知识是文化知识的一部分，但语言中有一部分并不完全包含在文化知识里，其依据是，个人所拥有的语言知识中，有一部分是他人所不共有且无法共同使用的。

英国语言学家赫德森（R. Hudson）指出，在习得语言的过程中，小孩的有些语言知识无须通过学习就能获得。据此，他把人类的知识分为以下三类：文化知识（从他人那里习得的知识）、共享的非文化知识（统一社会或全世界人们共有的知识，但并非通过互相学习获得）和非共享的非文化知识（个人所特有的知识）。根据他的分类原则，我们可以发现，语言知识绝大部分属于文化知识，作为语言单位的概念，它形成了这些概念的意义和命题。人们在说话或者听话时，利用已知的概念来推断命题（句子的意义）以及它们的社会意义。另一部分语言知识则不属于文化。语言储存了前人的全部劳动和生活经验，语言系统，特别是词语，不仅体现了人们对客观世界的认识和态度，还记述了民族和社会历史的变迁和发展。只有通过语言学习，后人才能掌握前人积累下来的整个文化，避免许多重复的实践活动。儿童在习得一种民族语言时，也同时习得了这一民族的文化以及与该民族语言相关的文化内容和文化传统。

人类物质世界的特征可以通过语言表达出来，人类精神世界的状态可以利用语言进行周密的阐释。人类的物质世界和精神世界都隶属于文化，因此，语言成为文化极其重要的一部分。

2. 语言是文化的载体和记录写照

英国语言学家韩礼德（Halliday）认为，语言符号系统是社会符号系统（文化）的一部分。① 语言是一种"潜在的意义系统"（meaning potential），它由音位系统、词汇—语法系统、语义系统三部分组成，这三者之间存在着一种"实现"（realization）的关系。具体而言，语义通过词汇—语法得以实现，词汇—语法又通过语音而实现，语义则是文化的一种实现形式。因此，语言能够体现文化，是文化的编码手段之一。

语言的基本功能之一是指称。学习语言，不仅仅是学习词语本身，而是学会把词与相应的客观事物联系起来。词汇的使用体现了人们对客观世界的认识和态度，同时记载了所使用语言的民族的历史发展过程。在语言学习的过程中，儿童同样在学习文化。要了解一个民族的文化，除了观察他们的实

---

① 韩礼德. 作为社会符号的语言：从社会角度诠释语言与意义 [M]. 北京：外语教学与研究出版社，2001.

际行动，我们还可以通过学习、研究他们的语言，特别是语言中的词汇部分，来深入了解他们的文化传统和文化内容，因为词汇中蕴含着极为丰富的各种文化信息，词汇的存在和消亡能为我们提供有关文化发展过程的重要线索。据史料记载，曾有人试图通过对古代语言词汇的研究，来探寻最早的印欧人所居住的区域。

从某种意义上来说，语文学实际上就是把语言和文化合起来进行研究的学科。例如，骆驼在阿拉伯人民的生活中曾经扮演极为重要的角色，因此，阿拉伯语中至今还保留着几十个与骆驼有关的词；爱斯基摩人的语言中，具有"雪"含义的词有 50 多个，这是因为雪是爱斯基摩人生活中一个重要的部分。

亲属称谓是语言反映文化的一个突出例证。我们都知道，英语中"brother"表示"兄"或"弟"，"sister"表示"姐"或"妹"。俄语中"брат"表示"兄"或"弟"，"младший брат"表示弟弟，"старший брат"表示哥哥，"двоюродные братья"表示堂兄弟，"родные братья"表示亲兄弟；"сестра"表示"姐"或"妹"，"старая сестра"表示姐姐，"младшая сестра"表示妹妹。在汉语中，没有一个字与"brother""sister"或"брат""сестра"完全相等。出于长幼有序，我们严格地区分他们。英语中"uncle"、俄语中"дядя"相当于汉语中的"伯父、叔父、舅父、姨夫、姑父"，英语中"aunt"、俄语中"тетя"则相当于汉语中的"伯母、婶母、舅母、姨妈、姑妈"。而与其正好相反，汉语中"兄弟、姐妹""伯父、叔父、舅父、姨夫、姑父"以及"伯母、婶母、舅母、姨妈、姑妈"等具体指代是根据被称呼者在父系、母系或姻系中的位置来准确定位的。仅此一点就可以看出，汉族不仅注重长幼顺序，同时对于父系、母系或姻系亦十分重视。

在具有五千年悠久传统文化的中华大地上，诚信和忠厚一直被视为中华儿女应有的基本美德。在当今文明程度较高的大学校园举办一些重要的考试时，校方会采用一些技术手段，如增加监控设备、使用手机信号屏蔽器，以此切断学生的手机信号接收功能；或是加大考试制度建设，如严格考场纪律、进行身份验证，颁布一系列严厉的惩戒措施，用于处罚考试中的不诚信行为；或是加大心理引导力度，如开展诚信教育，引导学生树立正确的价值观等，用各种不同的方式引导学生们诚实参考。

随着时代的发展，我们正在努力让诚信恢复其作为美德的基本内涵。当下大学校园里的流行语都是它的鲜活切片，随手拈来几个，每一个都可以反映出校园文化的现状。例如，"翘课"，意思指学生在没有任何正当理由的情况下,应该上课的时候不去上课,和"逃课"一词相比,它多了几分潇洒从容的味道,然而这本质上属于严重违纪行为。与之类似的还有"蹭课",这个说法源于中国北方的方言"蹭饭",意为旁听课程,常表示学生出于学习新知识、满足好奇心或扩展知识面的目的,选择去旁听其他专业的课程,它可以帮助学生拓宽视野,提升综合素质。

时代的变迁和科技的进步,将色彩斑斓的校园学习和生活元素融入我们日常使用的词汇,但在面对西方文化带来的巨大冲击时,我们必须在感受美好生活的同时,从自身做起,保护传统文化中的本质和精髓,并在传承传统文化的基础上,注重创新与发展,使传统文化与现代文化相结合,从而焕发出新的生命力,将中华传统文化发扬光大。

语言的作用不仅仅是作为人类的交际工具,人们在利用这一工具的同时,也把人类对生活现象、自然现象的认识,逐一凝聚在语言的具体表述中,即语言具有记录点滴文化发展的实用功能。

3. 文化和语言相辅相成:文化影响语言发展,语言促进文化发展

语言和文化作为人类社会的独特产物,二者紧密相连。语言是文化的重要组成部分,能够记录文化并促进文化的发展。从文化的宏观视角来看语言和文化的关系,文化包括语言,文化的发展也会影响语言的发展。因为语言的产生,人们在表达某种思想时能节省很多时间,少走不少弯路。不妨试想一下,如果没有语言,人们将如何跟他人进行有效的思想沟通和感情交流?近几年,不断涌现出一些专业性很强的术语,如"科学发展观""中国梦""新发展理念"等,人们通过这些词语,间接地推动了文化的快速向前发展。如果没有语言,人们将无法谈及、倡导和表述这些思想,促进社会文化发展就更是空中楼阁了。

论及语言中诸要素与文化的关系,与其关系最密切、反映最直接的当属词汇了。有的学者将词汇划分为文化词汇和一般词汇。所谓文化词汇,是指特定文化范畴的词汇,它是民族文化在语言词汇中直接或间接的反映。文化词汇与一般词汇的界定主要有以下两点原则:一是文化词汇本身承载有明确的民族文化信息,并且隐含着深层的民族文化含义。二是文化词汇与民族文化,包括物质文化、制度文化和心理文化等各个方面,存在着各种关系,有的词汇是对文化的直接反映,如"龙""凤""华表"等;有的则是间接反映,如汉语中的红、黄、白、黑等颜色词及松、竹、梅等象征词语;有的和各种文化存在着渊源关系,如来自文化典籍的词语及来自宗教的词语等。

20世纪70年代,苏联的一些学者将俄语词汇的文化内涵提到一个新的

高度，他们认为，在向外国人教授俄语时，应对词的民族文化内容给予特别的注意，他们称其为文化伴随意义或简单地称为词的伴随意义。在此基础上，维列夏金和科斯托马罗夫共同创建了国情语言学，他们把研究范围确定为：一是揭示语言中的民族文化语义。二是在语言课上展示、巩固、活用这些民族文化语义，通过具体的教学活动，让学生在掌握俄语这门语言的过程中，自然地输入苏联相关的文化知识。这一切都为跨文化交际的理论研究做了大量的铺垫。

从语言的发展来看，时代潮流的发展、社会制度的变迁、社会风尚的变化以及生产与科学技术的发展等诸多因素，促使大量新词和外来词蜂拥而至，它们更加清晰、准确地反映着新事物和新概念，从而使汉语词汇得到不断的补充。自中国加入世界贸易组织后，不同国家间的交流变得更加频繁，这一点也为语言的发展创造了契机。如同文化一样，语言很少是自给自足的，跨文化交际的需要促使说一种语言的人或文化上占优势语言的人发生直接或间接接触，在这个过程中，语言相互借鉴、彼此丰富。例如，英文"Blog"（博客）就是一个网络流行词，指网络个人日记，博主在自己的网络空间里描述身边发生的大大小小的事情，抒发自己的感慨，以此加深不同个体和文化背景之间的了解。再如，"WeChat"（微信），它不仅是一个为智能终端提供即时通信服务的应用程序，更是一种生活方式和文化现象。腾讯CEO马化腾表示：2023年微信全球月活跃用户数已突破13亿。2024年除夕夜，手机用户抢到微信红包50.8亿个。这些数据充分显示了微信在人们生活中的重要地位，也反映了语言与科技、文化与生活的紧密联系。如今，随着中国综合国力的提升和文化软实力的增强，汉语及中国文化正以更加自信的姿态走向世界。全球已有超过190个国家与地区开设中文课程，学习人数持续攀升。

一方面，语言是文化的一部分，脱离了文化，语言只是一个空壳；另一方面，语言是文化的载体和储存文化的容器，文化的传播和流传必须借助语言。没有语言，文化就失去了记载、储存和流传的物质条件。语言与文化的紧密关系说明，语言的发达和丰富也是整个文化发展的必要前提。正因为如此，人们通常把语言视为文化的载体，是反映民族特征的一面镜子。

第二节　文化休克

在当今社会，以生产要素在全球范围内自由流动和优化配置为基础的全球化过程中，文化具有十分重要的意义。进入21世纪后，全球化的发展态势发生了显著变化，已从单一的经济全球化向经济、政治、科技、文化等全方位的全球化迈进，文化在全球化进程中所发挥的作用日益受到人们的重视。

回顾20世纪初人类学家的跨文化适应研究，我们可以看到很多对类似文化休克现象的描述，但直到1960年，美国人类学家奥博格才正式创造了"文化休克"（culture shock）这个概念。事实上，全球化进程是一个文化冲突与融合、趋同与多样性并存的跨文化交流过程，它的实现基础是人员之间的广泛交流。当人面对全新的文化环境时，不可避免地会遭遇文化休克问题。研究全球化背景下的文化冲突与融合、跨文化交流及其中的文化休克等问题，对于我们深入理解和积极寻求建立国际文明新秩序具有十分重要的意义。学术界对于文化、跨文化交流以及文化休克等问题的研究颇多，把这些研究置于全球化的背景下加以审视，具有极强的理论和现实指导意义。

一、文化休克

20世纪90年代，文化休克这一概念被引入中国。至今，中国学者对跨文化交际中的文化休克问题开展了大量的研究，研究焦点主要集中在文化休克概念的界定、产生原因的深度剖析以及应对策略的探索等方面。大多数学者一致认为，文化休克是一种客观存在的跨文化交际障碍。

1. 文化休克的定义

文化休克是20世纪中叶新造的一个专业术语，它是跨文化传播研究领域最具代表意义的一个概念。

1960年，奥博格第一次在他的学术论文中使用该术语，将其定义为："文化休克是因为人们突然失去了熟悉的社会交往符号和标志所导致的一种精神焦虑。"在其定义基础上，他进一步概括了种种跨文化不适应症状，之后广泛流传。1969年，奥博格在《文化休克：对新文化环境的调整》一文中这样写道："文化休克是移居到国外生活的人们的一种病症。和所有的病症一样，这种病也有它自己的发病原因、症状和治愈过程。"从这句话的解释中，我们能清楚地看到，将"shock"翻译成"休克"是最为恰当的，它是一种跨领域的形象形容，且富有类比性，理解起来清晰明了。《英汉大词典》中也对此概念有明确的解释。

从本质上讲，文化休克是跨文化冲突的一种具体体现，只是这种冲突更多地体现在交际者的内心冲突（intrapersonal conflict）层面，而不是非人际冲突（non-interpersonal conflict）层面。根据《辞海》（1999年版），"休克"原属病理词汇，指的是一种细胞急性缺氧的综合症。在经济学领域，"economic shock treatment/ therapy"被翻译为"休克疗法"（源自"二战"后西德实施的一系列经济改良措施）。《辞海》中将"休克疗法"解释为激进的经济改革行为。在这个经济概念中，"休克"已经不再局限于医学范畴，而是有其动态因子的存在。

文化休克是人们对于另一种不熟悉的文化环境所产生的心理反应。有关文化休克的经典著作之一是由佛恩海姆（Adrian Furnham）和波切内尔（Stephen Bochner）合著的《文化休克：对陌生环境的心理反应》（*Culture Shock: Psychological Reactions to Unfamiliar Environment*，1986）。[①] 通俗地说，当人们的行为模式、社会关系、价值观念等被另一套全新的、自己不熟悉的符号、习俗、行为模式、社会关系、价值观念所代替时，就会在心理上产生焦虑情绪，在情绪上变得不安定，甚至沮丧。在严重的情况下，还会产生各种心理和生理方面的疾病。最极端的情况下，甚至会患精神病或者选择自杀，这些都是文化休克的具体表现。2001年，在第一版的基础上，沃德、波切内尔和佛恩海姆修订出版了第二版，其中特别指出文化接触中的三要素，即情感、行为和认知（ABC：affective，behavioral，and cognitive）的重要性，并成为文化休克研究的重要指南。

2. 文化休克产生的原因

实际上，文化休克是本土文化与异文化产生冲突时所受到的冲击。生活习惯、风土民情、语言心理、法律制度等方面的差异，是形成"外来性"的主要因素，同时也是个体受到冲击的主要原因。

文化休克的发生，既有价值观、社会观念不同所引发的文化和社会因素，又有个人因素的作用。此外，它还与两种不同文化间的政治、经济差别有关。一般来说，文化间的差别越大，个体所受到的文化冲击程度就越强烈。当人们接触异文化时，无论来自何种文化背景，都会毫无例外或多或少地体验到文化冲击。这里所分析的文化冲击具有多方面的表现，包括身体上、感觉上、感情上以及思维方式上，但文化冲击所带来的症状更多地体现在心理层面，因此，可以说它本质上是一种心理现象。但是，这种现象只出现于在异文化环境下生活的时候。从这一点看，它又具有文化现象的特征。

---

① Adrian Furnham, Stephen Bochner. Culture Shock: Psychological Reactions to Unfamiliar Enviornments [M]. London and New York: Methuen & Co. Ltd., 1986.

同时，不同的人受到冲击的程度轻重及症状所表现出的反应形式有所不同，这一点因人而异，有的人轻些，有的人重些；有的人能很快适应异文化环境，有的人则经过很长时间还是无法适应。因此，文化冲击影响的程度大小是建立在不同个体的基础之上的。

文化休克是人们在不同的文化区域进行交流活动时出现的，其产生的原因与各个区域的文化差异密切相关。具体来说，文化休克主要由以下四个方面的差异导致：

（1）地理环境

自然地理环境是影响东西方文化观念差异的主要因素。

由于所处地理位置不同，人们在长期的历史发展过程中形成了不同的血统和人种。在古代，由于生产力水平很低，人们之间的交往很少，自然地理环境在很大程度上决定了社会的发展走向。例如，位于温带黄河流域的中华民族，以耕作为主要的经济形式，以农业作为主要生产方式。而中国地理位置相对封闭，喜马拉雅山脉、西伯利亚和太平洋这三大自然屏障，几千年来使中国大陆处于与外界相对隔离的状态。因此，自古以来，中国人形成了重农轻商的观念。与此相反，希腊是一个拥有开阔海域的岛国，在周边海洋国家中最早发展商业。商人们居住在城市里，建立起与家庭完全不同的社会组织，进而形成了相对民主、平等的契约式社会。

（2）价值取向

西方价值观的主要内容是个人主义。

个人主义这一概念最早由法国历史学家、政治学家亚历西斯·德·托克维尔（Alexis de Tocqueville）提出，他认为个人主义是一种类似于自私的生活哲学，会危及社会进步，因而对个人主义持否定态度。但美国哲学家爱默生（R. W. Emerson）却认为，个人主义展现的是个人的高境界和人类精神的精髓，是乐观、积极的，它会有计划地推动人文主义的发展和社会的进步。慢慢地，人们逐渐接受了爱默生的观点。西方文化，尤其是美国文化，特别注重个人主义，美国更是被看作个人主义的典型国度。在美国，人们坚信每个人都有权利和自由来选择自己的生活方式，且没有人能干预或操纵这一选择。每个人都有平等的权利，都有权利与他人不同。事实上，大多数美国人梦想成为一个靠自己努力获得成功的人，他们通常认为事事依靠父母是一件羞辱不堪的事情。美国人从童年时期就必须学会怎样自己做决定，学会自己解决问题，学会拥有自己的见解，并不断尝试开发自己的创意。在美国的家庭中，父母一般不会压制孩子的异议，甚至不会轻易对孩子说

"不"，他们认为这样会压抑孩子个性的发展，扭曲孩子的心灵。成年后，孩子则必须离开父母，独自组建自己的家庭并独立生活。大部分大学生希望自己能远离家庭，并通过自己的努力，如拿奖学金、打工或贷款等方式养活自己。通常，更多的家庭在餐厅吃饭时会采用AA制的方式付账。可以说，美国人的价值观使他们更能意识到拼搏精神和竞争的重要性，而这在一定程度上也促进了美国经济的快速发展。

相反，东方人则重视集体主义，贬抑个人主义。中国人受儒家思想影响较大，从小就被要求遵从父母或兄长的命令。长大以后，即使当了官，甚至做了皇帝，也必须同样信守这一根本原则。他们有义务为家庭或家庭利益做出牺牲，有时甚至不惜牺牲自己的生命。再如，中国人习惯用年、月、日、时、分来表述时间，用省（市）、县（区）、镇、村、队来表述地点，这种表述方法能够让人感受到很强的集体感；而英国人表示时间则用日、月、年，表示地点用门牌号、街、区、市、州、国，他们更多强调的是独立的个性。

（3）时间取向

时间观念是一个国家认识过去和现在的重要尺度。如何对待控制时间，反映了一个国家人们的价值观。通过时间观念，我们能清晰地了解当地不同的风俗文化。

一位学者以典型的东方视角展现了这样一幅画面：沙漠中牵着骆驼前行的信使，烈日当空下躬身播种的农民，一步一叩首的朝圣者，一边刺绣一边谈天说地的女人，葡萄架下悠闲品茶的大叔，旭日升起的清晨进行晨练的老人……这些日常生活中常见的场景，都属于中国文化范畴，人们悠闲自在，生活节奏静宜。中国人经常挂在嘴边的话是：别急啊！中国人约会时，时间观念相对较弱。正如中国有句俗语叫"不见不散"，它意味着约会时，如果有事耽搁可以迟到一会儿，大家对此不必介意。相反，美国人则十分看重时间，他们总觉得时间是有限的，时间就像一条直线，被精确地分成小时、分钟和秒，做任何事情都不会浪费一分一秒。因此，美国人总是自称是时间的奴隶，因为看不见、摸不着的时间操纵了美国人的一切社会活动，日程表决定了他们什么该做，什么不该做；哪些事情先做，什么事情可以搁置到最后时刻。如果你要举办一个重要的舞会，那么应该提前一个月通知参加者。如果你想邀请某人，他会说"好的，让我把它记到我的日程表上"，或者说"我要看看我妻子的日程表，看她是否有空"。美国人把时间看作是切实存在、可触摸感知的物品。

（4）行为观念

不同的行为观念会形成截然不同的口头表达习惯。

通常，中国的谈判会把原则和共同的利害关系放在讨论的第一部分。中国人关注的是长期合作的可能性，他们习惯抓大放小、就重避轻。因此，在谈判伊始会直入关键问题，而把细节等相关问题放到后面再谈。这种就整体原则达成协议的谈判类型，是中国人最明显的特点之一。与此相反，美国人在谈判时把重点放在细节上。他们认为条约是一系列完整的、受法律约束且双方必须执行的条款。地中海沿岸国家的人们认为，很有必要利用会议前、会议刚开始、中途休息或是用餐的时间来增进彼此了解。而在拉美或中东地区，人们觉得和与会人员搞好关系比着手完成任务更重要，如果不做到这一步，谈判将无法进行，私人接触可以通过聊体育、文化、个人爱好、公司历史来拓展话题，彼此称赞一下双方都认识的人，聊聊上次会议或一些个人经历等，这些对于建立和发展良好的关系至关重要。在商务会议过程中，因为个人兴趣、社交计划或个人要求而打断会议进程是可以接受的。

可见，作为一个成年人，在自己的故土花费了几十年的时间去学习如何成为自身所处社会的一员，而在一个新的环境中，却只有几周或几个月的时间来完成过去需几十年才能完成的学习。文化没有优劣之分，只有不同之别，上述几方面差异的影响与既有文化习惯产生冲突是在所难免的。这便是文化休克现象一直存在的根本原因。

二、文化休克的特征

基于奥博格的定义，文化休克呈现出以下六个方面的表现：

由于不断进行必要的心理调整而引起的疲惫感；由于失去朋友、地位、职业和财产而引起的失落感；不能接受新文化成员，或者被新文化成员拒之门外；在角色、对角色的期望、价值观念、感情和自我认同方面感受到混乱；在察觉到文化差异后会感到惊奇、焦虑，甚至产生厌恶和气愤等情绪；由于不能很好地应对新环境而产生的无能为力的感觉。

斯莫利（William A. Smalley）对文化休克的症结做了分析。他认为，每一种文化背后都存在着成千上万不被人们意识到的潜规则，正是这些潜规则，使人们在交往中知道自己的位置，明确与交流对象之间的关系，以及准确理解对方语言所表达的真正含义。然而，当人们进入一种新的文化环境时，原有的潜规则不再适用，于是人们会在情绪上表现出焦虑、不安、烦躁等状态。

治愈文化休克需要我们了解并掌握新的文化背景知识，直到能够洞悉新文化的潜规则，此时文化休克期才算结束。事实上，在察觉或意识到文化休克的过程中，已经蕴含着治愈文化休克的可能性，这也就是奥博格所提到的，将痛苦说出来是治愈过程中的第一步。事实上，如果人们能够很好地把握并应对文化休克的整个过程，文化休克也能对人们产生积极的影响。在导致文化休克的诸多因素中，语言障碍是主要因素之一。

三、文化休克的应对策略

纵观与文化休克论述相关的各种文献综述，人们对它的理解不是一种静态的现象观察，而是试图找出产生休克的根源并治愈它。在跨文化适应进程中，文化休克从发病到治愈，构成了一个完整的文化层面的动态过程。事实上，文化休克在中国的应用范围远超其创始人最初的界定，即不局限于从某一个国别文化到另一个国别文化的跨越。除了我们常见的留学生、国际经理人、移民等群体会发生文化休克症状，在中国期刊论文中还出现了如高校新生文化休克现象、住院患者的文化休克与护理等引申用法。为了更好地应对各种情形下文化休克所带来的若干消极影响，我们不仅需要付出努力，更要注意所采用的应对策略。

显而易见，人际交流困难是文化休克中存在的最大问题。在异文化环境中，即便出现文化休克的相关问题，作为当事人有时也难以准确把握其实际情况。首先，因为不理解对方的想法和行为，另一方往往难以做出适当、有效的回应。其次，我们自身的想法和行为有时也得不到对方的理解。当我们的言行带有母体文化的深深烙印时，在他人眼里带有异样性是十分正常的，不被理解或被错误理解的情况时有发生。因此，在跨文化交际时，我们不仅要努力理解交际对象，而且要学会善于表达自己的想法和观点，以期得到对方的理解，从而成功实现有效沟通。

1. 积极主动沟通

在跨文化交际过程中，最重要的是要理解对方的话语内容。语言对于人类来说是必不可少的。简而言之，语言是话语交流的方式，是有目的地通过说和写来进行交流的手段。只有当交际活动中的所有成员在非语言提示、行为动机和社会文化角色的互动交流等相关要素上达成共识时，才能进行有效的交流。

企业管理者和雇员往往母语不同，文化背景也存在差异，这一切都有可能导致交流障碍。即使使用同一种语言，其中也存在诸多微妙的区别，由此也可能引发困惑和误解。例如，"lift"一词在英国指电梯，而在美国却是指搭便车。因为语言文字可以反映其所属国家的文化观念，因此可以说，一种语言可以定义一种文化。如果一个人要在其他文化环境中工作，那么学习该国家所使用的语言，并进行积极主动的沟通是非常必要的。

2. 注意运用非语言信息

交流不仅仅指语言中所使用的词句或语法。事实上，研究显示，交流中的绝大多数信息来自非语言表达。当我们同时使用语言和非语言信息进行交际时，有时会发现非语言信息可能更有说服力和影响力。

学习如何在其他文化环境下进行交流，意味着也要学习如何运用非语言信号。非语言交际是划分文化区域的重要依据。虽然有些非言语形式，如微笑、皱眉，是普遍运用的姿态，但运用的方法和表达的意义却各不相同。非语言信号有很多的表达方式，如姿势、动作和面部表情等。除此以外，我们还可以借助服装和物体，以及巧妙利用象征和时间来表情达意。非语言交际向他人传递着这样的信息：你认为自己是谁，你怎么看待他人，以及他人能期望你做什么。比如说，我们的眼睛不是时刻都能受我们自主控制的，脸色通红、神色紧张、不停跺脚以及呼吸急促等表现，都显示出我们身体的交流方式并不总是能被我们自己掌控。这些方式会向他人暗示你在想什么或你的感受如何。

3. 熟悉异国礼节和习俗文化

当人们到达一个全新的地方后，最重要的事情之一是尽快熟悉当地的文化和礼节，知道如何恰当处事和待人接物。

以触碰方式为例进行分析和说明。触碰可以展现出很多外在和内在的信息，包括表示彼此间的好感或敌意、身份和相互关系等。来自不同文化背景的人，所采用的触碰方式是完全不同的。例如，牙医、医生或理发师触碰你的方式，与你的事业合作伙伴、朋友、家人、爱人触碰你的方式是不同的。而亲吻在很多文化中被视为一种打招呼的方式。在美国，男人通常不会在见面时亲吻对方或是牵起对方的手，这与非洲或中东某些地区人们的习惯有所不同。但一些比较熟识的人能够接受在公共场合有一定程度的身体接触。调查人员在巴黎、伦敦等城市，对咖啡厅里的人们进行调查。结果显示，在一个小时内双方触碰的次数：巴黎为100次，伦敦为0.5次。美国人喜欢彼此保持一定的距离，这不仅体现在人们交谈时所保持的距离，同时也体现在房屋的设计、办公室的摆设及城市的规划等方面。在泰国和其他一些国家，人们彼此间的距离还可以体现出相互间社会地位的高低。通常，地位较低的人会主动定好位置，以显示自己地位低于对方。

4. 其他

对于文化休克患者而言，有以下具体的克服办法：

第一，到一个新的国家生活是一次极具影响力且令人难忘的经历，无论是怎样的经历，你都不会忘记抵达那个国家的那一刻。因此，如何让自己和你已踏入的国家在文化上保持步调一致很重要。

第二，别让文化休克偷袭你。在你启程前往新的国家之前，一定要花费足够的时间去深入了解它，并且学会辨认文化休克的症状，从而避免它带来的潜在影响。

第三，文化休克的发生不受时间和地点的限制，即使是在离你家很近的地方也有可能发生。因此，必须时时关注、事事留意，对文化休克的各个层面进行深入全面的了解和掌控。

第四，一旦你抵达新的地方，要立即抓住一切机会，建立一个由外籍管理者和当地居民组成的对你有利的支持网络。

第五，当遇到任何困境时，一定不要妥协，要保持与困难抗争的决心和斗志。不要寻求一些消极的消遣方式，如寄希望于通过喝酒、暴食来解决已经面临的问题，也不要拒绝相信自己的症状。

第六，学习其他外籍管理者在解决问题时已经取得的成功经验，这无疑是克服文化休克的一个有效办法。

第七，给自己一些时间来适应眼前所面对的不同文化处境，同时不要匆忙地接手过多的工作任务，要确定组织是否真的让你去完成它。

第八，如果不管你怎样努力想要走出文化休克这个围城，但它的症状仍然持续存在，那么一定不要迟疑，应立即寻求专业人士的帮助。你可以向你所在的公司、顾问或医学专家寻求帮助。

第九，预计到同样的症状会在你回家后再次出现，只需把文化休克的情况颠倒过来，就能恢复正常状态了。

第十，要看到文化休克积极的一面，俗话说，经历就是一笔财富，经历过文化休克的人比没有经历过的人能够更好地适应新的环境。

第十一，保持适度的幽默感，给自己与周围的人创造一个轻松愉悦的氛围和空间。

虽然消除文化休克并不是一件容易的事情，但它并不是不可克服。只要我们努力扩大自己的知识面，提高自身的文化层次，开阔自己看世界的眼界，用一颗包容的心对待异域文化和周围的每一个人，就一定能够走出眼前的困境，进而成功克服文化休克。

第二章

交际与跨文化交际

跨文化交际也属于交际范畴,但它是一种特殊的交际,是发生在不同文化背景的交际者之间的交流行为。跨文化交际与普通交际既有相同之处,也有显著差异。本章将明确界定交际的定义、特征、模式,以及跨文化交际的相关概念。

第一节 交际

"交际"是一个特别古老的概念,它来源于拉丁语,原意为"共享""共有"。因此,"共享"和"共有"既是交际得以开展的前提,也是交际的目的。通过交际,人们可以共同拥有更多"共享"和"共有"的东西,如知识、技能等。在交际过程中,具有同一文化背景的人们可以进行有效交流,然而,因为来自不同文化背景的人们所共享的文化元素有限,他们在交流时常常会产生沟通障碍,这就是我们所说的跨文化交际现象。

一、交际的定义

在《辞海》中,"交际"词条下有释义:"敢问交际,何心也?"[1] 朱熹注:"际,接也。""交际"谓人以礼仪币帛相交接也。据此意义,该词后来泛指社会各阶层成员在交往过程中人与人之间的往来应酬。而《现代汉语词典》将"交际"定义为"人与人之间的往来接触"[2],以上都是对该词语的传统解释。

同"文化"一样,作为学术专业术语,"交际"的定义也是多种多样。

---

[1] 辞海 [M]. 上海:上海辞书出版社,2020.
[2] 现代汉语词典 [M]. 北京:商务印书馆,2012.

关世杰将跨文化交际中的"交流"定义为"信息发送者与信息接受者共享信息的过程"。① 贾玉新则把"交际"看成是一个交际符号过程，一个动态多变的编译码过程。他认为，当交际者把意义赋予言语或非言语符号时，就产生了交际。在《跨文化交际学》一书中，贾玉新进一步指出，"交际"受制于文化、心理等多种因素，但它不一定以主观意识为转移，可能是无意识和无意的活动，是人们运用符号创造共享意义的过程。② 因此，我们可以说，"交际"是运用符号传送和解释信息，从而获取共享意义的过程。

随着交际学在美国的兴起、发展和逐渐成熟，"交际"的概念连同这门学科迅速传播到世界各国。本书所提及的"交际"一词，主要是指英语中的"communication"，即对不同语言间不同文化层面进行比较，旨在帮助处于跨文化交际中、来自不同文化背景的人们相互了解，获得更多"共有"和"共享"的共同点，从而消除跨文化交际过程中面临的重重障碍。

二、交际的特征

基于交际的定义，我们知道它通常指的是人与人之间相互作用而形成的一个动态过程，这个过程由传递方、接收方、信息、传媒、噪音等因素构成。

1. 交际是一个运用符号的过程

特定符号之所以能够表达一定的意义，这是因为一个群体的成员针对某一符号所代表的意义达成了相对一致的共识。在这里，符号可以是一个动作、一个眼神、一件物品或是一句话，它们都是表达意义的有效单位。来自同一文化背景的两个人，由于成长环境相似，对于同一符号的表述意义有着极为相近或相似的理解，这使得他们比较容易通过交流来达到交际目的。然而，这种理解绝对不是一模一样的复制。而对于来自不同文化背景的人们来说，由于文化背景的巨大差异，他们对于同一符号可能会产生大相径庭的解读，进而造成交流上的不顺畅。

2. 交际是一个传送和解释信息的过程

一个完整的交际过程，其组成因素包括传递方、接收方和信息等。信息是由一系列特定符号构成且表达一定意义的符号群所传递的内容。信息传送

---

① 关世杰. 跨文化交流学 [M]. 北京：北京大学出版社，1995.
② 贾玉新. 跨文化交际学 [M]. 上海：上海外语教育出版社，1997.

是指将思想、情感或态度等转换成他人可以理解的形式的过程。其中,传送信息的形式既可以是书面的,也可以是非言语的;解释信息是指根据一定的环境来理解信息所承载的意义,这种意义是信息接收者基于自身认识对信息的不同理解。因此,即便处于同一文化背景下,不同的交流者对于同一信息也会有不同的理解,信息的传送者和接收者对信息也会有不同的会意。而对信息理解意义的不同,就决定了交际是否成功,是否会出现较大障碍而导致交际无法继续进行。此外,在传递方和接收方进行的交际活动中,信息的传送和解释不是一个静态的过程,而是一个动态的、时刻处于变化之中的过程。同时,交际还是一个不可逆转的过程,也就是说,交际中一旦发出的信息被对方接收,就不可能反悔重来。即便经过修正后重新发出,对于接收者而言,那又是一个新信息。也就是说,交际过程一旦完成,它就是一个不可撤销的完成时行为,在这个过程中不存在删除键。

3. 交际是一种共享意义的获取

在交际过程中,传递方和接收方传送和接收的是一系列符号所表述的信息,也就是说,信息可以被传递,而信息的意义则取决于传递方和接收方的会意和理解,因为它受到社会众多因素的影响和制约,如交际双方的文化取向、社会地位以及交际发生的场合等。成功的交际过程要求发送者在发送信息时,必须将所要表达的意义赋予特定的"符号串",同时,还需要综合考虑信息发送的环境、方式、渠道等因素,接收者则通过接收"符号串"的过程来获取信息意义。此时的信息,虽然与发送者所要传递的意义可能存在一定的误差,但是仍然可以看作是发送者和接收者所共享的意义。因此,交际是信息接收者与发送者共享意义的一个过程。

4. 交际活动是一个有规律可循的行为

交际可以分为言语交际和非言语交际。言语交际需要遵循一定的语法、语用和语篇规则,非言语交际也必须遵循一定的社会文化规则,这就导致不同文化背景下的交流者进行交际时,往往会因为上述规则的差异而使交际举步维艰。但是,只要双方掌握了这些不同文化背景下的不同社会文化规则,就一定能够实现有效的跨文化交际活动。此外,根据交际活动的规律性,交际双方可以预测交际行为的结果,预测的准确程度取决于他们对交际因素的掌握程度。贾玉新认为,在同一个文化背景下,人们的交际遵循同一套规则,因此更容易预测交际行为的结果。而在不同文化背景下,人们交际遵循的可能是两套不同的规则,或者一方对另一方的规则不太熟悉,这都会导致交际者在交际时出现一定的障碍。但交际具有适应性的特点，处于交流中的人总会有意或无意地尽力去适应对方、适应各种外界的社交环境。

三、交际的模式

信息的交际大概可以分为四个层次：人际交流、组织交流、大众传播和群体交流。本书涉及的主要是交流的第一个层次，即人际交流。

1948年，美国政治学家拉斯维尔（Harold D. Lasswell）最早提出了信息交际的5W模式。时至今日，它仍是指导人们开展交际过程的一种极其便捷的综合性方法。但是，该模式更多地关注传播所能达到的效果，却没有考虑到接收方的反应和反馈。1949年，香农（C. Shannon）提出了传播的"数学模式"，但是该模式也没有摆脱线性模式的固有缺陷，缺乏对反馈机制的关注。1966年，德福勒（Melvin Defleur）发展了香农的模式，他通过引入反馈环节，显示出信源是如何获得反馈的，但他的模式更适合用于描述大众传播的情境。1954年，施拉姆（W. Schramm）在奥斯古德（E. Osgood）的基础上，进一步提出了自己的环形交际模式。在这个模式中，人际交流的参与者既是信息的发送者，也是信息的接收者。在每一个交际循环中，他们不断地变换角色。这个模式更加注重交际的整个过程。关世杰认为，环形交际模式对于人际交流的情境更具有概括性和适应性，它不仅能够清晰地呈现人际交流的模式，而且有助于我们理解跨文化交际关系。

四、交际和文化

交际行为是在文化的基础上形成的，它不仅肩负着文化传播的使命，还需完成一种文化承担者的特定任务。交际并非孤立存在，而是受到文化的制约。不同的文化基础会孕育出不同的交际行为，在交际过程中，不同文化背景下的诸多事物所展现出的意义，可谓是色彩斑斓、纷繁各异。

以现实生活中并不存在的"龙"为例，它在不同文化中有着截然不同的象征意义。在古老的中国传统文化中，龙是民间信仰中神圣的神异瑞兽。《说文解字》中对龙的描述是："龙，鳞虫之长，能幽能明，能细能巨，能短能长；春分而登天，秋分而潜渊。"在中国民间传说中，龙为尊贵的象征，与帝王、皇室关系紧密，它是祥瑞，象征着国泰民安、大吉大利。中国人将龙视为崇高威严的象征，把龙奉为百兽之灵长。因其具备腾云驾雾和神灵出没的灵异品格，人们尊龙是"四灵"之一。在中国古老文化的传说故事中，龙是造福万物和百姓的神物，专司雨水之职。每逢传统节日和盛大庆典，人们都会组织舞龙、赛龙舟等形式多样的大型祈福活动。大家聚集在一起，寄希望于龙的庇佑，祈祷来年风调雨顺、五谷丰登。作为神灵的象征，龙的形象遍及中国人生活的各个角落。从古至今，历代皇帝王室的建筑均以龙形为主要标志，如天安门汉白玉华表上腾空而起的飞龙，故宫大殿云龙阶石上浮云遨游的巨龙，北京北海公园和山西大同龙壁上神态各异的祥龙等。在全球化的今天，"龙"早已成为华夏民族和中华子孙的象征，傲然屹立于世界东方。世代生长在中华大地上的炎黄子孙，总是抬头挺胸，骄傲地向世界宣告自己是龙的传人。从某种意义上讲，"龙"是我国传统文化中的一种独特文化特质。

西方神话传说中的龙（dragon）是一种鳄鱼类的陆生动物，性格极其凶残，是"喷烟吐火"的怪物。西方人认为它是邪恶的象征，因其凶残、肆虐，应予以消灭。在一些描写圣徒、英雄和龙争斗的西方神话传说中，故事的最终结局大多以怪物被杀画上句号。中世纪时，基督徒曾把《圣经》中引诱人类祖先偷尝禁果的毒蛇称为恶魔，而龙因为与蛇形似，被影射为邪恶的化身，故而恶魔撒旦又称"巨龙"（the great dragon）。在英语中，"dragon"有"凶暴之徒""严厉透顶的人"等诸多含义。而在现代英美新流行语中，"母夜叉"（a dragon lady）指以统治者身份行使极大权力的女人，"dragon"也意为打人的警察。

在俄罗斯文化中，"龙"（дракон）一词与英文"龙"的单词字母拼写和发音都极为相似。它源于希腊语，指生有一副翅膀会飞并喷吐火焰的怪物，其性格贪婪邪恶，是邪恶势力和魔鬼的象征。随着东正教的传播，龙因《圣经》中招致的恶名而在广袤的俄罗斯大地上家喻户晓。甚至，我们在俄罗斯国徽上都可以看到圣徒乔治屠龙的画面：在双头鹰胸部的红色盾牌上，身着白衣、骑白马的骑士，手持长矛刺向一条怒张大口的龙，龙被其坐骑踏翻在地，仰面朝天……这象征着善良战胜邪恶和英雄保卫国家。俄罗斯文学作品中经常用龙来比拟冷酷无情的人。依据龙在俄文化中的意义，"亚洲四小龙"中的"龙"被"虎"替代，在俄语中被译为"亚洲四小虎"（четыре азиатских тигра）。

每一个人都是在自己所处的环境中通过交际来学习和成长的，并通过自身文化习得获取交际方法。换句话说，我们考虑问题的方式、说话的风格、谈论的话题等，无一不受到文化因素的强烈制约。人类的文化是通过交际不断发展起来的，而交际行为本身又形成了一种独特的文化特性。因此，文化就是交际，交际就是文化，两者之间的关系是你中有我、我中有你的相互依存关系。理解和把握好这一点,无疑是促成跨文化交际成功的一把万能钥匙。

第二节　跨文化交际

跨文化交际是从人类诞生开始就存在的一种重要现象。迪亚士到达好望角,郑和下西洋,麦哲伦的环球航行以及丝绸之路的延伸,中外历史上铭刻记载的这些远行历程,都是跨文化交际的历史见证,而这些足迹就是跨文化交际的起源。

早在1492年8月,意大利航海家哥伦布从西班牙的巴罗斯港起航。历时两个多月的海上航行后,他发现了美洲巴哈马群岛的华特林岛,也就是我们如今所熟知的"新大陆"。返航时,哥伦布在这块土地上留下了三十几位水手,并把他俘虏的印第安人带回国,这便是早期的人种迁移。此后,西班牙人陆续将美洲的烟叶、番薯、玉米、可可等物产带回欧洲,进而传播到世界各地。由此可见,正是这些跨文化交际活动,促进了世界资源的共享,也促进了世界文明的广泛传播。可以说,世界上任何一个国家或民族的形成和发展,都不是孤立自封的,而是伴随跨文化的接触和交流活动不断演进的。

哈姆斯(L. S. Harms)认为,世界范围内的交际经历了五个阶段:语言的产生、文字的使用、印刷术的发明、交通工具的进步及通信手段的迅速发展和跨文化交际。他认为,世界范围内近二十年的交际是以跨文化为显著特征的,这是人类交际的第五个阶段。因此,我们可以得出结论:跨文化交际和语言的产生在人类发展进程中具有同等重要的地位。

当今社会中,交通工具的飞速进步和通信手段的迅猛发展,使得不同国家的人们能够频繁地接触和交流。越来越多的人开始重视跨文化交际,互联网更是通过计算机网络系统,在虚拟空间里把世界各地的人们紧密地连接成一个整体。人类历史上如此大规模的人口流动,以及多层次且高频繁性的人际交往,是前所未有的。整个人类已经悄然步入全程信息化时代,互联网络已延伸到世界的每一个角落,信息化社会跨越了地区、民族和文化的界限,消除了时空差距,可以说是无所不至、无处不及。网上银行、网上购物、网上会议等都已是寻常事物,融入我们的日常生活。来自不同国度、互不相识的人们可以通过互联网交流信息、建立友谊和拓展业务。所有这一切都表明,跨文化交际已经成为我们这个时代一个明显的社会特征。

有些人认为,跨文化交际对他们来说,似乎只是一个学术术语,是普通人在日常生活中根本无法触及的事物。但事实上,我们每一个人常常在不知不觉中参与着跨文化交际活动，即使不与外国人直接接触，我们仍可能是跨文化交际活动的直接参与者，如欣赏外国电影、电视节目，阅读外语文学作品等。作为观众和读者，自始至终，我们与来自不同国度、具有不同文化背景、使用不同语言的作者、电影电视演员们一起经历他们在戏里、书里的人生，同甘共苦。因此，从某种程度上来说，如何正确理解外国小说、电影和电视中的故事情节，同样是一个复杂的跨文化交际过程。

一、跨文化交际

跨文化交际首先是一种交际，它具有交际的典型特征，如特定符号所承载的意义，以及信息的传送与意义的共享，同时也遵循着交际的基本模式。但是，跨文化交际不是普通的交际活动，它是一种有着自己的特点和模式、具有特殊性的交际方式。

"跨文化交际"的概念最早产生于美国，它是根据英文"intercultural communication"翻译而来的，指的是具有不同文化背景的个人之间所进行的交际活动。换句话说，跨文化交际是不同文化背景的人之间产生的相互作用。从其本身来看，跨文化交际并不是新鲜事物，它是自古以来就广泛存在的一种现象。只要不同文化背景的人进行接触，就必然会产生跨文化交际。甚至，我们可以毫不夸张地说，跨文化交际的历史就是人类自身的发展史。

20世纪70年代初，狭义的跨文化交际概念被引入有关外语和交际培训的文献中。它代表一种特定的交际情境：在直接面对面的交流情境中，来自不同文化背景的人运用不同的语言和话语策略进行交流。随着该术语的普遍使用，它被广泛地应用于翻译研究、对比语言学（语用学）、外国文学阅读以及文化意义的比较分析中。不过，由于在没有采用新方法论的前提下开展了一些相似研究，广义的跨文化交际遭受到一些批评，结果使得这一术语未能充分揭示其相关领域的一些重要问题。但是，狭义的跨文化交际研究和应用已经拓展为一个相对特定的兴趣领域，即针对来自不同文化背景的人所进行的面对面交流而开展的话语分析。

纵观我国的跨文化交际活动，其历史源远流长，如同中华上下五千年的传统文化，散发出耀眼夺目的光芒。其中，明代郑和率领庞大的船队七次出使西洋，最远曾到达非洲东海岸和红海沿岸，访问了30多个国家。这次远航大大促进了中国和亚非各国的经济交流，堪称世界航海史上的伟大壮举，也是中国历史上较大规模跨文化交际活动的开篇序曲和前奏。21世纪的今天，科技进步极大地压缩了时间和空间距离，也拉近了世界上人与人之间的距离，使得生活在不同地区的人们之间的交流变得空前简单。因此，在现代社会中,跨文化交际的重要性远远超越了历史上的任何一个时期。

自20世纪80年代至今,中国政府大力推行改革开放政策,同世界各强国紧密相连。无数跨国公司和外资企业纷纷向中国伸出橄榄枝,诸多世界五百强公司在中国大地上安家落户,便是这个政策的丰硕成果和直接显现。如今,中国和世界上绝大多数国家和地区都建立了直接的经济、贸易以及教育往来关系,国与国之间的相互依赖性和渗透性日益增强。越来越多的中国人投身于异域文化环境中,出国学习、从事商务洽谈业务甚至跨国联姻等现象比比皆是。同时,改革开放所带来的经济迅猛发展和生活质量的大幅提高,也促使大批中国人跨出国门,利用闲暇时间饱览异域风光,开阔自己的视野。经济全球化的浪潮让中国人卷入一个又一个五彩缤纷的神奇世界,同时也将他们置身于一个又一个跨文化交际的国际化大舞台。当今的中国社会已经身处全方位对外开放的平台之上,这在中国历史上是一个全新的伟大时期。然而,这一切也让我们遭遇到了前所未有的文化摩擦、文化误解和文化休克等问题。

二、跨文化交际研究

随着通信技术和交通工具的迅速发展,以及全球化趋势的增强,跨文化交际变得更直接,而且不再受时间约束。同时,为了在跨文化交际中更好地相互适应,我们往往需要借助更多特定的跨文化交际策略,来协调和融合跨文化交际中的各项具体活动。在此背景下,跨文化交际研究已经成为一门非常重要的学科。

"地球村"(global village)这一新兴词是对当今急剧变化的世界大环境最形象、贴切的比喻,跨文化交际研究正是在这种需求背景下,展开的一项专业探究活动。

1. 跨文化交际研究

美国是一个多民族、多种族的国家,这为其进行跨文化交际研究提供了深厚的根基和沃土。自20世纪60年代起,美国学者便将跨文化交际研究作为一门学问来对待,其主要研究方向集中在人们如何处理语言、行为的差异及其产生的不同效果,以特定的文化方法,描述并探讨交际参与者在特定情境下的语言行为。在跨文化交际中,语言运用的研究在外语教学领域变得日益重要,因为当外语学习者试图将课堂所学知识应用到真实的跨文化交际情境中时,这些分析能够给他们提供必要的语言基础技能。

相比较而言,我国跨文化交际研究的历史较短。20世纪80年代中期,我国学者开始注意到这方面的问题，研究初期，重点主要放在外语教学以及文化和语言的关系上。自许国璋先生发表论文 Culturally-loaded Words and English Language Teaching（1982年）以来，聚焦文化差异的文章越来越多，并相继发表在各种学术刊物上。究其原因，一方面源于人们对跨文化交际浓厚的兴趣；另一方面，交际教学在外语教学中的推广，使人们进一步清醒地认识到，学习外语必须结合文化。对语言学习者来说，若只关注语言形式的不同，而不注意分析语言的内涵，是绝对学不好外语的。

1995年，我国第一届跨文化交际研讨会在哈尔滨工业大学召开，这也是我国首次将跨文化交际作为主要议题的会议。会上成立了中国跨文化交际研究会，选举产生了研究会的领导机构，并决定每两年召开一次大会。1996年8月，北京大学与美国肯特州立大学（Kent State University）共同举办了议题为"交际与文化——进入21世纪的中国与世界"的研讨会。1997年，在北京外国语大学召开了第二届会议。

在跨文化交际研究领域，有一个时常被人们关注的问题，跨文化交际研究的理论框架和研究方法究竟是什么？我们知道，跨文化交际研究的一个突出特点就是它的多学科性质，它的理论与材料来源广泛，涉及人类学、心理学、语言学、社会学、文化学等众多学科。其中，人类学，特别是文化人类学，对跨文化交际研究的贡献极为突出。在跨文化交际作为一门学科出现以前，文化人类学就已经对文化的定义、文化和语言的关系、非语言交际等方面做了很多研究，搜集了大量的材料，为跨文化交际学科的创立准备了必要条件。在具体的文化差异研究方面，跨文化交际研究取之于人类学的则更多。例如，人类学家许烺光（Francis Hsu）所著的《美国人与中国人》，对于中美文化的差异进行了十分全面而透辟的分析。[①] 可以说，人类学在跨文化交际研究中发挥了举足轻重的作用。

2. 跨文化交际研究的目的

跨文化交际研究发展至今，其研究目的主要涉及以下三个方面。

（1）培养积极理解不同文化的态度。文化具有个体差异性，通过发现不同文化之间的差异点，我们才能注意到那些不可忽视的大量共同之处。反过来，在这个过程中，我们能够加深对自身文化的理解，从而客观地把握各自文化的特性。

---

① ［美］许烺光. 美国人与中国人［M］. 沈彩艺，译. 杭州：浙江人民出版社，2017.

（2）培养跨文化接触时的适应能力。当我们第一次与异域文化接触时，常会受到文化冲击，导致某种不适应产生。设法减缓这种冲击、提高适应能力，是使跨文化交际得以成功进行的唯一途径，这也是跨文化研究中的一项重要内容。

（3）培养跨文化交际的技能。随着对外开放的进一步扩大，走出国门或留在国内参与跨文化交际的人越来越多，他们需要学习并掌握与不同文化背景的人打交道时必备的技能。在美国，除了大学里设置相关课程，社会上也有许多机构专门负责跨文化交际技能的培训和进修，以满足国际化社会发展的需要。正是基于这一点，跨文化交际研究的实践意义要远远大于它的理论意义。

事实上，我们周围许多人对跨文化交际的重要性缺乏足够的了解和认识。大部分人认为这不过是外语学习过程中一个常见的问题，并想当然地以为，小孩子只要学会了外语，按照常规做法，剩下的一切交流问题都可以迎刃而解。然而，他们忽视了习惯是一种具有个体差异性的客观存在，不具备普遍性，习惯常常会因文化背景的不同而有所差异，哪怕有时差异十分细微。在中国特定的文化背景下，属于常识性的行为和表述，在某个外国文化背景下，可能就会被视为反常行为。

很多中国的语言学习者认为，听、说、读、写四项基本技能便是外语学习的全部内容，掌握了它们，就可以顺利地与外国人畅谈交流。在这里，他们错误地将跨文化交际能力和掌握外语的基本能力画上了等号。事实上，当外语学习者达到一定的外语水平后，常常嘴上表述的是外语，但在思维层面，常常是先根据本国的文化背景来进行相关的价值判断，进而再选择适用的语言规则。要知道，一种文化与另一种文化之间的细微差异，常常意味着截然相反的价值观和方法论。用外语进行交谈，其本身就是在从事跨文化交际活动。参与者即便能够用丰富的词汇、正确的语法和流利的外语口语去交流，也未必能与外国人进行无障碍沟通。通过自身的切身体验，越来越多的跨文化交际参与者和语言学习者对这个客观事实都不置可否。

不同语言和不同民族具有各自独特的文化特质，准确地说，这种独特的文化特质就是交际中的文化差异，具体表现为不同的交往方式、问候礼仪礼节和文化习俗等。文化差异的高级表现形式就是文化休克，而避免出现文化休克的主要途径之一就是开展跨文化交际研究。如果对目标文化缺乏充分且深入的了解，在交际过程中就很容易造成交际障碍。跨文化交际研究一方面可以帮助交际双方消除不必要的误解；另一方面，它能够协助交际双方避免冲突。此外，跨文化交际研究还能促进文化交流，帮助我们全面了解各国文化的过去与现在，同时，它也有利于我们反省自身的文化。古语有云："不识庐山真面目，只缘身在此山中。"只有纵览世界不同文化，将本民族文化与其他各国文化进行全面的比较，我们才有可能意识到某种文化的优势，从而查找本民族文化的弊端与不足，并且能够站在更高的层次上与整个世界对话和交流。

由于跨文化交际研究者的学科和学术背景不尽相同，因此，在进行跨文化交际研究时，他们所采取的研究理论与方法也有所差别。作为一名跨文化交际的研究者，笔者采用对比的方法，通过整理和搜集英、汉语语言相关的诸多不同文化习惯的相关资料，意在说明不同语言的文化背景在跨文化交际中的重要性。文中使用的相关实例均源自我们的现实生活和跨文化交际实践，目的是增强内容的客观可信性和实践指导性，对提高语言学习者和跨文化交际参与者的语言运用能力具有一定的理论指导作用，同时，对他们成功进行跨文化交际也具有一定的践行导航意义。

在跨文化交际中，我们必须充分认识到掌握交际时所使用语言的重要性，因为语言是世界各国人民成功实现交流的唯一工具。

三、跨文化交际学

现代化交通和通信的飞速发展，极大地促进了各国人民之间的频繁接触，这一切变化使得外语学习的重要性空前提高，而英语地位更是迅速上升，在许多场合充当着国际语言的作用。与此同时，人们发现只懂得语言并不能解决所有的交际问题，文化是一个不容忽视的重要方面。当不同文化背景的人进行交际时，经常会遇到各种矛盾。而专门研究这类矛盾与问题的学问，就是跨文化交际学。

1. 跨文化交际学的产生

跨文化交际学（intercultural communication 或 cross-cultural communication）是一门新兴学科。从学科发展历程来看，它的历史是短暂的，至今仅有30多年的历史；但作为一种社会现象和发展过程，它却与人类的历史一样悠久，可追溯到原始部落时期。跨文化交际学的诞生有三个标志，一是1959年第一部跨文化交际学的奠基之作——爱德华·霍尔的《无声的语言》问世；二是1970年国际传播学会正式成立跨文化交际学分会；三是1974年《国际与跨文化交际学年刊》创刊。可以说，跨文化交际学的发展始终与其他众多学科的发展密切相关，尤其是人类学、社会学、传播学、语言学、文化学等。这些相邻学科的理论与研究成果对跨文化交际学的研究产生了重大影响。

　　跨文化交际学首先在美国建立和发展，这有其必然的客观因素。首先，美国是一个依靠移民发展起来的国家，国内各个种族、民族都有自己独特的文化，这些不同文化背景的人们相互交往时，不可避免地会遇到由于文化差异所产生的各种问题。其次，美国与世界各国交往甚多，不同国籍的人们之间的交往每时每刻都在发生。此外，美国每年接纳数以万计的外国留学生、数以十万计的移民。在这些广泛的交往中，文化差异问题日益突出。为了研究如何解决由于文化差异造成的种种问题，在对文化人类学研究有着深厚基础的美国，跨文化交际学便应运而生。直到现在，跨文化交际学的研究一直是美国相关学科的研究热点。

　　追根溯源，美国学者认为在跨文化交际方面出现失误有两大原因：其一，人们的异文化意识不强，当遇到与自己的价值观或行为准则不一致时，他们会感到困惑，无法妥善处理交流中出现的文化冲突。其二，其自有的文化中心主义使得美国人排斥异国文化，不能接受其他的文化、价值观念或行为准则。随着社会的发展，美国不断谋求更广阔的海外市场，有效解决对外交流与合作中所遇到的文化差异问题显得非常重要。同时，一批批留学生及移民进入美国本土，使这个多民族大国的国民文化背景更加复杂化。为了实现和平相处，他们必须解决交际中的文化差异问题。

　　跨文化交际学是在社会对外开放后，人际交往日益频繁的背景下，针对由此产生的东西方文化冲突而展开的研究。在跨文化交际学形成初期，语言学、人类学、社会学及心理学等学科的学者都从各自的观点出发对其进行分析，并提出避免文化休克的见解，促进了跨文化交际学理论基础的形成与完善。由此可见，跨文化交际学是一门综合性的学科，它整合了上述学科对文化休克的见解的理论基础，阐明跨文化交际出现失误的根源，并提出解决问题的途径。跨文化交际学涉及语言交际、非语言交际、交际手段、思维模式、价值观念以及认识行为等交际所需的各大因素。由于不同文化背景的人在上述各方面存在差异，便会造成相互沟通受阻、合作受挫、交际失败。要解开跨文化交际失败之谜，就有必要增强跨文化意识，通过文化差异分析找到失败的根源，然后再进行跨文化交际技能训练，以成功地进行跨文化交际。

2. 跨文化交际学的研究方法和研究内容

　　跨文化交际学具有多学科性质，在众多学科中，对它影响最大、与它关系最密切的有四门学科，即文化人类学、社会心理学、社会语言学和传播学。不同学科的学者在研究跨文化交际时，所选取的角度不同，研究方法上亦有差异。文化人类学家通常采用实地调查的方法，搜集丰富的材料，然后对材料进行分析，对不同的文化模式作出详细的描述，并试图对其进行解释。他们的观察细致入微，材料生动有趣。社会心理学家则多使用心理学的实验和研究方法，通过科学的设计来搜集数据，对于研究对象的文化心理、价值取向进行定量分析，并作出准确的表述。传播学家通常从传播学的角度入手，研究文化差异对于传播的影响。社会语言学家在整个跨文化交际学界的活动中，似乎影响不大，但海姆斯（Dell Hymes）关于交际能力的论述和沃尔夫森（Nessa Wolfson）对于赞语的研究却格外引人注目。

作为一门边缘学科，跨文化交际学不仅致力于探究文化的定义与特点、交际的定义与特征以及文化与交际之间的关系，同时也将干扰交际的文化因素作为其研究的重中之重。波特（Richard Potter）把影响交际的因素分成八个变项，分别是态度、社会组织、思维模式、角色规定、语言、空间的使用与组织、时间观念和非语言表达。后来，波特与萨莫瓦尔（L. A. Samovar）又把这八个变项合并成三个方面：

（1）观察事物过程，包括信念、价值观念、态度、世界观及社会组织。
（2）语言过程，主要包括语言及思维模式。
（3）非语言过程，包括非语言行为、时间观念和空间的使用。

3. 跨文化交际学在我国

20世纪80年代初，跨文化交际学由外语教学界引入我国。当时，研究重点放在外语教学中的跨文化差异以及语言与文化的关系上。因此，跨文化交际学在我国得到了迅速发展。

1980年，许国璋在《现代外语》第4期发表了 *Culturally-loaded Words and English Language Teaching* 一文，标志着跨文化交际学在中国的诞生。1983年，何道宽在《介绍一门新兴学科——跨文化的交际》（《外国语文教学》1983年第2期）一文中，率先将跨文化交际作为一门学科向国内学者进行介绍，探讨了这门新兴学科的基本内容、理论及其研究成果。1981—2001年的20年间，我国学者对跨文化交际学的研究兴趣越来越浓厚，发表了近300篇研究论文，出版专著20余部。这些文章和著作集中论述的是文化与交际的关系、跨文化交际与外语教学、跨文化语用学以及非语言交际等。它们不仅有力推动了我国跨文化交际学的发展，而且对我国其他人文学科也产生了很大影响。

随着国外跨文化交际学研究的进展，一些新的理论和观点能够及时在国内学术期刊上得到介绍与传播。例如，贾玉新（1992）、胡文仲（1994）全面介绍了跨文化交际学在美国的最新进展情况;高一虹(1995)运用新的研究方法,将跨文化交际与文化定型结合起来研究"跨文化交际悖论"说;许力生(1996)专门介绍跨文化交际中的"言谈规约";胡超(1998)重点介绍文化思维模式差异对跨文化交际的影响等。

邓炎昌、刘润清合著的《语言与文化》(外语教学与研究出版社,1989)作为国内较早有关跨文化交际学方面的著作,重点讨论了用英语进行交际时所涉及的"最基本、最重要的文化因素",为推动我国语言与文化的研究起到了积极的作用。从1995年开始,国内相继出版了多部由中国学者撰写的"跨文化交际学研究"学术专著,其中影响较大的有关世杰的《跨文化交流学》(北京大学出版社,1995),它是国内出版的首部跨文化交际学专著。该书在吸收和借鉴国内外该领域以及相关学科研究成果的基础上,结合中国文化的特点,对跨文化交际学进行了系统的论述,内容丰富翔实,理论性强。胡文仲的《跨文化交际学概论》(外语教学与研究出版社,1999),此书内容精练、行文自然流畅、说理清晰、分析透彻,并提供了大量该领域的最新信息,是一部不可多得的研究跨文化交际学的入门指导书。顾嘉祖编著的《跨文化交际》(南京师范大学出版社,2000)内容丰富,作者从跨文化交际中的隐蔽文化(covert culture)入手,多维度、多层面地探讨不同文化,既有宏观的概述,又有微观的研究,其丰富的材料、生动的实例与中肯的分析,标志着我国对跨文化交际的研究正在逐步深入。

跨文化交际学在我国的引进还体现在以下几个方面:

其一,外国跨文化交际学的名著在国内翻译出版,如萨莫瓦尔等编著的《跨文化传通》(陈南等译,三联书店,1988),跨文化交际学奠基人爱德华·霍尔的《无声的语言》(刘建荣译,上海人民出版社,1991),莫腾森(S. Mortenson)的《跨文化传播学:东方的视角》(关世杰等译,中国社会科学出版社,1999)等。这些译著的出版对该学科在国内的传播与发展起到了积极的推动作用。

其二,外国英文原著在国内直接出版,如外研社首批推出的英文版《当代国外语言学与应用语言学文库》的54部原著中,就有2部是关于跨文化交际的。这些原著的出版使国内学者"开阔了思路,扩大了视野,提高了效率"(引自王宗炎为丛书所做的序)。

其三,国内研究者选编国外学者撰写的论文在国内以原文或译文的形式结集出版,如胡文仲选编的《跨文化交际学选读》(英文版,湖南教育出版社,1990)等。

在学术交流活动方面,1995年8月,由哈尔滨工业大学发起并召开了全国第一届跨文化交际学研讨会。事实上，早在 1991 年 3 月，欧洲跨文化研究院就已经与中山大学合作，在中国召开了第一届跨文化国际学术讨论会。此后，又分别在北京大学、南京大学等国内著名高校举办了四届跨文化国际学术讨论会。1996 年，北京大学与美国肯特州立大学共同举办了主题为"交际与文化——进入 21 世纪的中国与世界"的国际研讨会；1999 年，南京师范大学举办了题为"跨文化交际与英语教学"的国际研讨会。这些活动对推动我国跨文化交际学研究和国内外学术交流，都起到了积极的促进作用。

跨文化交际学在国内的引进与传播，与该领域众多学者孜孜不倦的努力是不可分割的。其中，1999 年，由胡文仲主编的"跨文化交际丛书"对国内跨文化交际研究的普及与深入起到了重要的推动作用。这些著作和文章全面地介绍了跨文化交际学的历史发展、研究内容，阐述了外语教学与跨文化交际学的关系，以及如何开展跨文化研究等问题。

4. 我国的跨文化交际学理论研究

虽然我国的跨文化交际学理论研究开始较晚，但诸多学者倾力使其内容十分广博，融合了人类学、语言学和社会学等多个领域的知识，因而得到了国际学术界的广泛关注和重视。如今，跨文化交际学已形成自身的研究体系，发展成为一门综合性学科。这一领域的研究成果大致集中在以下几个方面。

（1）跨文化语义研究

在跨文化交际过程中，当交际双方不能共享文化意义时，就会发生语义位移，从而造成信息传递的偏差。魏春木在《跨文化交际中的语义位移研究》（《外语教学》1993 年第 1 期）一文中，从功能学派的角度研究跨文化交际中的语义问题。他认为，语义可分为"语言的自身意义"和"语言的文化意义"，所以，应采用"语义标记"的方法来揭示跨文化交际中的信息偏差，找到语义位移的具体原因。[①] 邵志洪认为，词汇的理据及其语义的模糊性寓于文化之中，词义所承载的文化差异是造成语义模糊性的重要原因。

（2）跨文化语篇研究

"跨文化语篇"这一概念是"中介语"（interlanguage）概念的延伸与发展，指的是一种与母语话语、目的语话语都不相同的"非本族语话语"。屈延平（1991）在跨文化语篇分析中提出了"中介语篇"（interdiscourse）的

---

① 魏春木. 跨文化交际中的语义位移研究 [J]. 外语教学，1993（1）.

概念，他认为，中介语篇是学习者母语语用规则和语言文化认识模式负迁移的结果。胡壮麟（1994）在分析语篇中的语境时提出了"文化语境"（cultural context）的概念，他认为，在某些情况下，对语篇的真正理解还有赖于最高层次的文化语境，因为文化语境不仅反映语篇自身的结构和功能，更是影响语篇发展的外部力量。

（3）跨文化语用研究

知识文化一般不会直接引发文化误解，而交际文化则不然，它会造成信息传递过程中出现语用失误。跨文化交际研究与语用方面的研究密切相关。如邓炎昌、刘润清（1991）讨论的是英汉语言与文化的对比，其中有许多内容涉及英汉语用对比。何自然（1993）、张辉（1994）等也都把语用研究置于跨文化交际研究的大背景之下。在相关论述中，何自然分析了中国人用英语与英语本族语使用者进行交际时产生的"离格"英语现象及其产生的原因。他认为，要预防产生"离格"英语，除了提高英语水平，还要特别注意学习"第二文化"。张辉认为有必要把文化这一概念划分为交际文化和知识文化。显然，这一划分对于外语教学中选择文化教学项目有着重要的现实意义。

（4）跨文化交际能力研究

王振亚在1991年的《交往能力与外语教学》一文中指出，在我国语言教学界，海姆斯的"交际能力"概念普遍流行，但它并不包括非语言交际能力。作者根据韩礼德的"行为潜势"理论，提出将"交际能力"扩展为包括非语言交际能力在内的"交往能力"。高一虹（2000）运用中国传统哲学中的"道"与"器"两个概念来探讨跨文化交际能力。①"道"是跨文化交际主体的基本取向；"器"则是对信息和技巧的掌握以及交际所达成的功效。她认为，跨文化交际研究只有在注意"器异"的同时，充分意识到"道同"，才能对跨文化交际能力有全面的理解。据此，她提出了跨文化交际能力的培养原则。

关于如何在外语教学中培养和提高学生的跨文化交际能力，本书将在最后一章做专题阐述。

（5）跨文化非语言交际研究

耿二岭所著的《体态语概说》（北京语言大学出版社，1988）是国内第一部研究跨文化非语言交际的著作。书中引用许多例证和插图，着重探讨了

---

① 高一虹. 语言文化差异的认识与超越［M］. 北京：外语教学与研究出版社，2000.

汉族和东西方其他民族在体态语方面的异同。杨平（1994）对非语言交际行为的分类进行了综述，并就外语课堂中非语言交际技能的培养提出了建设性意见。胡文仲在《跨文化交际学概论》第六章"非语言交际"中，界定了非语言交际这一概念，探讨了非语言交际的特点与作用，并就非语言交际的文化因素作了详细讨论。近年来，还出现了系统研究这一领域的专著，如毕继万的《跨文化非语言交际》（外语教学与研究出版社，1999）。

5. 我国跨文化交际学研究的特点与方法

我国跨文化交际学研究的历史较短，但成果颇丰，特别是基于汉语开展的跨文化对比研究，更是受到世人瞩目和赞誉。概括来说，我国学者在跨文化交际学研究方面主要有以下几个特点。

第一，参与跨文化交际研究的学者群体构成较为多元，主要包括外语教师、对外汉语教师、语言学家和心理学家，其中以外语教师最多。遗憾的是，不同学科背景的研究者大多仅从各自领域的视角进行跨文化交际学研究，彼此之间缺乏应有的沟通与合作。

第二，我国的跨文化交际研究既有继承，也有创新；既有共时研究，也有历时研究。许多学者将文化交际的共时研究与语言教学、语义学、语用学、语篇学、符号学、人类学、传播学等众多学科的研究结合起来，不断丰富和发展跨文化交际学的理论体系和研究内容。

第三，我国的跨文化交际研究既有宏观的理论探讨，也有微观的描述与比较，还有基于汉语的应用性研究。

第四，我国的跨文化交际研究着重语言与非语言交际方面，特别是语言与文化的研究，其中较少涉及与跨文化交际有关的思想观点、文化传统、价值观念等内容。

跨文化交际学具有多学科性质，因此，其研究方法多变，研究手段各异，研究模式也具有兼容并包的特性。从总体上说，我国学者在定性研究方面比较成熟，研究成果带有显著的"内省"特征。不过，这种研究倾向也导致相关研究缺乏基于大量数据的定量分析和实证研究支撑。但近年来，跨文化交际学在研究方法上有了明显的变化。一批中青年学者在研究中，十分注重研究内容与研究方法的有机结合。他们运用定量分析方法，通过问卷、访谈等手段收集数据，并将收集到的数据加以量化处理与统计分析，最终揭示出受试者跨文化交际行为的规律与模式。

近年来，"跨文化交际学"这一涉及多学科的边缘学科名称，已在我国外语学刊上出现，这标志着我国学者已着手进行这一学科的系统研究。然而，我国在这方面的研究仅限于语言交际、非语言交际及文化习俗等方面。正如胡文仲教授（1994）所说，我国在与跨文化交际有关的思想观点及价值观念方面的研究甚少。可见，当前我国跨文化交际学的研究仅涉及跨文化交际中文化差异的表面现象，还未触及跨文化交际学的理论体系、学科内涵、对我国对外开放的影响以及相关对策的研究。

四、文化休克与跨文化交际能力

跨文化交际学的创始人之一爱德华·霍尔认为，文化是人类生活的环境。人类生活的各个方面无不受着文化的影响，并随着文化的变化而变化。或者说，文化决定着人们的存在状态，包括自我表达的方式、情感流露的方式，以及思维方式、行为方式、解决问题的方式等。正是在这些一般情况下十分明显、习以为常，然而很少被深入研究的文化方面，以最深刻和最微妙的方式影响着人们的行为。

人的生存方式本质上就是文化方式，文化是人类独有的生活方式。因为文化深刻地影响着人们的行为，随着人类社会的不断进步与科学技术的加速发展，人们之间的交往超越了民族和国家的界限，在全球范围内形成了经济、贸易、思想、文化等多方面的交流与融合。可以说，全球化的过程就是跨文化交流的过程。

1. 跨文化交际的形式

跨文化交际形式多种多样，从文化人类学的角度，国内学者把它分为以下三种：一是种族之间的交际形式。二是民族之间的交际形式。三是国际交际形式。国际交际形式常指主权国家政府之间的交流，包括外交和宣传领域，以及经贸、文化科技等领域的交流，它也是跨民族、跨种族的交流。

无论人们以何种形式进行跨文化交际，实际上都可以细分为三个不同的交际层次：

跨文化人际交流。主要指不同文化背景的个人之间的交流，相互交往的对象可以是不同种族、不同民族、不同国家的人。

跨文化组织交流。指不同文化背景的两个组织之间的交流的互动。

国家之间的跨文化交流。主要是指不同国家之间利用各种大众传媒进行的信息传播和交流。事物的形式是其本质的外在表现，透过其外在形式，我们可以发现其内在的本质规定性。

通过分析跨文化交际的不同形式，我们可以看到，无论何种形式的跨文化交际，也无论处于何种交际层次，人的参与都是其能够成功的核心，因为这一切都是通过人的具体行为完成的。因此，在研究全球化背景下的跨文化交际时，我们的着眼点是要通过对跨文化交际的研究，促进不同文化之间的交流、沟通与融合，减少文化差异所引起的冲突。而在跨文化交际研究中，重中之重应该是跨文化人际交流。

2. 人与跨文化交际

人既是文化的产物，也是文化的承载者。德国著名的文化哲学家恩斯特·卡西尔（Ernst Cassirer）认为，人的突出特征以及其与众不同的标志，既不是他的形而上学本性，也不是他的无理本性，而是人的劳作（work）。[1] 正是这种劳作，正是这种人类活动的体系，规定和划定了"人性"的范畴。语言、神话、宗教、艺术、科学、历史等都是这个范畴的组成部分和各个扇面。从某种意义上说，文化就是人的本质，它是人类在自我创造的过程中逐步形成的，并随着人类社会的发展而不断演进，并改变自身的形态、丰富其内涵，不同文化背景的人与人之间的交流，充分体现了跨文化人际交流。

在跨文化人际交流过程中，人的行为本质在很大程度上决定了跨文化交流的特点。

首先，交流双方不同的文化背景导致文化共享性差。来自不同文化背景的人，在交流中所涉及的语言、风俗习惯、行为方式，以及其背后的价值观念系统，都具有极大的差异。而且，即便表面看上去相同的语言文字、符号系统，其实际所表达的内涵常常不同，甚至可能截然相反。

其次，在跨文化交际中，实际上存在着个体无意识的先入为主和主观性的偏见。生长在不同文化背景下的人群，本身就具有一定的个体差异性，有着不同的价值判断标准，这种标准又是在该文化长期的发展过程中形成的，有利于维护该文化群体的繁衍、稳定和发展，所以，出生在这种文化背景中的人，在个体社会化的过程中，会受到这种价值体系潜移默化的影响，进而形成一种固定的思维模式和道德价值标准。在与人交往的过程中，他们会无意识地以此作为与他人交往的评判标准。正是由于这些原因，在跨文化交流过程中会出现各种误解、矛盾，甚至冲突。在国与国之间的文化交流中，也会出现文化的冲突，严重时甚至会引发政治和军事方面的冲突。20世纪中叶以来，原教旨主义广泛兴起，导致不同民族、国家之间的矛盾和冲突加剧。在个人交往的层次上，交往者的心理也往往会出现文化休克的现象。

---

[1] [德]恩斯特·卡西尔. 人论 [M]. 甘阳, 译. 上海：上海译文出版社, 2013.

3. 文化休克与跨文化交际能力

文化休克是跨文化交流过程中一种客观存在的现象，每个置身于新文化环境中的人都会遇到，能否妥善应对文化休克，是跨文化交流能否获得成功的重要因素。

文化休克直接影响着跨文化交际。从个体的层面看，它直接影响到个人能否适应新的环境，能否顺利完成跨文化交际；从组织交流或国家交流的层面看，因为个人的表现可能直接影响组织交流和国家交流的成败。所以，无论是从个人层面、组织层面还是国家交流层面，在全球化背景下的文化交流都无法回避文化休克这个棘手的问题。只有解决好这个问题，才能成功实现全球背景下的跨文化交流。

20世纪初期，随着国际交往的增多，一些政府机构和跨国公司为使海外派遣人员更好地适应当地生活、完成派遣的任务，开始针对海外派遣人员展开关于派遣目的地文化的培训活动，如讲授目的国自然环境、社会环境知识，教授目的国语言等。但没多久，研究者和企业就意识到，仅仅向外派人员提供目的国的相关信息和传授语言知识是不够的。同时，随着文化休克、跨文化适应、跨文化交际能力等理论的发展，越来越多的学者指出，跨文化培训应从认知、情感、行为三个层面来考量，培训应更加重视文化敏感性和适应性的培养，重点在于使受训者充分认识目的国与母国在文化方面的差异，比如生活习惯、风土人情、历史文化背景、思想观念、行为方式等。在此基础上，使受训者对可能产生的文化冲突形成足够的洞察力和警觉性，以减少到新环境后产生的不适应感，更好地适应目的国的异域环境，提高应对异域文化的能力。

但必须指出的是，无论何种真实的模拟培训，通常仅能引导受训者理性地了解并应对这些差异，很难让受训者在情感上产生真实的波动，而这种心理上、情感上的波动恰恰是文化休克的真实写照。此外，我们必须意识到，真实的文化呈现富有生命力的动态变化，交际也是互动的过程。所以，跨文化培训的内容永远不可能囊括所有的文化差异，也很难再现具体的文化差异场景，而且，缺乏真实互动的培训有可能使受训者走向非此即彼的文化适应两分模式。而真实的文化休克却可以使交际者在负面冲击中获得真正了解对方文化的机会，使跨文化交际能力得以发展提升。因此，跨文化交际者如果经历了真正的文化休克，同时能用积极的心态去应对，那么他所得到的个体成长主要体现在以下两个方面：首先，必定能理性地认识并应对这些文化差异，减缓文化休克的冲击，同时加快跨文化适应进程；其次，必定会提高个体的跨文化意识、跨文化敏觉力。简而言之，文化休克带来的"个体成长"是个体跨文化适应程度和跨文化交际能力的真正提高，是个体在两种文化间跨越的真正实现。

对跨文化交流的深入研究，有利于促进不同文化之间的交流与沟通；研究跨文化交际与文化休克，有助于推动跨文化人际交流，为不同文化之间的交流提供理论指导，从而使人们在实践中减少不同文化之间的冲突，促进文化的融合。

实际上，文化休克研究与跨文化适应研究是密不可分的两个方面。文化休克代表了跨文化适应过程中最明显且主要的部分，甚至可以说是跨文化适应的代名词。文化休克不是只对跨文化交际者构成负面障碍，同时它也对跨文化交际者提出了积极的挑战，是交际者跨文化交际能力发展和个体内在成长的助推剂。因此，梳理文化休克在跨文化适应研究发展中的作用及意义，有助于我们从积极的角度来看待跨文化适应和跨文化交际能力培养的深层次研究。

第三章

文化身份、文化自信与外语教育

文化是人类社会前行的根基,它在社会发展进程中的作用是不言而喻的;文化自信则是一个国家、一个民族得以延续其灿烂辉煌的不竭源泉。倘若没有高度的文化自信,一个国家就没有在浩瀚宇宙中的立足之地;缺乏自强不息的中国文化自信,就不会有中华民族文化的全面复兴,更谈不上锐不可当的东方崛起之势。

近代以来,西方文化在中国的强势传播,使得我们的文化自信遭遇了前所未有的挑战,有些西方学者更是一味地曲解中国传统文化,这一切极大地冲击了中国人的文化自信心,并出现严重的文化自信危机。

跨文化交际是塑造文化身份和增强文化自信的重要途径,二者在跨文化交际中共同决定了交际的维度,坚持"本土化"和"人人参与"是其根本原则。

第一节 文化身份

"文化身份"(Cultural Identity)是一个源于文化领域的极其抽象的概念。语言是文化的载体,文化是语言存在的土壤和发展的动力,文化身份和文化具有密不可分的本质联系。

人类借助语言来表达对世界的态度、看法或观点等,并通过语言交流的方式去认识世界。语言具有强势的文化属性,呈现出动态且多元化的发展态势,这正是语言体现其使用者文化身份的本质因素和重要标志。

一、文化身份的定义

法农(Frantz Fanon,1952)指出,文化身份指一个人拥有了语言,就拥有了这种语言所承载和表现的世界。萨义德(Edward Said,1993)认为,文化身份主要是在文学和文化研究领域中，体现民族本质特征和带有民族印记的文化本质特征。古尔罗伊（Paul Gilroy，1997）认为，文化身份是人们对世界的主体经验与构成这种主体性的文化历史设定间的必要联系。

克拉姆契（Claire Kramsch，1998）在《语言与文化》中认为，文化身份是由社会官僚机构（如政府）认同或成员自我认同所形成的该文化群体成员的身份。① 该概念强调了某文化群体成员对其自身文化归属的认同感，其特征由某一文化群体成员的所言、所行、所思和所感表现出来。金荣渊（Kim，2007）则指出，文化身份是一个无处不在的概念，在跨文化交际和社会科学领域占有重要地位，涵盖个体在一个特定群体里的心里识别和社会或群体识别。拉里·A. 萨摩瓦尔（Larry A. Samovar）、理查德·E. 波特（Richard E. Porter）和埃德温·R. 麦克丹尼尔（Edwin R. McDaniel）（2012）合著的《跨文化交际》中，将文化身份定义为对拥有相同言语和非言语行为体系的内部成员之间交流的一种认同感，群体成员拥有同样的归属感，拥有共同的传统、文化遗产、语言和相近的行为规范，这些交流对群体成员意义重大。②

语言之于个体文化身份重要的原因显而易见。其一，语言是某文化群体生活最普遍和最明显的特征，通过选择某种语言或语言变体，能够提供普遍认可的独特身份标志；其二，通过使用与所属文化群体其他成员相同的语言，其成员可以从交流中获得必要信息、精神力量，以及一种特有的社会归属感和历史延续感。

作为全球性交流媒介的英语，因其产生了诸多语言变异，从而造就了其多元化语言文化身份，故而体现了迥然各异的文化身份和文化特征的新英语变体在跨文化交际中被广泛使用。因而，英语教育必须破除传统的英语文化中心论，将语言文化教育从目的语文化层面拓展到母语文化层面和目的语文化层面。瞬时，文化身份从心理学和社会学的研究对象演变为跨文化交际学者所关注的主题。

二、文化身份与跨文化交际

"education"（教育）一词源于拉丁词"educere"，意为"引出"，因而"education"有"发掘人的潜质，使之成为真正的能力"的内涵。美国教育

---

① Claire Kramsch. Language and Culture [M]. 上海：上海外语教育出版社，2000.
② 拉里·萨莫瓦尔，理查德·波特，爱德温·麦克丹尼尔. 跨文化交际（英文第7版）[M]. 北京：北京大学出版社，2012.

家布鲁纳（Jerome S. Bruner，1963）指出，"教育"是教人们如何做人，其终极目的是促成人的自我完善。古汉语中的"教育"来自《孟子·尽心上》，是"教"和"育"的组合，意为得天下人才而教育之。《说文解字》中许慎解释道："教，上所施下所效"，"育，养子使作善"。

蔡永良（2013）提出，外语教学着眼于语言教学方法和效果等微观问题，而外语教育关注与社会文化和历史传统等相关的语言教育宏观整体。文化教育是实现教育目的的重要途径，文化学习是外语教育的重要组成部分。贾玉新（1997）在《跨文化交际学》中提出"语言教育在很大程度上应该是文化教育"。[①] 胡文仲（1999）在《跨文化交际概论》中指出，"语言是思维的工具，文化的载体，语言教学与文化教学密不可分"。[②] 文化具有国际性，但更具本土性，任何脱离本土文化特质而采取的文化行动都是徒劳的，其结果只会造成自身的文化缺失（靳玉乐：2008）。

1992年，联合国教科文组织在《教育对文化发展的贡献》中提出了跨文化教育的理念，指出必须在充分理解本族文化的基础上，培养对其他文化积极、欣赏的态度，并以此促进人们对文化多样性的尊重和其他文化的了解。外语教育是一种文化教育，在重视母语文化教育的过程中，应建立自身的文化自信来保护其文化身份，真正做到"母语文化和第二文化的互动"。英语教育家拜拉姆（Michael Byram，2002）认为，必须大力倡导外语教育，只有强调外语的教育作用，才能正确认识到外语本身兼具人文教育性。2006年，联合国教科文组织颁布了《跨文化教育指南》，明确指出了跨文化教育理念在外语教学中发挥的重要作用。

外语教育肩负着传承文化和服务社会的重任，文化身份已经成为教育和跨文化交际教学中的主要问题。这些研究均证实了外语教育及跨文化交际中母语文化及其文化身份的重要作用不容忽视。

第二节　文化自信

文化是人类全部精神活动及其产品的总和，是一个民族的灵魂和血脉。中国文化以华夏文明为根基，充分整合了我国各地域和各民族的文化要素，形成了一个统一、协调的文化整体，它是中华民族上古至今优秀传统文化的融会贯通。文化自信则是一个民族、一个国家以及一个政党对自身文化价值

[①] 贾玉新. 跨文化交际学［M］. 上海：上海外语教育出版社，1997.
[②] 胡文仲. 跨文化交际学概论［M］. 北京：外语与教学研究出版社，1999.

的充分肯定和积极践行,并对其文化生命力持有的坚定信心,它体现了一个国家的国民对自身文化传统的内在认同感,展现了一个民族、一个国家以及一个政党及其人民的精神志气。

所谓"文以载道",是指语言不仅是按照一定规律排列的符号系统,更是承载和彰显文化自信的重要工具之一。文化学习是外语教育的重要组成部分,作为一门语言教育,外语教育的研究对象是"语言"。语言一经产生,就和人的发展紧密联系在一起,它是文化自信在个体层面的具体表现,构筑了文化中人的精神和力量(秦志龙,王岩:2017)。我们熟悉西方文化,了解文化差异,并不意味着要放弃我们的民族特色和文化身份(王守仁:2001),这是一种文化自信的表现。

一、文化自信

文化自信是一个国家精神凝聚力的重要体现。它是"一个国家、一个民族、一个政党和民众对自身文化价值的充分肯定,是对自身文化生命力的敬畏与信仰"[①]。文化自信不但体现为外在的符号系统,而且是使用这一语言的民族观察世界的特殊方式,以及形成该民族文化的重要基础。

我国学者已开始认识到文化教育与外语教育之间密不可分的关系,而坚守文化自信则是一个国家对自身文化价值的充分肯定。

1. 文化自信的定义

按照《汉语大词典》的解释,自信就是完全且充分地相信自己。至今,学术界给予了"文化自信"普遍关注,但尚未对其定义达成一致意见。

从本质上来讲,文化自信是一种自觉的心理认同、执着的坚定信念和积极争取的文化形态。其具体表现为:在文化发展和比较的过程中,一个国家、民族和政党能正确地看待自身文化,理解并认同自身文化的内涵与价值,对这种文化的生命力和发展前途充满信心,同时对待不同文化能够具有兼容并蓄的包容态度。

大多数学者认同,文化自信是一个国家、民族以及国民对自己民族文化传统的内在认同感。费孝通先生(1997)认为,文化自信是指生活在一定文化历史圈子的人对其文化有自知之明,并对其发展历程和未来有充分的认识。陈先达(2016)认为,文化自信是一种既热爱自己的民族文化又海纳百川的包容精神,既积极奋进又不卑不亢的文化精神。刘金祥(2016)认

[①] 艾文礼. 深入把握和坚持文化自信 [J]. 红旗文稿, 2015 (5).

为，文化自信是一种开明的文化气度，是一种健朗的文化心态。文化自信是人们对所属国家和民族文化价值的充分肯定、价值认同和身份认同。

据此，文化自信可以理解为：一个政党、一个民族和一个国家对自身固有文化的辩证看待、充分肯定以及积极践行与传播，对未来文化发展的精准研判和科学构想，对外来文明成果的博采兼收与正确运用，并在实践中帮助人民群众提高文化水平，塑造意气风发的精神面貌，从而确保自身文化活力永驻，昂然立于不败之地。文化自信具体表现为：文化主体对自身文化生命力的充分肯定，对自身文化价值的坚定信念和情感依托，以及在与外来文化的比较与选择中保持对本民族文化的高度认可。

2. 文化自信的渊源

文化自信源于"古"而成于"今"。唯有渊源于历史的文化自信，才是有"根"和"魂"的中国文化自信。

习近平总书记在十九大报告中指出，中国特色社会主义文化源于中华民族五千多年文明历史所孕育的中华优秀传统文化。树立当代中国的文化自信，必然要重视对中华优秀传统文化的继承，而谈到这一点，就必须要提及孔子和他的儒家文化。

（1）孔子的文化自信根基

孔子时期处于中华民族上下五千年文明史的中节点位置，孔子为上承中华上古优秀文化、下启发展了两千多年的中国文化开辟了自己独特的路径。溯本求源，我们的思维方式、品格特征和人伦关系，都能在孔子的儒家思想中找到其理论根基。当代中国重塑文化自信，必然要重视对以孔子为代表的中华优秀传统文化的继承与发展。

首先，孔子展现出了对中国古代优秀传统文化的自信。在对夏、商、周文化，尤其是周代礼乐文化具有坚定信念和情感认同的基础上，孔子明确提出了继承和发展周代礼乐文化的主张。正因为心怀永不言弃的坚定信念，他一直肩负着传承礼乐文化的强烈文化责任感和历史使命感。通过礼乐文化的重建，孔子树立了当时国人的高度文化自信，匡扶乱世。他不仅为中国社会走出春秋战国时期的乱世奠定了扎实的文化根基，而且为秦汉以后中国社会秩序的稳定植入了深厚的文化积淀，并据此总结出一套以德治国的儒家理论体系。

其次，孔子提出"克己复礼为仁"，揭示了仁礼的内在关系：仁是礼的内在根源，为礼建构了仁的基础（《颜渊》）。在以仁为核心、以仁义礼智为基本框架的道德体系中，他打造了以仁爱为基础的中国道德情感体系，为我国古代传统文化种下了良知的基因。在中国文化建构中，孔子的仁爱根基不但是中国传统文化的特质，而且是理解中国传统文化的一把金钥匙。他的躬身前行，为国人重塑文化自信树立了典范。

众所周知，在两千多年的封建社会历程中，孔子的地位历经跌宕起伏，但他始终是中华优秀传统文化最鲜明的标识，因而被国人铭记于心。改革开放以来，人们逐渐恢复了对以孔子为代表的儒家思想的文化自信，孔子也由此成为中华民族恢复文化自信的风向标。终于，国人不再像一百多年前那样羞于谈论孔子了。如今，专家学者在中央电视台讲孔子，国家领导人也向世界各国朋友介绍孔子。由此可见，顺应全球社会、经济、文化一体化的大环境，当代国人对中华优秀传统文化充满了自信。

随着时代的发展，进入21世纪以来，孔子的地位逐年攀升。例如，北京大学设立了孔子像，中央电视台"百家讲坛"节目讲解《论语》等经典。每年9月28日孔子诞辰之时，中国及世界各国的华人都会举办多种形式的纪念活动。山东曲阜更是每年都举办孔子文化节，活动涵盖祭孔仪式、学术研讨会、国学讲座、文庙拜师仪式等。孔子已然蜕变成中国人民寄托民族文化情感的重要载体，成为中华儿女手中一枚凝聚中华民族文化精神的沧桑名片。

为了加快世界各国人民对汉语和中国文化的了解，帮助中国文化自信地走向世界，我国政府借鉴了西班牙、德国和法国等欧洲国家推广本国语言的成熟经验和做法，与世界上绝大多数国家合作建立了非营利性教育机构"孔子学院"。孔子学院致力于共同开展汉语教学，并积极推动中外在教育、文化等方面的交流与合作。2004年，我国在韩国首尔开办了全球第一家孔子学院。2014年9月24日，习近平总书记出席了在人民大会堂举办的纪念孔子诞辰2565年国际学术研讨会，并发表了关于孔子及中国传统文化的重要讲话。截至2023年年底，全球160个国家（地区）建立了498所孔子学院和773所孔子课堂。

（2）毛泽东的文化自信思想体系

文化自信融汇于毛泽东波澜壮阔的生命历程之中，它铸就了毛泽东超凡脱俗的英雄气概和领袖气质。毛泽东出生并成长于风雨飘摇的封建末世，自青年时代起，他就以实现民族独立和人民解放为己任，对中国文化的前途命运一直进行着深入的思考。

毛泽东文化自信思想是以毛泽东的名字命名的重要思想，它与毛泽东思想是部分与整体的关系，是马克思主义文化理论的重要内容，是一个内涵丰富、体系完整且意义深远的科学体系。它主要指毛泽东关于认识和建构文化自信的思想观点,带有鲜明的民族风范、民族品格和民族尊严。

第一,毛泽东的文化思想体系是对中华民族传统文化的推陈出新。

中国是世界文明古国之一,中华民族在封建社会中创造了灿烂的历史文化。一方面,毛泽东充分肯定我们的国家是一个有着丰富的文化典籍与近四千年文字可考历史的国家,我们的民族是一个拥有光荣的革命传统和优秀历史遗产的民族。另一方面,他又有理有据地指出,古代传统文化中糟粕与精华共存,"从孔夫子到孙中山"都需要"用马克思主义的方法给以批判的总结","剔除其封建性的糟粕,吸收其民主性的精华"。

他把自己对民族文化的自豪感倾注于诸多作品中,洋洋洒洒地流淌于其作品的字里行间。早在井冈山时期,毛泽东就常常幽默地宣称要用"文房四宝"打败国民党四大家族。这是他文化自信思想的较早表露。据此,在实践中,毛泽东采用了"古为今用,洋为中用"的文化发展原则和"百花齐放,百家争鸣"的文化建设方针。在对中华传统文化批判性的继承中,毛泽东是一名文化自信的践行者,也是中华优秀传统文化的笃信者。

第二,毛泽东的文化思想体系体现了对新民主主义文化的理性审慎。

对于新民主主义文化的先进性和革命性,毛泽东在1940年保持理性认知的同时,客观地指出新民主主义文化是由现阶段革命的主要任务所限定的,它具有许多社会主义革命的重要因素。尽管当时所要建设的新民主主义文化"具有社会主义的因素"且"属于世界无产阶级的社会主义的文化革命的一部分",但还不是社会主义文化,这是由"现阶段革命的基本任务是反对外国的帝国主义和本国的封建主义,是资产阶级民主主义的革命,还不是以推翻资本主义为目标的社会主义的革命"所决定的。毛泽东在《新民主主义论》中指出,当前新民主主义文化是中华民族的新文化,这是当时中国革命的历史特点,不懂这个历史特点的人会被历史的潮流所抛弃。为了帮助国人重建对中华文化的自信,他以"民族的、科学的、大众的"为文化特质来构建新民主主义文化,一针见血地对"全盘西化"和"盲目排外"两种极端思想进行了深刻的批判。

第三,毛泽东的文化思想体系对共产主义文化深信不疑。

毛泽东在普及与推广革命文化的过程中,讴歌并树立了对共产主义文化的自信。在充分肯定共产主义文化是自有人类历史以来最完全、最进步、最革命、最合理的文化形态的同时,他反对采用完全拿来主义去主观套用共产主义文化,而是强调马克思主义这一"放之四海而皆准"的普遍真理,必须以中华民族自有的形式,与中国革命的实践切实紧密结合起来。

首先,毛泽东自信地认为,在近代中国社会各阶层和政治团体中,只有无产阶级和共产党最没有狭隘性和自私自利性,最有远大的政治眼光和最有组织性。他多次强调,没有中国共产党这样一个"在一个几万万人的大民族中领导伟大革命斗争的党"的艰苦奋斗,挽救新的亡国危险是不可能的。一句话,离开了中国共产党的领导,任何革命都不能成功。从建党的那天起,中国共产党就一直肩负双重重任,并一直以此为目标,所向披靡,披荆斩棘。

其次,毛泽东充分发挥了共产主义先进文化的作用。从他对文化的定义,以及对共产主义给中国和中国人民带来的积极影响可以看出,毛泽东已经意识到文化的积极作用与重要意义。他曾指出"用文化教育工作提高群众的政治和文化的水平,这对于发展国民经济同样有极大的重要性。"(《新民民主主义论》)抗日战争后期,毛泽东直面陕甘宁边区发展中文化方面的实际困难,提出了提高民众科学文化水平以发展文化的倡议。他对文化作用价值的肯定贯穿始终,不仅特别重视文化对于开启民智的功能与作用,而且注重其对挽救国家危亡、实现民族独立自强的积极作用。社会主义建设时期,毛泽东更是希望通过文化与文艺来实现全面提高人民素质、更好地为经济社会发展提供人才支持的目标。

最终,历经十余年的发展,毛泽东文化自信思想在抗战时期走向成熟,它继承并弘扬了中华优秀传统文化,吸收了西方文化的精华部分,明确了新民主主义文化的发展方向,打破了近代以来中国文化发展的僵局,开辟了民族文化现代化的发展道路。

毛泽东有诗说:"自信人生二百年,会当水击三千里。"他的文化自信表现在领导中国革命与建设实践的全过程与各方面。其中,既有指点江山的豪迈底气,又有问苍茫大地谁主沉浮的英雄气概。(《七古·残句》,1916)

(3)习近平总书记关于文化自信的理论

中华优秀传统文化是文化自信观的源头活水,更是中国傲立世界的根基所在。习近平总书记多次在不同重要场合指出、强调和论述文化自信,来表达自己对优秀传统文化、传统思想价值观念和价值体系的尊崇与认同。

2012年11月,在党的十八大之际,习近平总书记提出了关于"文化自信"的系列论断,标志着其文化自信观的成型与确立。2014年2月,中央政治局集体学习中,他首次明确提出"文化自信";2015年5月,在北京大学学子座谈会上,他鼓励青年学生树立高度的文化自信的信心与观念;2016年5至6月,他连续提到文化自信,指出我们要坚定中国特色社会主义道路自信、理论自信、制度自信,说到底是要坚持文化自信。2016年7月,在庆祝中国共产党成立95周年大会上,习近平指出全党要齐心协力,坚持四个自信理论，同时对文化自信特别加以阐释，明确"文化自信，是更基础、更广泛、更深厚的自信"，正式将"文化自信"纳入中国特色社会主义"四个自信"的体系，成为其治国理政思想的重要组成部分。

习近平总书记关于"文化自信"的这一重要论述，充分体现了我国文化自信在现阶段社会中的重要地位。当代中国的文化自信，主要是对中华优秀传统文化、革命文化和社会主义先进文化的自信。

其一，独具特色的文化自信——中华优秀传统文化的继承传播。

中华优秀传统文化蕴含了中华民族的精神基因，它是中华民族传承发展和走向世界的精神标识，体现了中华民族的品格与追求。习近平强调，中华优秀传统文化"代表着中华民族独特的精神标识"。

2013年11月，习近平总书记到山东曲阜孔子研究院，身体力行地推广优秀传统文化的影响力。2013年12月，在中央政治局集体学习时，他发表讲话指出，中华优秀传统文化是我们最深厚的文化软实力，也是中国特色社会主义植根的文化沃土，我们需要不断展示中华文化的独特魅力。2014年五四青年节之际，习近平在北京大学座谈时指出，我们生而为中国人，最根本的是我们有中国人的独特精神世界，有百姓日用而不觉的价值观。2014年9月，习近平看望北京师范大学教职员工时明确指出，他很不赞成把古代经典诗词和散文从课本中去除，认为"去中国化"是很悲哀的，应该把这些经典嵌在学生脑子里，成为中华民族文化的基因。习近平高度重视中华优秀传统文化的传承发展，常在著作和报告中引用孔子的观点，在2014年9月24日人民大会堂纪念孔子诞辰2565周年国际学术研讨会上，他再次重申，中华优秀传统文化承载着中华民族几千年的精髓，是历代筛选扬弃传承下来的稀世文化瑰宝，后人必须继承传统，汲取精华，发扬光大。

习近平指出，儒家思想是顺应中国社会发展和时代前进要求而不断发展更新的，因而具有长久的生命力，包括儒家思想在内的中国优秀传统文化中，蕴藏着解决当代人类所面临难题的重要启示。

至此，经过一系列理论与实践的检验，习近平的"文化自信观"逐渐成形，并成为其治国理政思想的重要组成部分。这一观念为中国特色社会主义文化的大发展找到了理论依据和建构意义，同时也拉开了文化强国建设的新帷幕。

其二，承前启后的文化自信——社会主义先进文化的继往开来。

社会主义先进文化是以马克思主义为理论指导的社会主义文化创造，它既传承和发展了我国的优秀传统文化，更对我国红色革命文化予以了继承与弘扬。习近平新时代中国特色社会主义思想体系，丰富和发展了当代马克思主义，是一个内容严谨、逻辑缜密且意蕴丰富的理论体系。

习近平文化自信观，不仅深深根植于中华上下五千年传统文化的深厚积淀之中，而且与当今中国特色社会主义文化的蓬勃发展一脉相承。2016年5月，习近平总书记在全国哲学社会科学工作座谈会上指出，必须坚定不移地坚持马克思主义在我国哲学社会科学领域的指导地位。他强调，要真正懂中国历史，尤其是中国近现代的奋斗历程，就必须深刻理解在马克思主义指导下，中国共产党人运用自身智慧所蜕变形成的中国特色社会主义先进文化。虽然马克思主义理论来自遥远的西方，但若干年后能在世界东方的中华大地落地生根、开花结果，其根本原因就在于中国共产党人采取实事求是的原则和灵活有效的方法，将马克思主义理论与中国具体实践相结合，提出了社会主义文化强国战略，在文化领域同样实现了马克思主义中国化。

我们的社会主义核心价值观，体现着优秀传统文化和社会主义先进文化的核心精髓，它是对中华文化的传承和升华。自文化强国战略提出以来，特别是党的十八大以后，社会主义文化强国建设更是迈上了一个新台阶，中华文化迎来了一个繁荣发展的黄金时期。伴随国家富强、民族复兴的时代潮流，社会主义先进文化也必将进一步发展，并力争成为具有国际影响力、引导力的价值观念和文化形态，这是文化自信观中不可忽视的重要内容。

其三，和而不同的文化自信——异域进步文化的美美与共。

自古以来，中华民族就信奉"和而不同"的理念，中国文化本身就具有海纳百川的包容属性。几千年来，正是中国文化与外来异域文化的不断碰撞和交融才成就了自身文化的百花齐放、百家争鸣的繁荣景象。

近代百年间，落后于西方但勤奋自信的中国人民从未放弃努力。"丝绸之路"见证了曾经的辉煌与灿烂，汉唐时期更是呈现了万国来朝的盛况。而当今"一带一路"的繁荣发展，则成就了盛世中国的立国之道。它们不仅是贸易和科学技术的互通有无，更是中外文化的水乳交融之路。当年，毛泽东在延安时期，就高瞻远瞩地指出，中国应该大量吸收外国的进步文化，作为自己文化食粮的原料。他强调，各资本主义国家启蒙时代的文化，凡属我们今天用得着的东西，都应该吸收（《新民主主义论》）。中华人民共和国成立后，我们积极与世界诸国建立外交关系。改革开放后，中国加入WTO，在注重与世界发达国家经济往来的同时，更加注重彼此间的文化交流。当下，以习近平同志为核心的党中央紧抓时代脉搏，"一带一路"建设影响深远，中国与世界的联系更是空前紧密。正如习近平总书记（2017）在"一带一路"高峰论坛上的主旨讲话中所说："国之交在于民相亲，民相亲在于心相通。"（《韩非子·说林上》）意思是国与国友好交往的关键在于人民相亲相近，而人民相亲相近重要的是民心相通，文化的交流与共融、互学互鉴真正能拉近不同国家人们心与心的距离，最终实现"天涯若比邻"的现实场景。

确立正确的文化自信观，绝不是闭关锁国、文化自大，也不是固执己见、文化保守，更不是排除异己、拒绝文化交流。优秀传统文化和社会主义先进文化已经成为我国文化强国战略的中流砥柱。在继承和发扬优秀传统文化的同时，我们更要重视外来文化的滋养与借鉴。要实现中华民族的伟大复兴，建设世界文化强国，必须坚守文化自信，全力挖掘文化自信的时代意义。只有这样，我们才能提升中国文化对世界格局的影响力，并以此来应对西方异域文化的强势冲击，为强国自信提供最基本、最深沉、最持久的力量。这样才能真正实现中华民族从"站起来"到"富起来"，继而"强起来"的伟大变迁。

中国文化自信以中华优秀传统文化为根基，以中国特色的革命文化为传承，以社会主义先进文化为时代要求，同时汲取异域文化的滋养，从而树立起当代中国文化自信的坚实底气。

二、文化自信与外语教育

"求木之长者，必固其根本；欲流之远者，必浚其泉源。"（唐·魏徵《谏太宗十思疏》）此句意在表明，要想树木长得好，一定要使它的根牢固；要想泉水流得远，一定要疏通它的源头。文化是一个国家精神命脉的基石，一个民族的文化特质在很大程度上决定着这个国家的未来走向。文化自信，作为一种特有的文化现象，是一个国家综合实力的真实展现。

外语教育，在一个国家的社会、经济、思想及科学和文化的国际交流中，起着极其重要的作用。发达国家政府通过增加外语语种、延长外语学习年限等多种举措，在国家一级层面制定相关的外语教育政策，并配套实施科学有效的外语教学方法，把外语教育置于国家重要的战略地位。重视并加强外语教育，已成为发达国家迎接21世纪挑战的一个共同的重要对策。

屈指算来，从1949年至今，我国的外语教育已经走过70余载的风雨历程。文秋芳（2019）将中华人民共和国外语教育史划分为四个阶段：探索期（1949—1977）、发展期（1978—1998）、加速期（1999—2011）和新时期（2012—至今）。而就人才培养模式而言，胡文仲（2013）把我国外语教育划分为三个阶段：以培养语言技能为主的时期（1949—20世纪80年代中期）、复合型外语人才培养时期（20世纪80年代中期—2010年）和以多元化外语人才为培养目标的新时期（2010年至今）。

伴随中华人民共和国成长的脚步，我国外语教育走过了一段又一段不平凡的历程，每一阶段都因其自身特有的时代背景，形成了一个个具有鲜明中国特色的外语教育模式。为落实师德师风建设的长效机制，2018年11月，教育部印发了《新时代高校教师职业行为十项准则》，其中"传播优秀文化"位居第三，它明确规定了新时代高校教师的职业规范与行为准则。文化自信是强国建设的基点，在外语教育实践中，文化自信显示出无与伦比的重要地位，教师必须将文化自信理念与教学原则紧密融合，并贯穿于外语教学的全过程。

（1）传承优秀传统文化

帮助学生积累优秀传统文化知识，走文化继承之路，深耕文化自信的深厚底蕴，培养他们对文化差异的敏感性。博大精深的中华传统文化，是我们取之不尽、用之不竭的宝贵精神财富，是支撑中华民族繁荣昌盛、蓬勃向上的不竭力量源泉，它是让我们在世界文化的激荡中站稳脚跟的传奇文化。在教学实践中，教师要善于充分利用课堂、课间的点滴时间，将课堂内容与传播优秀传统文化知识有机地结合起来，采用灵活多样的教学方式进行文化导入。在培养学生文化自信的基础上，不断提升学生的文化意识，增强学生的民族自豪感和荣誉感，坚决杜绝"中国文化失语"现象的发生。同时，教师要以正确的文化观引导学生树立端正的文化取向，在对比中发现中西方文化的深层差异，培养他们对文化差异的敏感性，实现教学与中国传统文化的完美融合。

（2）弘扬近代革命文化

引导学生回顾近代革命文化，走文化发展之路，加强文化自信理念，培养他们对异域文化差异的包容心态。中国近代革命文化是无数革命志士和共产党人用一腔热血书就，广为人知的延安精神和长征精神，无一不闪耀着他们坚定的革命斗志。把近代革命文化知识和加强文化自信理念有机结合，顺应了帮助追梦人树立正确文化价值观的需求，这不仅能够帮助学生提高自身人文素养和文化鉴别力，而且能增强他们的民族自信心和自尊心。在教学过程中，教师要教导学生对异国文化采取理解、尊重和宽容的态度，培养学生对文化差异的包容心态，将瑰丽的传统精神宝藏和异域文化的精髓兼容并包，真正做到海纳百川。在继承的基础上，教师要帮助学生吸收优秀传统文化知识，摒弃糟粕，将对本民族文化的坚守、传播与对外来文化的扬弃、包容有机融合，抓住中国传统文化的本质，保持自身文化的独立性，不迷失于西方文化之中，在强国建设的教学中帮助学生实现文化民族性和包容性的有机结合。

(3) 聚焦社会主义先进文化

培养学生聚焦社会主义先进文化，走文化开放之路，夯实学生内在的文化自信根基，促使他们灵活掌握文化的差异性。植根于中国大地的特色社会主义先进文化与时代发展齐头并进。中华人民共和国的成立，宣告了社会主义制度的诞生。中国人民在特色社会主义建设道路上所向披靡，取得了撼天动地的伟大成就。在这个转身立世的蜕变中，我们做出了一系列重大抉择，奏响了"两弹一星精神""航空航天精神"等激昂高亢的时代进行曲。社会主义先进文化是实现中国梦想的精神砥柱，是形成中华民族凝聚力的核心要素，教师必须齐抓共建，着力培养学生的爱国主义精神，树立学生的民族自豪感，坚决抵制西方落后思想和意识的侵蚀，让社会主义先进文化在强国建设中绽放耀眼光芒，将其打造为未来"地球村"文化发展道路的开创者和新文化的养育者。在积极参与全球经济一体化的进程中，要培养学生灵活处理文化差异的能力，引导学生用传统文化价值观和道德标准来严格规范自己的言行。中华文化底蕴醇厚，让我们信心百倍，为中华之崛起而奋斗！

我们的文化自信，源自中华浩瀚五千年传统文化的精髓和精神命脉，源自奔流不息且欣欣向荣的中国特色社会主义文化，更源自实现人民幸福安康、国家强盛的中国梦想。在党的十九大报告中，习近平总书记重申高度的文化自信是成就中华民族伟大复兴的关键所在，这是对文化自信最充分的肯定。立足文化自信，弘扬中华文化，凝聚每一个人的力量，我们定能实现中华民族的伟大复兴。

跨文化交际是推动文化自身发展的必然要求，文化身份的认同在跨文化交际中起着关键作用，它们共同影响着个体的自我认知、文化自信以及跨文化交际的效果。我们必须学习借鉴不同文化的有益因素，并将其践行于跨文化交际之中，以"内"+"外"同行共举为基石，将扎实的外语功底与深厚的文化素养齐头协同发展，方能促进文化自信不断攀升。

第四章

文化花园面面观

基于泰勒（E. B. Tylor）对文化的定义，我们知道，"文化"是社会发展过程中人类创造物的总称，包括物质技术、社会规范和观念精神等多个层面。文化是由先辈流传和后人习得的一种符号体系，它包括语言、知识、社会规范和价值观等内容，为某个特定人群所共享，并深刻影响着群体成员的行为方式。

文化无处不在，它是跨文化交际活动中的核心要素和重要组成部分。文化作为语言的载体，同时也是生活习惯的具体体现，与跨文化交际活动密切相关且不可分割。

中国文化内核呈现出东方一元化结构，这里的"东方"主要指远东的中国文明；而西方文化内核则体现为东西方二元结构，其中的"东方"和"西方"指的是欧洲文化和中东文化。

"十里不同风，百里不同俗。"① 这是我国人民多年来对风俗文化的解释和观点。意思是，相隔十里，两地的生活风气便有所不同；相隔百里，习俗便存在差异。它形象地描述了，即使在同一个国家的不同地区，风俗习惯也会存在差异，这种差异充分反映了各地文化的独特性和多样性。参与跨文化交际活动的人们常常来自两三个甚至更多不同的国家和地区。可想而知，生活环境的差异给不同地区的人们带来的差别是多么明显。因此，在跨文化交际活动中，如果交际者对自己所属的习俗文化有正确的认知，同时对所学语言的交际对象所属的习俗文化也能了然于心，那他们之间的跨文化交际活动一定不仅在语言层面基本没有交流障碍，而且整个交际过程也会顺畅且成功。在一定程度上，跨文化交际的顺利进行依赖于建立明确的习俗文化差异意识，中西方文化差异有其一定的根源，包括宗教、地理和文化等多方面的

---

① 晏子春秋 [M]. 北京：中华书局，2015.

不同。

1. 国人所奉行的宗教不同，儒家思想与基督教思想在各自天地中称霸

汉文化是一种非宗教性的宗教伦理型文化，其所推崇的人文与人道相契合的神人协调理念，是中国文化的重要特征。在中国社会和文化中，儒学占据主导性地位。尽管它具有准宗教的功能，但在严格意义上讲，它没有神灵崇拜，的确算不上是宗教。中国文明在历经夏、商、周各朝代近1700年发展后，春秋末期的思想家孔子创立了儒家思想。此后，儒家思想一直是封建社会的统治思想。

儒家思想之所以能享有如此高的社会地位，根本原因在于它为封建统治阶级创造并提供了一整套治理国家和社会的理论思想体系，并且中国的统治阶级成功地将其应用于国家治理，成就了封建社会统治中国两千多年的历史，这在人类社会发展史上是绝无仅有的。封建社会的伦理观用通俗的语言——道德意识，将人们在现实生活中的行为规范起来。在这样的观念影响下，农民在一定程度上成为社会道德思想的约束对象，封建伦理观达成了对国家和社会双重治理的理想效果。在伦理观念主导的中国社会，人们的行为大多受伦理观念的影响。儒家所提倡的"三纲五常"，在一定程度上影响着人们生活的方方面面，如中国封建礼教认为女性是男性的附庸。因此，在社会生活的各个方面，女性都处处受到压制和歧视。显然，儒学是中国文化的显学，也是中华民族的思想源泉所在。

历经千百年的发展，直至今日，儒学的命运始终与国家和时代的命运紧密相连。当今中国大地上，"文化热""国学热"方兴未艾，儒学复兴呈现出欣欣向荣的气象。建设文化强国、实现中国梦，最根本的任务是弘道兴文，而弘道兴文的首要任务是倡导中华文化核心价值观，提升中华文化软实力。提升我国文化软实力的重要法宝，就是要弘扬中华优秀传统文化，并吸收西方优秀文化。儒家所倡导的仁爱、民本、和谐、中庸、诚信等最基本和核心的价值观念，是中华民族价值观的重要组成部分，在全球化进程中发挥着不可替代的作用。党的十八大报告倡导积极培育和践行富强、民主、文明、和谐、自由、平等、公正、法治、爱国、敬业、诚信、友善的核心价值体系，这些观念与儒家精神不谋而合。我们有理由相信，儒家思想是中华民族现在和未来屹立于世界之巅的根本所在。简言之，儒学及其核心价值观念对于构建中国特色社会主义核心价值观、提升中华文化软实力、实现中华民族伟大复兴的中国梦，必将起到积极的推动作用。

作为英国文化的根基，基督教源自中东地区游牧民族以色列人的犹太教。它认为上帝创造了包括人在内的世间万物，所有人都是上帝的子民，人们所做的事情都会受到上帝的监督。因此，基督教信徒必须每日做祷告，以此忏悔自己的罪过；每周必须去教堂，听神父讲道，从而加深对教义的理解。通过这些方式，让教义的思想在他们的身心扎根，并完全渗透其日常生活的方方面面。在西方人的观念中，无论做什么事，都希望在上帝的见证下进行，并得到上帝的祝福，如出生、结婚和死亡这三件人生中的大事，都离不开上帝的见证。与之相关的受洗仪式、结婚仪式和葬礼，均由教堂神父主持。此外，纪念耶稣基督诞生和复活的圣诞节、复活节等节日，也深受人们的欢迎。

值得注意的是，随着欧洲资本主义工业化国家开展殖民扩张，工业革命之后，基督教文化绕过了伊斯兰教文化的障碍，迅速向世界各个国家和地区传播。目前，澳洲、南北美洲、埃塞俄比亚和部分撒哈拉以南的非洲国家、菲律宾和太平洋岛国都已处于基督教文化的影响之下。而且，基督教文化已经开始成功渗入儒家文化圈的中国；这一现象给我们敲响了警钟，保护中国传统文化、提升中华文化软实力已是箭在弦上、刻不容缓。

2. 国家所处的地理位置不同，农耕文明、渔猎文明和半农耕游牧生活共存

中国处于半封闭的大陆性地理环境之中，国家土地广袤辽阔，自然条件优越，温带气候十分适宜农业生产。在这片肥沃的土地上，辛苦劳作的中国人按照节气规律耕作，形成了具有几千年历史的中华农耕文明。同时，也养成了与这种农耕文明相对应的日常生活习俗，如由于农产品种类丰富，中国人的饮食结构中多蔬菜、少肉食；中国人的节日大多与农业耕种和收获有关。此外，自给自足的农耕文明还塑造了中国人自我封闭、重视家庭和集体、关注人伦的价值观。作为世界文明古国中唯一持续发展的国度，中国传统文化得以发展的原因在于其农耕经济的先进性和强势地位，而非单纯因为相对封闭的地理环境。在东亚各国中，因为得天独厚的自然条件，中国农耕经济一直处于遥遥领先的地位。文明程度最高、文化最发达的中原地区，自然也就成为东亚的中心。中国农耕强劲的优越地位，增强了中国文化的内聚力和同化力，进而使其发展成为一种长期占主导地位的强势文化。

相比而言，西方文化发源于地中海海域，这里是一个开放性的海洋地理环境，土地相对贫瘠，人们需要不断地和大自然做斗争，才能满足自身生存需要。正因为如此，西方人把人与自然的关系看作是征服与被征服的关系，这自然地形成了西方人不断探索自然、征服自然和崇尚个人英雄主义的传

统。同时，这种开放性的地理环境极大地促进了西方人与外界的联络与往来，人与人之间的频繁交流从根本上加快了西方商业发展的步伐和节奏。

3. 社会成员等级地位不同，等级的社会关系和平等的社会关系

中国是一个具有集体主义倾向的国度。在封建社会，针对妇女设置的"三从四德"就具有一定的代表性，它是封建礼教束缚妇女的道德标准之一。所谓"三从"（《仪礼·丧服》），指的是未嫁从父、既嫁从夫、夫死从子，意思是说，女孩子在未出嫁之前要听从家长的教诲，不要反驳长辈的训导，因为长辈们社会见识丰富，其教导具有根本性的指导意义；出嫁之后，要礼从夫君，与丈夫一同持家执业、孝敬长辈、教育子女；如果夫君不幸早逝，则要坚守妇道，想尽办法扶养孩子长大成人，并尊重子女的生活理念。这里我们所说的"从"并不是表面上的"跟从"，而是具有工作性质的"从事"本质（《仪礼、丧服、子夏传》）。所谓"四德"（《周礼·天官》），指的是德、容、言、工。其中，德居首位，是说女子首先看重的是品德，能正身立本；其次是容，要求女子出入要端庄稳重、恪守礼节。"三从四德"是为适应父权制家庭稳定，维护父权—夫权家庭（族）利益的需要，根据"内外有别""男尊女卑"的原则，由儒家礼教对妇女一生在道德、行为、修养等方面进行的规范要求。

西方社会文化则崇尚个人主义，信奉人人生而平等，因而人与人之间是平等的关系。西方人平等意识较强，无论贫富，都会相互尊重，既不允许别人侵犯自己的权利，自己也不会损害他人的权益。从社会关系层面来看，西方文化中人们不会以显赫的家庭背景作为炫耀的资本，也极少有人因贫寒出身而感到耻辱，因为他们懂得，只要自己努力，无论做什么事情，都有可能取得成功。中西方不同的社会关系类型，造就了人们在生活习俗文化上的各种差异。如在称呼方面，为了显示等级地位的不同，中国人习惯在称呼自己时使用谦称，称呼别人时使用敬称。若对方有官职，则优先用官职称呼。西方人的称呼方式则简单得多，为体现人与人之间的平等关系，交往时人们大多以姓名相称。这部分内容将在本书第四章的第三节称谓习俗中进行详尽阐述。

近年来，汉语、英语及其文化在世界范围内的影响力不断扩大，传播日益广泛。尤为重要的是，这两种语言是世界上参与跨文化交际活动的主要语言。笔者将自己的研究立足于英语、汉语两种不同的文化层面，以这两种语言为载体，展开基于不同文化的对比研究，并将世界上其他一些国家的文化小知识另辟章节纳入书中，旨在说明我们必须以发展的眼光看待文化，因为

文化是动态发展的，富有顽强的生命力。笔者坚信，文化没有好坏优劣，只有差异不同，本书一定会给外语学习者和跨文化交际的研究者提供学习上的有益借鉴和跨文化交际中的必要指导。

通过比较不同语言中诸要素与文化的关系可以看出，词汇和文化的关系最密切，反映最直接，语法次之，语音与文化的关系最不密切。在日常生活中，词汇是我们言语表达的直接组成部分，通过词汇的使用，我们能够成功传递信息、进行交流。在跨文化交际活动中，一个字的偏旁部首的意义、词语意义和语法等，都能运用文化习俗的相关知识来解释。因此，深入研究中西文化差异，对外语学习者和跨文化交际的参与者必定会有很大的帮助。本书就英、汉语文化中的某些问题进行了探讨，主要涉及语言的文化内涵和语言在习俗文化中的具体使用。本书所关注的习俗文化，是指某些语言单位等所具有的文化背景与内涵，也可称为民族文化语义，以及它们在言语交际中运用的特点与规范。

第一节　各有特色的馈赠文化

一、馈赠文化的差异

在馈赠活动中，最直接的表现形式就是赠送礼品。礼品，顾名思义就是送礼的物品。《韦氏20世纪大词典》对礼品的解释是：不图补偿，自愿捐赠给别人的任何东西。对于来自不同国家、民族和文化的送礼者来说，由于送礼的风俗、习惯和爱好不同，对礼品的界定没有一个特定的范围。古今中外，赠送礼物一直都是人们实现相互往来、加强彼此联系和增进感情的共同方式。

1. 馈赠的起源

送礼或馈赠是人们表达心意的一种物质体现，也是世界各国公认的社交礼仪。人类学的礼物交换理论主要来源于法国人类学家、民族学家马歇尔·莫斯（Marcel Mauss），在其名著《礼物》中，他指出礼物交换行为是一种包含经济、法律、宗教、道德、感情等多种因素的"社会事实"。① 作为一种非语言的交际方式，馈赠常常以物的形式出现，以物表情、礼载于物，起到寄情言意、"无声胜有声"的作用。按照各个国家或民族的习俗，适

---

① ［法］马歇尔·莫斯. 礼物［M］. 李立丰，译. 北京：北京大学出版社，2022.

当地送些礼物,是为了向他人表示祝贺、慰问和感谢之意。但由于各个国家和地区文化的差异,馈赠礼品的习俗文化也各有特色,我们习以为常的赠送礼物习惯,实际上蕴含着极为丰富的文化因素。不同语言背后所对应的不同文化背景,就像一只无形的大手,在某种程度上影响着我们的日常生活习惯。这种巨大的文化差异,使得馈赠礼品的原因和场合变得尤其错综复杂。

2. 中西方馈赠礼品文化观

送礼或馈赠礼品是国际社会中普遍通行的一种社交礼仪。然而,在什么场合送礼物、送什么样的礼物、如何送礼以及送礼时应注意的问题等方面,不同国家既有共同之处,也存在差异,这与各国的文化传统有密不可分的关系。

(1) 馈赠动机:情感表达重于物质价值

在东西方的人际交往中,赠送礼品都不是为了满足个人的物质欲望,也不是为了炫耀自己的富有,更不是借此打通关口,为自己捞取额外的利益和好处,而应以"礼轻情意重"为送礼原则。在《美国文化模式》(*American Cultural Patterns*) 中,斯图尔特 (Edward Steward) 曾这样论述:"虽然社会活动占去许多时间,但美国人习惯避免对他人承担个人义务,他们不愿被牵扯进去。像邀请或馈赠这类社交活动,接受下来,向对方表示谢意,仅此而已。接受者没有义务必须回请或还礼,尽管模糊地感到某种答谢的举动是恰当的,但是这种社会压力并不具有其他文化中社会义务所有的那种正式的约束力。美国人从事社交活动通常喜欢在尽可能不牵扯什么社会义务的条件下进行。"① 美国人的这种思想倾向在人际交往和馈赠礼品时也有所体现(胡文仲,1995)。在送礼行为中,西方人更注重行为本身以及礼物的象征意义,而不是礼物本身价值的大小。一般来说,他们赠送的礼物价值不高,而且常是在得到对方帮助后赠送,以此表达自己的诚挚谢意。一直以来,英国人都认为,私人间的朋友关系和工作上的业务伙伴关系必须有清楚的界限。接受和自己有业务往来的人所馈赠的礼物时,礼物一定不能太贵重,为此,他们会避免在礼物上花费太多的钱,以免有贿赂等嫌疑。此外,朋友之间往来也尽量避免互赠过于昂贵的礼物,因为贵重的礼物会让受礼者感到心里不安。喜欢个人独立、崇尚个人自由和享受个人空间是西方人的显著特点。在

---

① [美] 爱德华·C·斯图尔特,密尔顿·J·贝内特. 美国文化模式 [M]. 卫景宜,译. 天津:百花文艺出版社,2000.

这一点上，中国人同样以"礼轻情意重"为原则处事和交友。但在现代社会的人情往来中，有些人为了达到个人目的常以厚礼相赠，这属于特殊情况，不在本书讨论范围之内。

（2）馈赠场合：共通礼仪中的文化映射

① 生日礼物。

根据中华传统文化，中国人格外重视给孩子过第一个周岁生日，也会给父母长辈庆生。这个时候，亲戚朋友纷纷前来祝贺，共同祝愿孩子健康成长、老人长命百岁，他们所赠送的礼物大多为衣物、食品，或是寿桃、寿糕等。而在美国，人们送给老年夫妇最理想的生日礼物是盆栽以及他们感兴趣的各种书籍、杂志等。有时，还会为他们订一份报纸或者提供旅行机票，这些礼物往往能给老人带来惊喜。当然，对于来自不同文化背景的人来说，亲手制作的东西，如亲自烤制的食品、手织的衣物或其他手工制品，都是世界上最好、最值得回忆的礼物。

② 结婚礼品。

结婚是人生中的一件大事，并且是一件大喜事。从古至今，中国人都非常重视结婚礼仪，亲朋好友也都会送上一份精心准备的礼品。赠送喜联、喜幛是中国传统的婚礼礼品形式，这种礼品高雅大方。在赠送结婚礼品方面，中美两国的做法差不多，都注重礼品的实用性。一般来说，美国人在接到对方婚礼邀请或通知时，便会开始准备婚礼礼物。只要接受邀请，就得馈赠礼品，既可以挑选一件特殊的礼物，也可以自己精心设计一份独一无二的礼品送给对方。收到礼品后，新婚夫妇会写一封感谢信，来表达内心的感动和对礼物的喜爱。

③ 人际活动中的礼品交往。

为了保持人际关系的和谐畅通，人们会在日常生活或节假日时去看望或拜访自己的亲朋好友、同事或业务上的伙伴，有时也会应对方邀请参加家宴或各种聚会。按照传统的馈赠习俗，中国人在参加这类社交活动时要准备些适当的小礼品。具体准备何种物品，就要根据对方的喜好来确定。总体来说，中国人常备的礼品有糕点、水果、酒类、茶叶、饮料、营养品等。对西方人来说，他们一般在周末带着鲜花、水果、糖果、书籍等物品参加私人宴请或访客。送礼时必须注意，一定要避免赠送对收礼者来说毫无用处或是可能招来麻烦的东西。例如，在没有征得孩子父母同意的情况下，给孩子送小狗、小猫、金鱼之类的动物，这可能会给孩子家长带来意想不到的麻烦。另外，对于喜欢烹调的女主人来说，赠送一本菜谱可能就是最好的礼物；而对于不善做菜的人来说，这样做则可能意味着无言的批评。自然，中西方国家语言和文化的差异性会体现在跨文化交际活动中馈赠礼品的不同习俗文化。只有通过表象追寻实质,我们才能正确诠释具体的文化差异,以一种适当的方式与西方人交往。

随着经济一体化的不断加深,中国与世界各国的交往已上升到一个崭新的高度。尤其是加入世贸组织以来,我国和西方国家的经济联系日益密切,在各个行业领域都进行着广泛的跨文化交际合作。无论是官方正式会晤,还是民间随意往来,彼此间的交往活动中都会涉及馈赠或接受礼品。这种活动传递着跨文化交际参与者的诚挚情感,能够使他们之间的友谊得到升华,保证合作顺利发展直至圆满成功。认识到这一点,我们就知道馈赠礼品不仅是出于社交的需求,更重要的是,这个行为本身会给赠、收双方带来许多相关的益处。但是,中西方文化习俗存在巨大差异,不同的价值观等诸多因素都会导致人们在进行国际交往时,对礼品本身及送礼方式等存有诸多困惑。送礼方法欠考虑或是送的东西有禁忌,都会给跨文化交际活动带来巨大障碍,更有甚者,会导致严重的文化休克和误解,加深彼此间的隔阂。

二、英语国家的送礼习惯

纵观全球,各国皆有送礼的习惯。在日常交际中,送礼是人际交流的基本原则和工具,规范着人们之间的交往行为。

日常交际中,那些看似本质上截然不同的习惯表象,实则都有其深层的文化根源。在理解和尊重这些文化差异的同时,我们有必要对其文化根源有一定的了解。根据霍夫斯泰德(Geert Hofstede)提出的集体主义—个人主义价值维度分析,中国文化与西方文化分别属于集体主义文化和个人主义文化。在集体主义的文化背景下,中国人群体观念较强,对群体有着较强依赖性。因此,在日常的人际交往中,中国人较重视处理人际关系,力图建立和维护良好的人际关系网格。相反,西方所推崇的是个人主义。他们认为,自己是作为一个独立的个体存在于一定的群体之中,普遍对集体的依赖性较小,反而更加看重自己的个人利益和自我的实现过程。这种观念导致西方人在日常生活中会相对忽视群体关系的建立。

西方人的日常生活中,虽然没有中国人那么繁多的送礼行为,但在亲朋好友生日、订婚、结婚周年纪念日、乔迁、告别、大学毕业以及圣诞节等重要时刻,他们会应邀带些礼物到亲戚或朋友家中拜访、做客。

1. 生日赠礼:形式重于价值

对西方人而言,他们注重的是送礼形式本身。在他们看来,礼物的贵贱不在价格高低，而在于礼物是否能让受礼人随其心愿，得到一份惊喜，如给年轻女孩子赠送生日礼物时，可以是精美的手镯、耳环，女孩子喜欢的书籍、漂亮实用的文具、香水、头巾或是装饰品等。夫妻之间相互赠送的生日礼物，则最好是她或他心仪已久却因某种原因一直没有拥有的东西。这种礼物常会带给对方一个大大的惊喜，为夫妻生活增添一丝浪漫的气息。

2. 婚礼与周年庆：实用与情感并重

在婚礼礼品中，订婚礼物占据着重要的地位。当年轻人订婚时，送礼人主要局限于关系亲密的亲戚和朋友。此时，主要的送礼对象是女方，即新娘。像蜜月旅行所需的行李用品、精致的枕套以及床上用品等，都是可供选择的合适馈赠礼品。其次是新娘送礼会上的礼品。新娘送礼会，是指亲朋好友为即将结婚的女子举行的赠送礼物的祝贺活动。在送礼会上，所赠送的礼物要求具备实用、得体、新颖等特点。按照传统习俗，送礼会上的礼品一般都是手工缝制，在今天更被视为珍贵的馈赠物品。

为新娘送礼时，必须严格遵守以下规范：首先，礼品必须在送礼会上赠予主宾。如果送礼人有特殊原因不能参加送礼会，应该事先将包装好的礼物送到主宾家里。其次，赠送的礼物上最好附上一张写有馈赠者姓名的贺卡。如此一来，当主宾打开礼物时，便能根据贺卡知道礼物的来源。最后，礼物要在送礼会上当众打开，主宾应当场向馈赠者表示感谢，也可以事后写信致谢。

当被邀请参加年轻夫妇举行的结婚周年庆祝活动时，受邀人务必携带一些礼物前往。此时，礼物最好是较为实用的家庭用品等。而当中老年夫妇举行此类周年纪念活动时，由于他们的生活用品已经比较齐全，受邀方可以考虑送木制品、电子产品、陶器或瓷器等具有实用价值的礼品。

3. 日常社交与特殊场合：情境适配

西方人喜欢在周末的时候，邀请自己的亲朋好友来家中的花园小聚，被邀请者一定要随身携带一些小礼品前往，以表达对主人的感谢和尊重，如鲜花、水果、糖果、书籍等。但在选择礼物时也有一些讲究：如果主人的庭院里没有花木，送鲜花是最合适不过的；如果主人家里没有果树，送水果才是恰当得体的；送书时则要了解主人的爱好和需要。也有拜访之后再送礼物的情况，如可以先送一些自家种植的一般礼物，像自己种的西红柿，或一瓶特制的果酱。如果事先征得主人同意，还可以带上牛扒或其他半成品的菜肴，到时稍微加工一下就可以食用。如果主人家有小孩，受邀人可以准备一些玩具、游戏器具和拼图玩具等。周末学生去拜访老师时送礼物，可以集体送也可以单独送。如果是大家共送一件礼物，可以考虑送对老师教学有帮助的物件，如地图册、精装的专业词典或是专业方面的书籍等。

　　西方人也有向他人赠送鲜花的习俗。作为一种特殊礼品，鲜花受到西方各国人们的普遍欢迎。在一些特定场合赠送鲜花是一件十分可行的事情，如少女初进社交界的晚会、参加欧洲人举行的家宴、出席葬礼等。西方人应邀出席私人晚宴时，送给女主人最好的礼物就是鲜花，最理想的做法是提前将鲜花送去，以便女主人在客人到达之前把花插好，让整个家宴氛围更加温馨。若干年来，大家都认为不宜向男士赠送鲜花，但这一习俗在当今社会中已有所改变。在公开场合中，男人常表示对美好事物由衷的赞美，接受他人的鲜花也不会使他感到尴尬和窘迫。此外，作为礼物，鲜花还可以送给过生日或是生病的男性朋友。如果送礼人担心对方会感到鲜花的"女性"色彩太浓，不妨用盆栽花木或者是常青植物替代。要知道，这类花草基本不需要剪枝和精心照料，摆在男士公寓或办公室会是一种很理想的装饰品。

　　一般来说，西方国家的人更看重礼品的意义，而非其实际价值。对西方朋友来说，赠送价值昂贵的礼品不太合适，因为他们一般不以礼物的实际价值来衡量双方的友谊，而是更注重礼物所蕴含的心意和情感。反过来，中国人认为拿得出手的礼物，有时候外国朋友反而觉得是一种负担。总体而言，向别人赠送礼物时，送礼者希望在给对方留下美好印象的同时，也能表达自己的情感。然而，并不是每个人在赠送礼品时都能达到这一目的，有时甚至会适得其反。从更深层面看，某种程度上，中西方送礼和受礼的差异也反映了中国人与西方人的两种价值观念。崇尚实用性是西方人永恒的价值观之一。任何礼品，不论其价值大小，都应当以相同的态度接受。西方人在收到礼物时常常注意一些细节，如立即表示谢意，他们习惯当面拆看礼物，收到礼物后马上打开包装欣赏一下里面是什么东西，同时对礼物表示赞赏，并且要尽量说明喜欢该礼物的哪些方面，他们认为忽视礼物就是轻视送礼者，而赞扬礼物就是对送礼者的充分肯定，这会让送礼者感到愉快。

　　在东西方文化中，"送礼"是人们日常人际交往活动中的重要文化习俗和重要组成部分。从其本质和根源解释，送礼相关的习俗文化差异是中西方礼仪文化和价值观念的不同。随着不同国家、不同地区之间文化交往的日益频繁，交际的双方需要理解和把握深层文化的本质和特征，从而能够加强沟通，有效地避免跨文化交际中引起的误解和文化冲击。

三、汉民族的送礼习俗

1. 送礼习俗的文化渊源

中国的送礼习俗文化大约起源于原始社会时期的祭祀活动。礼，即"禮"其初字为"豊"。在甲骨文中，"豊"字下部是"壴"，乃"鼓"之象形，其上为"丰丰"，是"两串玉"的象形白描，两形会意，表示击鼓送玉，寓意与他人或其他民族诚信结交。乐，莫重于鼓；物，莫贵于玉，将二者结合呈现，就是最贵重的礼品。经过数千年中华儿女的历代传承，送礼已然成为一种代代相传的传统文化，如同一棵参天大树，悄然屹立在中华大地的文化丛林之中。

中华民族素有"礼仪之邦"的美誉。在"仁、仪、礼、智、信"中，"礼"是中国儒家思想最经典、最辉煌的篇章，至今仍备受人们的推崇。基于此，送礼就成了最能表情达意的一种常见沟通方式。早在我国春秋时期，人们就崇尚礼仪。几千年来，在周公之礼、孔孟之道的影响下，中国的送礼文化在长期的历史沉淀中，在理论和实践层面都积累了相当一部分切实可行的送礼"守则"，如"宝刀送英雄，红粉赠佳人"，"千里送鹅毛，礼轻情义重"，"礼尚往来，来而不往非礼也"等。进入 21 世纪后，我们的礼品内涵变得更加丰富，衣、食、住、行无所不包。新时代的礼品必须是新颖性、奇特性、工艺性和实用性兼备，这样才能缩短人与人之间的感情距离，方便人们进一步地沟通、交流，从而达成共识，携手同创双赢的未来。

2. 婚俗赠礼

在结婚习俗中，中国人对结婚日期的选择尤为在意。通常，选择大婚日子时会倾向于选带有 6、8 或 9 等数字的日子，因为这些数字代表着吉祥。如"6"代表六六大顺，在送礼时，为了突出这一美好寓意，可能会特意送与"6"相关的礼物，意指送去吉祥。"8"是发达之数，深受每一个中国人喜爱，它的谐音是"发"，象征着财源滚滚、兴旺发达。参加婚礼时，送礼人如能巧妙地将这个数字融入礼物之中，新人一定会很高兴。"9"意指长长久久，和汉字"久"谐音，故而也备受人们青睐。在亲朋好友大喜的日子里，送去长长久久的祝福，祝愿他们幸福的生活长长久久。同样，在中国人结婚馈赠礼品的习惯中，送礼人还需格外注意礼品的数量，因为不同的数字代表的含义大相径庭，如"1"寓意一心一意，但在中国人结婚送礼的情境中,却不太适合。因为"1"难免有些单薄,拿不出手,中国人讲究好事成双,成双成对,这个"1"自然不太受欢迎。"2"寓指成双成对,在送礼中,特别是送给将要结婚的人,不管送什么,都要讲究成对,其寓意十分美好。因而,凡是大贺喜庆之事,所送之礼均以双数为佳。此外,"4""7"在中国都被视为不详之数。中国人结婚时,切记不要出现这两个数字。广东人之所以忌讳偶数"4",是因为"4"在广东话中听起来与"死"字相近。另外,中国人比较忌讳白色和黑色,因为在中国文化里,白色被视为大悲和贫穷之色,黑色被视为不吉利的凶灾和哀丧之色。而红色,因其喜庆、祥和、欢庆的象征意义,受到大多数中国人的喜爱。此外,中国人还有一些特定的送礼禁忌,比如不能给老人送钟表,不能给夫妻或情人送梨,因为"送钟"与"送终"、"梨"与"离"谐音。亲朋好友新婚时,亲手送上一份礼品是必不可少的,婚礼礼品主要有以下几种类型。

(1) 赠送喜联喜幛

这是中国传统的一种婚礼礼品形式,高雅大方,适合于交友广泛、结婚场面较大的受礼者。喜联喜幛可以从书画社购买或请其代做,同时要说明送礼人和受礼者的姓名及二者的关系。如果送礼人能亲笔书写喜联喜幛,那这份婚礼礼品将显得格外珍贵。

(2) 通过各种媒体进行祝贺

因为路途遥远不能亲自参加亲朋好友婚礼的人,可以借助媒体或网络形式来表达自己的祝贺之意。同时,一定要记得附上精心准备的纪念册、影集、工艺品、丝绣制品等物件。表达祝贺方式的途径多种多样,所有这些都会给受礼者带来一个大大的惊喜,也会给新人们留下一辈子都难以忘怀的美好回忆。

(3) 赠送实物(物品或现金)

在选择给朋友的新婚礼物时,中国人更注重礼品的实用性和效用性。一般来说,人们常送的礼品包括家用电器、床上用品和工艺品等。更多时候,为了使自己送的礼品能够合乎受礼者的心愿,送礼者常常会事先征询受礼者的意见。现在,随礼也是一种被现代人广为接受的礼品形式。按照习俗,礼金要成双数,取其吉利之意,即所谓"成双成对"。现金这种礼品形式可以帮助受礼者解决他们资金短缺的实际困难。

3. 寿诞与节庆赠礼

生日是中国人赠送礼品的一个重要喜庆场合。现在,大多数中国家庭只有一个孩子,父母都视其为掌上明珠,尤其重视给孩子过第一个周岁生日。

生日这天，亲戚朋友多会携礼前来，共同祝愿孩子快快乐乐、健康成长，一起分享孩子的生日喜宴。客人携带的礼物大多是给孩子准备的衣物、食品和各种玩具，这些礼物饱含着长辈对孩子的关爱和祝福。

此外，在中国传统习俗文化中，给父母、长辈过生日也是很隆重的。除了开家宴以示祝贺外，子女和晚辈都会送给父母一些生日礼物。如果是为老人做寿，孩子们会送上寿桃、寿糕等，意在祝贺老人"福如东海，寿比南山"。在传统习俗文化中，有时子女会为老人送上龙头拐杖，象征着对老人的敬重与关怀。随着生活水平的提高，现代中国人给老年人准备的礼物已趋向于高档电子产品或是昂贵的保健品，体现出对老年人生活品质的重视。

中华大地文化历史悠久。依据不同的节气，我们的祖先们创立了很多纪念的节日。在这些传统节日里，会出现一系列传统习俗文化，馈赠礼品和这些节日中的传统文化习俗紧密相连、不可分割。如春节，它是我国最热闹、最受重视的传统节日。从古至今，中国人总是把大年三十除夕守岁与春节连为一体，以利相赠，以求"馈岁"。春节拜年时，长辈会把事先准备好的压岁钱放进红包分给晚辈。相传，压岁钱可以压住邪祟，晚辈得到压岁钱后就可以平平安安度过一岁。"压岁钱"是一个汉族年俗，它的历史悠久，寓意着辟邪驱鬼，保佑平安。追溯其渊源，最早始于汉魏六朝时期，当时馈赠的铜钱用红线穿成串，挂在小孩子的胸前，目的是压祟驱鬼。由于"祟"与"岁"谐音，所以将"压祟"称为"压岁"。因为人们认为小孩容易受鬼祟的侵害，所以用压岁钱压祟驱邪，帮助小孩平安过年，祝愿孩子在新的一年健康吉利、平平安安。历史上，压岁钱分两种，除了上面描述的，还有一种是晚辈给老人的。这个压岁钱的"岁"寓意是年岁，意在期盼老人健康、长寿。

还有农历八月十五的中秋节，作为节日礼品，月饼的象征意义是中秋节的重要内涵。月饼又叫宫饼、团圆饼等，它是古代中秋祭拜月神的供品。相传在古代，我国帝王就有春天祭日、秋天祭月的礼制，民间每逢八月中秋也有左右拜月或祭月的习俗。"八月十五月儿圆，中秋月饼香又甜"这句谚语道出了中秋之夜城乡人民吃月饼的中华传统文化。最初，人们用月饼来祭拜月神，后来，人们逐渐把中秋赏月与品尝月饼作为家人团圆的一大象征。月饼以圆形寓意团圆，中秋节以月饼作为馈赠礼品，这无疑巧用了月饼的礼品象征意义，形象地表达了人们对合家团圆的美好祈愿。从中国传统文化来看，中秋节吃月饼和作为礼品馈赠月饼已经成为中国人不可缺少的两大主题。

4. 赠礼实践与跨文化比较

馈赠礼品是为了表示送礼人的感情和心意，收礼人收到礼品后心情愉悦，从而为此次成功的人际交往活动画上一个圆满的句号。随着人们生活节奏的不断加快和人际交往活动的日益密切，礼品服务业变得兴旺发达，赠送礼品也出现了请人代送、快递送达等形式，人们可以通过快递把礼物直接邮寄给朋友。

在馈赠礼品的习俗上，中西方巨大文化差异还表现在礼品包装上。西方人十分看重礼品的包装，他们习惯用彩色包装纸和丝带包扎礼品，或是用朴素的白色或淡色的包装纸来包装礼品。而中国人送礼时却往往忽略这一点，甚至认为昂贵的包装实在是浪费。

5. 赠礼礼仪与禁忌

在跨文化交际中，赠送礼物的时机与方式着实是一个需要准确把握"度"的复杂问题。

（1）礼贺送达与附言

礼贺节日、赠送年礼时，送礼人可请人代送上门。赠送礼物时，记得要在礼品中附上送礼人的名片；当然，也可以手写贺词，将其装在大小相当的信封中，在信封上注明受礼人的姓名，然后贴在礼品包装皮的上方。即使给关系密切的人送礼，也不宜在公开场合进行，以免给公众留下你们关系密切完全是靠物质支撑的不良印象。不过，对于那些礼轻情义重的特殊礼物、表达特殊情感的礼物，则适宜在大庭广众面前赠送。因为此时送礼人希望在场的每一个人见证他们的真挚感情，如一份用心准备的特别纪念品等。

（2）送礼态度和语言表达

平和友善、落落大方的动作，搭配礼节性的语言表达，是受礼方从心底乐于接受的。那种悄悄地将礼品置于桌下或房间某个角落的做法，不仅无法达到馈赠的目的，还会适得其反。一般来说，中国人在馈赠礼品时，自己总会过分谦虚地说"薄礼！薄礼！""只是一点小意思而已""很对不起……"之类的话。但在西方，最好避免这种做法。对赠送的礼品进行介绍时，送礼人应该着重强调自己对受赠方所怀有的好感与友情，而不是反复强调礼物实际的金钱价值。否则，就可能陷入重礼而轻义的误区，甚至会让对方产生一种接受贿赂的感觉。

（3）因人因俗施礼

有些国家规定，只有在对方送礼时才能还礼；在有些国家的礼仪中，一定要等在场人数不多时才能送礼。而在英国，合适的送礼时机应该选在晚上，比如请人在上等餐馆用完晚餐或看完戏剧后。在欧洲，当你被邀请到别人家里做客时，记得到达时再送礼。对于礼品的选择，一定要针对不同的受礼对象区别对待。对经济条件稍差的朋友，礼品最好是实惠和实用的；对经济上稍富裕的朋友，送的礼品最好是精巧和精致的；对恋人、爱人，以具有纪念意义为上策；对朋友，以趣味性为主；对孩子，则以启发智力为选择的依据；对外宾朋友的礼品，主要以具有特色为主要选择方向。送礼时一定要注意禁忌原则，因为同一样东西在不同的地方赠送效果是不一样的。有的物品在这个国家很受欢迎，在另一个国家则可能不受欢迎，甚至会受到厌恶和反对。

不同文化背景下的人对馈赠礼品有着自己的习俗文化特点。每个国家的送礼方式都有着其独特的文化及心理因素。在跨文化交际中，只有透过事物现存的表象追寻其本质，我们才能正确了解不同文化背景下的跨文化交际内容，从而进一步理解国内外馈赠礼品习俗的天壤之别。

花海踏浪篇（1）——求实创新的英国文化

英国是一个历史悠久的欧洲国家。在长期的历史发展过程中，它形成了独具特色、以苏格兰民族文化为主体的多元文化，其文化既丰富多样，又极为复杂深奥。英国文化特性具有浓厚的宗教色彩，充满着自由和自律的文化精神。同时，英国人现世功利的处世哲学与理念也是其文化的重要元素。

提起英国文化，绝大多数英国人心怀一种强烈的自豪感和怀旧感。经历了两次世界大战，英国作为世界头号强国的历史已不复存在，尽管如此，英国文化仍然保持着自己的特点。它不仅丰富和提升了世界文化的内涵，还对世界各国文化产生了积极的启示作用。究竟是什么因素，让一个岛国文化一直走在世界近代文明发展的前列呢？其关键和核心就在于创新。正是这种创新精神，推动英国从一个曾饱经他国侵扰的岛国，一步步走向世界强国，并最终在世界上称霸三百多年。盎格鲁—撒克逊人的母语——英语，也从日耳曼语系的一个小语种，一跃成为世界通用的语言。"对于英国来说，它在历史上的每一步都是英国文化中不可缺少的一部分。正是这些事件构成了英国文化中最独特的地方，也正是这些事件使得英国成为我们今天所看见的英国。"

1. 英国文化的地域性

英国是世界历史上较早的移民国家之一。早在公元前700年，凯尔特人便从欧洲大陆来到不列颠；随后，公元前55年罗马人入侵英国；1066年，诺曼底人征服英伦三岛。最终，不同的民族文化在英国均有了各自的立足之地。由于历史原因和特殊的岛国地缘特征，英国人很善于把其他民族的优点融入自己的生活。"二战"时期，英国的精神领袖丘吉尔对此也深有感触。他指出，岛上的居民对欧洲大陆上的权力更迭、信仰变化乃至各种时尚并非无动于衷，但他们对来自国外的每一种习惯和原则都会做出独特的改动，并盖上自己的印记。勇于创新是盎格鲁—撒克逊人由来已久的传统，英国成为世界强国和文化大国是不同民族、不同文化融合的必然结果。

2. 英国多元文化的民族特色

英国是近代经济发展最早的国家，文化建设也走在世界文化发展的前列。在几百年的历史发展中，英国基本形成了以英格兰民族为主的多元化文化特色，主要体现在以下几个方面：

(1) 不可忽视的宗教色彩

英国文化具有浓厚的宗教特点，如果去除宗教性来谈英国文化，那么英国文化就如同被抽取了精髓的空壳，毫无谈论价值。

宗教在英国社会中起到了不可替代的作用，大多数英国人信奉基督教。在他们的日常生活中，基督教成为不可缺少的文化修养。每逢周日，虔诚的基督教徒会去教堂参加教会举行的宗教活动。19世纪末20世纪初，一些新教派开始宣传发扬过去清教徒的苦修传统，反对一切形式的"纵欢"。如今，英国法律对星期日的赛马、赌博等相关娱乐活动都有一定限制。显而易见，宗教信仰对英国人的社会生活和行为准则有一定的影响。此外，每到与宗教有关的圣诞节、复活节等节日，英国人会有固定节的节假日。在假期里，他们可以参加各种宗教活动，还可以同家人团聚，与朋友互赠礼品，表达内心真诚的祝福和问候。当然，在英国人的日常生活中，基督教的影响无处不在，这一点从英国人的言谈、举止和生活习惯以及英国的一些文学作品中都能随处可见。

(2) 求实创新，崇尚科学

英国之所以能够在一个世纪的时间里保持其特有的优势，在很大程度上得益于英国人的求实创新精神。工业革命时期，无论是钢铁工业、铁路交通，还是纺织等轻工业，英国都扮演着世界工业发展"火车头"的领跑作用。自古至今，英国有着长期注重自然科学基础理论研究的传统。这使得20世纪的英国在物理、生物、天文、数学、医学等领域均取得了举世瞩目的不凡成就，为近代科技发展奠定了坚实的基础。此外，不断的创新使英国在世界许多高科技领域至今仍居领先地位。"日不落帝国"虽已不复存在，但英国仍然保持着世界经济强国的地位。同样，英国的教育和科技创新也处于世界一流水平。如今，牛津大学、剑桥大学仍是莘莘学子的理想高校，英国德温特出版公司仍然是全世界自然科学领域权威的数据出版商。

综上，英国之所以能够在工业技术、自然科学以及高技术产业等方面走在世界的前沿，核心在于英国人不屈不挠的创新精神，正是创新，推动英国从一个曾饱经他国侵扰的岛国一步步走向强国之列。同时，英国文化中这种极富历史意义的创新精神也使我们更有理由相信，文化创新将在人类社会发展中继续扮演重要而不可替代的角色。

（3）尊重民主，强调公平竞争

从行政体制来看，英国是世界上最早建立议会的国家，议会的建立使得民主管理得到了较好体现。自建立议会以来，英国保留着涉及国家重大问题都要举行全民公决的政治传统，这在一定程度上避免了独断专行，同时也培养了英国尊重民主的民族意识。英国人非常讲究绅士风度，特别看重公平合理的竞争。从市场经济的自由公平竞争原则、现代市场经济中的反垄断法，到现代足球等体育运动的公平竞争原则，均由英国人提出并尊崇。

（4）强烈的民族自尊心和优越感

英国人向来以悠久敦厚的传统文化为自豪，同时不遗余力地维护和保护一切与传统文化有关的事物，并为此表现出强烈的民族自尊心。这一点体现了英国人保守守旧的特点，同时也展现了他们维护和发扬传统文化的决心。英国人的民族优越感使我们在世界大都市之一的伦敦市中心，至今都很难看到普通城市中常见的高楼大厦，上百年历史、锈迹斑斑的建筑和各种陈旧的君主制下的传统礼仪，在英国人心中永驻，永远保持着那份尊严和韵味。

英国文化对世界的影响遍及社会生活的方方面面。以文化内容中极为通俗的形式——体育运动为例，现代竞技体育项目大多源于英国。足球、拳击、高尔夫、橄榄球、草地网球、斯诺克、曲棍球、板球、羽毛球等，最早都是在英国拟订规则并开展比赛的。可见英国文化对世界文化的渗透性及影响力。

英国人在历史上创造了无数的"第一"：第一艘蒸汽船，第一个发明电视的人——约翰·贝尔德，世界上的第一枚邮票，现代医学护理事业——"护士"的创始人南丁格尔，1924年第一次发明青霉素的科学家弗莱明等。这些具有开创意义的实例表明，在人类文明的进程中，英国几乎完美地再现了一个文化大国应有的实力和影响。这也许就是英国人那种近乎傲慢之自豪感的真正原因。

第二节　妙趣横生的数字文化

说到数字，人们脑海中首先浮现的是一连串的数字：1、2、3、4……紧接着联想到的是数数，即查点数目、进行计算，以及用以表示事物的数学概念。数字，作为人类物质文化及精神文明发展到一定阶段的必然产物，同时也是人类进步的一种表现方式。

由于宗教信仰的差异和习俗文化的影响，数字文化被赋予了鲜明而神秘的民族色彩。来自不同语言和文化背景的人，对同一数字的理解大相径庭。对数字词语意义的理解，涵盖了全方位和多层次的概念意义和内涵意义。其中，内涵意义是对概念意义的补充和延伸。由于某些历史事件和宗教意旨的影响，某些数字被人类赋予了特殊的文化内涵，这种文化内涵在一个民族中也许只是极其普通的量化概念，而在另一个民族中却蕴涵着特殊的含义。由此，人们对数字的偏好也显示出巨大的差异，这种具有鲜明差异的民族性，是不同民族在其漫长历史发展中形成的必然结果。

数字文化是民族文化的一个重要组成部分。通过数字文化的研究，我们可以从中了解不同民族的心理发展过程。认真、系统地进行数字文化的对比和研究，能够极大地促进跨文化交际活动的开展。

一、西方国家的数字文化

以英语文化为代表的西方文化，起源于古希腊、古罗马文化。在西方社会，基督教占据主流文化地位，由数字所产生的联想意义，大多与《圣经》和神话故事密切相关，这两者对数字文化内涵有着深远的影响。在基督教文化体系里，宗教传统和神话所蕴含的巨大影响力，使得同一个数字被赋予了截然不同的潜在意义。其中，既包括让说话者谈之色变、唯恐避之不及的不祥数字，如"13"和"星期五"；又不乏洋溢着喜庆吉祥氛围、蕴含着人们憧憬未来美好生活的数字，如"1"和"7"。西方人的数字文化，既体现了他们注重实例分析的思维传统，也如实反映了他们追求幸福和向往美好生活的民族文化心理。

1. 单数与偶数的不同象征：吉祥与不祥的对比

在西方人眼中，数字"1"神奇而充满魔力。古希腊毕达哥拉斯学派认为，"万物的本原是1，从1产生出2，2是从属1的不确定的质料，1是原因。从完美的1和不确定的2中产生出各种数字，从数产生出点，从点产生出线，从线产生出面，从面产生出体，从体产生出感觉所及的一切形体，进而产生出四种元素：水、火、土、木……"由此可见，1不仅是数字之始，而且是世界本原，被视为一切之始。如果一个人的生日在1日，就意味着这个人一定会凭借自身的韧性去排除一切艰难险阻，无论前进的路上遭遇多少艰难险阻，都会锲而不舍、坚持到底。如 They fell in love at first sight（他们一见钟情）；A stick in time saves nine（及时一针胜过事后九针）。在表示程度加深时，常在整百、整千的偶数后面加上尾数"1"。如 one hundred and one thanks（万分感谢，千恩万谢）；have one thousand and one things to do（日理万机）；a thousand and one way to help（许许多多的方法）。

在西方文化中，数字"3"具有吉利且十分神秘的内涵意义。这是由基督教"三位一体"的宗教文化所确立的，并影响着西方人的社会生活，他们认为世界由大地、海洋和天空三部分组成，大自然包括动物、植物、矿物三方面，人体有肉体、心灵、精神三种属性。在罗马神话中，主宰世界的有三个神：主神朱庇特手中持有象征权威的三叉雷电杖，海神尼普顿手持三叉乾，长有三个狗头的冥王普路托。可见，在神话故事中，数字"3"的文化内涵得到了充分体现。西方人之所以偏好"3"，是因为他们认为这个数字既完美又和谐，蕴含着"开始、中期和终了"的意义，是统一和差异的结合体。在日常的工作和生活中，西方人早已习惯将事物存在的量或其发展过程分为三份，以图吉利。人的一生也被分为前生、今生、来生。西方民间还有 the third time's the charm（第三次准灵）；Number three is always fortunate（第三号一定运气好）；All good things go by threes（一切好事以三为标准）的说法。由此可见，西方人把数字"3"看作是一个完美、幸福的数字，并赋予它其他数字所不具备的神奇作用。此外，西方人还喜欢用这个数字为一些事物冠名，如 Trinity House（英）（领港公会）、Trinity term（英国牛津大学的夏季学期）、Trinity season（三位一体季）、Trinity Sunday（圣三主日，复活节后的第八个星期日）、Trinity College（英国剑桥大学的圣三一学院）等。

2. 数字13的文化禁忌

有趣的是，数字"13"和"3"享受着截然相反的待遇。"13"是西方人最忌讳的数字，被认为是凶险和不祥的象征，其渊源和他们的宗教信仰、西方传统文化思想密切相关。

一种说法是根据基督教《圣经》记载，耶稣和其弟子共进晚餐时，犹大是第十三个人。为了三十块银币的利益，他把师傅出卖了。在 13 日，也就是星期五那天，耶稣被钉死在十字架上。据此，人们对数字"13"产生了极度的恐惧。另一种说法与斯堪的纳维亚神话有关。在一次天堂举行追悼阵亡将士英灵的宴会上，一共有十二位神到场用餐。突然，作为赴宴的第十三个人——凶神罗基闯了进来，这个不速之客的到来给众神带来了灭顶之灾。极度巧合的是，人类的先祖亚当和夏娃也是在 13 日、星期五这一天因偷吃禁果而被逐出伊甸园。西方人认为这个令人极度恐惧的数字常和邪恶势力、死亡相伴同行，这种根深蒂固的传统思想使现代社会中的人也避免与这个数字过分亲近。以至于人们对数字"13"的忌讳几乎到了一种不可理喻的程度，如医院和旅馆没有 13 号房间；在饭店就餐没有第 13 道菜；楼房的门牌和楼层及各种编号都尽量避开 13；宴席上更见不到 13 人同时进餐；考场上绝不会安排第 13 号座位；13 日这天不安排船只起航；运动会中"13"这个号码牌空缺等。

在英美民间流传着这样一句谚语"Thirteen is an unlucky number"（13 是鬼数或鬼数的一打）。15 世纪时，英国政府对各种面包的重量做出了严格的规定，为避免因缺斤少两而受罚，面包店便在规定的一打 12 个面包的基础上，再免费多加一个。因而，在日常谈话中人们常用"a baker's dozen"来代替数字"13"，以避免直接提到它。

曾有趣闻说，美国总统罗斯福在举行宴会时，为避免 13 人同席进餐这件事发生，让他的秘书随时替补迟到或缺席的人，充当 14 号宾客。此外，为了不让专车在每月的 13 日启程，他煞费苦心地在 12 日夜间 11：50 分或 14 日的 0：10 分开车。无独有偶，1965 年伊丽莎白女王访问德国时，出于忌讳，惊慌失措的官员急忙把原定启程的杜伊斯 13 号站台标牌改成 12A 站台。因此，在跨文化交际活动中，我们需要特别注意这个数字。

3. 数字 6 与 7 的宗教象征

在《圣经·启示录》中，"6"这个数字是一个极具贬义的罪孽数字，人们视其为大凶数、野兽数，例如，英语中有诸多相关表达，像 at six and sevens（乱七八糟、七零八落）、six penny（不值钱）、hit sb. for six 亦作 knock sb. six（给敌人、某人毁灭性的打击）、six to one（六对一、相差悬殊）、six of the best（以藤鞭击六下——学校的一种惩罚手段）等，还有 six of one、half a dozen of the other（半斤八两）、Six feet of earth make all men equal（人死都是三尺土）等说法。

与中国人崇尚数字"6"相反，数字"666"在英语中是"恶魔"的代号。因为在《圣经》里，三个"6"连写是可怕的"野兽数字"，暗指迫害基督教徒的罗马暴君尼禄，尔后又泛指恶魔撒旦和反基督教者。现实生活中也有一个与这个数字相关的真实故事。离任前，美国前总统里根在贝莱尔市克劳德大街买了幢别墅，当获悉该别墅门牌号是 666 号时，他顿时大惊失色，因为这个数字使他联想起肯尼迪总统是在 11 月 22 日被刺身亡的，其数字之和正好是 6；出事那天是星期五，而英语"星期五"（Friday）恰好又是由 6 个字母组成；可怕的是，凶手又是在六楼向肯尼迪开枪的，这三项"6"组合在一起正是 666。思前想后，最终，里根还是不惜动用总统的特权为其新别墅更改了门牌号码。

与数字"6"相反，西方人崇尚吉祥有力的数字"7"，认为它是一个非常神圣的数字。古代西方人将日、月、金星、木星、水星、火星、土星七个天体与神灵联系起来，这对西方文化乃至世界文化都产生了广泛深远的影响。随着基督教的兴起和发展，具有浓厚宗教色彩的数字"7"逐渐渗透到西方社会的各个生活层面。基督教认为，上帝用七天的时间创造了世间万物，圣母玛利亚各有七件快乐和七件悲哀的事，圣灵有七件礼物，人的一生分为七个生长时期等。在西方宗教中，其教义常采用"7"来规范人的道德行为或归纳历史人物景物、社会团体、宗教仪式等，这对语言和文化都产生了深远的影响。因而，世界通用的计时方法定七天为一周，而英语民族的美德、善事、罪恶都要凑足"七"件。如 seven virtues（七大美德）、seven deadly sins（七宗罪）、the seven gifts of the spirits（七大精神财富）、the seven corporal works of mercy（七大肉体善事）、the seven spiritual works of mercy（七大精神善事）、the seven sacraments（七大圣礼）等，在日常生活中也有"lucky seven"（幸运之七）之说。同理，"7"的倍数也被认为是神圣的，the seventh son of a seventh son 指"极为显要的后代"。西方人认为"777"是最幸运的数字，因为这个数字是按照上帝的旨意来安排的。因此，在他们眼中，2007 年 7 月 7 日是本世纪最幸运的结婚日子，成千上万的有情人在这天举行了婚礼，它相当于中国人看重的 1999 年 9 月 9 日或是 2008 年 8 月 8 日，新人和他们的家人共同期待他们打开幸福生活的大门，相濡以沫，一生不离不弃。

4. 数字 4 的文化含义

在英语文化里，由于不存在类似中文里因谐音而产生的特殊寓意现象，西方人并没有关于"4"的忌讳。相反,鉴于数字"4"的形状是正方形,人们认为它寓意公平、正义和力量。同时,世界上土、火、水、空气这四大重要因素,东、西、南、北的四个方位,宇宙的四根支柱,地球的四大角落,春、夏、秋、冬一年的四季,人的多血质、胆汁质、黏液质、抑郁质四种性情,耶和华神和人类始祖亚当名字里的四个字母(JHVH and Adam),十字架的四臂,传播福音的四个使者等,都和数字"4"有关。不过,西方人在选择结婚日子时,一般来说会避开周四,因为他们认为"星期四里运气衰",这应该是一个小小的例外情况。

小小的数字,不仅仅表示数量,更代表着一种文化习俗。每个国家和每个民族都有各自独特的文化习俗,这种意识在人们的头脑中早已根深蒂固。我们学习一种语言时,要先了解该语言的传统文化习俗,只有这样,才能使跨文化交际得以顺利进行。

二、汉民族的数字文化

以汉语为代表的东方文化观念,体现在中国人的审美观念中,便是尊崇双数。对于大多数中国人来说,双数意味着期盼吉祥、向往美好的民族文化心理。汉语中双数所蕴含的文化内涵,促使人们追求好事成双、双喜临门。在人际交往中,送双份礼;文学形式中,有春联;修辞格中,有对偶。这些都体现了汉民族对双数的情有独钟。爱屋及乌,汉语中的偶数及其倍数大多蕴含吉兆,是褒义之数。

中国是世界四大文明古国之一,汉民族自古以来就崇信阴阳二元学说,认为事物都是由阴和阳两方面构成,只有阴阳交合才能滋生万物。古代著名的哲学家、道家学说的创始人之一老子主张"天人合一"。在《道德经》中他写道:"道生一,一生二,二生三,三生万物。"他认为任何事物都有相对的两面,即好与劣、对与错、长与短、明与暗、动与静。加之汉民族的文化背景相对独立,其发展受外来文化的影响较小,因而保留了很多独特的文化特点。上述一切,都详尽地阐释了中国社会生活中双数被视为吉祥的缘由。古老的中国传统文化承载了儒家诸学说的"伦理道德"和"天人合一"的思想观点,将人与自然、精神与物质、思维与存在、认识主体与客体融为一体。故而,中国文化中的吉数比西方文化中要多得多。

1. 数字的谐音现象

我们知道,汉语里有一个重要的语音发音形式,即"谐音"。它是指某些汉字,同音不同形,容易使人从某一个字的发音联想到另外一个字的含义。自然，这种语音现象容易使人联想到它的贬义，如数字"4"和"死"这个字，因二者发音完全相同，中国人对其非常避讳。同样，这种语音现象也可以使人联想到其褒义，因为同音字也有吉祥的意义，如数字"6"和"8"，它们与表美好、圆满之义的"顺"和"发"同音。"谐音"这种语音表现形式在其他语言中不太常见，由它产生的丰富联想容易导致汉语使用者对这些数字产生一种刻意的避讳行为或持不使用的态度，尤其是那些不吉利、凶险的谐音词语或数字。

2. 数字"1"与"8"：起始与发财的数字密码

数字"1"是万物之始和基石。中国人非常偏爱"1"这个数字，古老的中国传统文化处处散发着儒家、道家的思想气息。"1"作为最小自然数，同时也是道教教义中的重要基本概念。

最初，在思考人类起源以及万物生长的问题时，许多哲学家、思想家将当时朴素的哲学宇宙观和数字结合在一起，认为万物开端起始于"1"，由"1"开始万物自然而生。基于此，在汉语词语中，含"1"（以"一"体现）的成语不胜列举，如"独一无二"，意为视某人或某物高尚、珍贵；"一往情深"，指对人或物的深厚情感；"一丝不苟"，指做事认真、仔细，一点儿也不马虎。在"一"的诸多文化含义中，最值得注意的是它和中国人宇宙观相通相连的共性，即"始"和"全"，像一应、一力、一统、一致、一风吹、一盘棋、一扫而空、一羽示风向、一草示水流等词语，就是生动的例证。我国古人把数字从"1"到"10"分为奇数和偶数，其中，奇数象征天和阳性事物。10个阿拉伯数字，虽仅有10个，但在我们生活中所产生的能量却不可小觑。查阅字典可知，对"一"的解释竟然达九种之多，这的确让我们感到惊讶。

据《史记·吕不韦传》记载，秦相吕不韦请他的门客著《吕氏春秋》，书写成后出布告，称如有人能做到增减一字的，立即面赏千两黄金。后人用"一字千金"称赞其诗文精妙，并且无法加上一词或是减掉一语。在我们今天的现实生活中，人们为了图吉利、讨个好彩头，男方父母在儿子订婚时要给媳妇包个10001的红包，寓意"万里挑一"，意为所娶的媳妇是一个非常难得的贤淑女子。

"8"是一个成双成对的偶数，是有着丰富文化内涵、颇具个性的数字文化标志，它与中国传统习俗文化里的许多传说、故事都紧密相连。如道家传说中有"八仙"，指的是古代神话中的八位神仙，他们是凡人修炼成仙的代表，体现了古代社会中平凡人对神秘力量的向往之情，也反映出传统文化所推崇的只要潜心修行、行善乐施，便会有好的结果。中国人占卜时经常使用人的出生日期，俗称"八字"，即用天干和地支来表示一个人出生年、月、日、时的八个字，算命者认为根据一个人的生辰八个字可推算其命运。旧社会乃至现代中国人都喜欢用八字来掐算男女婚配是否合适，就连一些婚丧嫁娶的仪式，也要请占卜师测算"八字"是否吻合。如果"八字"不合的两个人在一起，就会认为他们会彼此犯冲。

此外，人们十分喜爱用"八"这个数字给事物命名，如八宝箱、八仙桌、八宝菜、八宝饭等。汉语中还有许多含"八"字的成语，其中不少仅将这个数字作为数量词使用，如八面玲珑、八拜之交、八方呼应等。在粤语里，因为数字"八"与"发"谐音，即"发财"的隐义，所以中国东南地区的很多人都认为这是一个吉祥数字。中国的改革开放政策，促进了人们对财富的向往和追求，"八"作为吉祥数字的积极作用得到大力推广。在日常生活中，人们都会尽可能使用与"8"相关的数字作为自己的房号或者车牌号。其实，大部分中国人只是把自己的某种情感寄托在这些数字上面而已，他们自己也并不相信这种做法一定会奏效。

3. "3""6""9"：尊贵、谐和与极致的象征

（1）尊贵吉祥的"3"

因为"3"代表"天、地、人"三界，我国历史上一直延续着使用数字"3"的光荣传统。在生活的时时、处处、事事中，我们都可以看见它活跃的身影，如经历了漫长的发展过程后，中国封建社会统治者在他们的统治理论中，对伦理道德提出了"三德三孝""三熏三浴"等要求。"三人行，必有我师焉"是儒家思想创始人孔子教导众人的主导思想。还有著名的"三国鼎立"的历史局面，"岁寒三友"中的松、竹、梅等。"事无三不成"是人们行为的准则，"举一反三"是我们学习和解决问题的最好方法。此处，还有三思而行、三人成虎、三字经、三合房等，与这个数字有关的成语、俗语等固定词语更是俯拾即是。

此外，中国古代也有许多重要思想观念与这个数字有关，如把天、地、人称为"三才"或"三灵"；君臣、父子、夫妇三种关系共称为"三纲"；父、子、孙为"三族"；儒、道、释为"三教"等。中国民间也有很多与其有关的俗语，如"三个臭皮匠赛过一个诸葛亮""一个篱笆三个桩，一个好汉三个帮"等。"事不过三"则是中国人奉行的一种不能逾越的行为规范和准则。中国俗话说，"三、六、九往外走"，指的是出门做生意的人要选择这三个大吉大利的日子出行，认为这样一定会财运亨通。

(2) 时空谐和的"6"

古代中国人十分崇尚"6"。如先秦时期，六部儒家经典称为"六经"或"六艺"；诸子百家中最著名的阴、阳、儒、明、法、道称为"六家"；政区分为"六乡"；周礼中有"六典"；官制设有"六部"；朝廷军队统称"六军"；皇后寝宫称为"六宫"；亲属关系称为"六亲"；天地四方称为"六合"；中医将人的心、肺、肝、肾、脾、胆总称为"六府"；佛教认为一个人有"七情六欲"；西安考古发现秦始皇陵中铜车马皆是"6"或以其倍数为度。

"6"是一个时空谐和数。"六六大顺"是我们经常送给家人、朋友的真心祝福。中国民间也有"六畜兴旺""眼观六路，耳听八方"的俗语。农历初六、十六、二十六都是中国青年男女举行大婚的黄道吉日。选择电话号码或车牌号时，人们也尤其钟爱尾数含"66""666""666"这几组数字，他们认为三个六加在一起是大吉大顺，符合"六六大顺"之意，寓意万事顺当。很自然，数字"6"和"8"的组合则会令人更加愉悦，如谐音为"一路发"的数字168，意为一直会发财好运。对中国人来说，2006年6月6日是一个千载难逢的大喜日子。据报道，为了赶在这一天登记结婚，北京的青年男女凌晨就开始在婚姻登记处排队等候。

(3) 极致与尊贵的"9"

从春秋战国时起，中国人就特别看重数字"9"。作为一种象征吉祥、荣耀、高尚的美好形象代表，它一直以来都根植在人们心中。在1至10的数字里，"9"是最大的单数，由此引申出"无限"和"极度"的概念，如"九霄云外"表示极高的意思；"九泉之下"表示极深的地方或是不好的去处；"九州方圆"表示极广阔的土地或者范围。

古代中国人普遍认为"9"是最高数，超过9，就需要进位回归到万物之始的"1"了。因而，这个数字常用来表示"多"的意思，如"天有九野，地有九州，月有九道，日有九光"，这些都符合上述论证。同样，"九"在佛教教义中也有极其重要的作用，如中国古代四大名著之一的《西游记》，取经路上的唐僧师徒四人必须经过九九八十一难，才能修行得道成功，顺利取得真经。基于封建王朝统治的需要，中国人认为数字"9"是龙的象征，加上汉语"九"与"久"谐音，封建王朝对"九"（久）文化的推崇深深地影响了民众的人生价值观。古代中国人自始至终都坚信中国是世界的中心，全世界有九个州围绕在中国周围。帝王们常用"九"来象征他们的统治天长地久、绵延不绝。为了表示自己神圣的权力为天赐神赋，历代帝王极力把自己同"九"联系在一起，如正月初九天诞日，天子一年九次祭天，"九"是龙行的图腾化文字，天有九层，我们常说的"九重天"是指天的最高处。

据此，数字"9"延展出"神圣"之意，因而享有独特的尊贵位置。帝王的宫殿建筑也与"九"有关，如北海附近有九龙壁，北京故宫内的房间有九千九百九十九间，三大殿的高度都是九尺九，天安门城楼面阔九间。故宫宫殿的大小城门都用金黄色九路钉来装饰，横九排、竖九排，共计九九八十一个。宫殿内台阶都是九级或九的倍数。不得不提的是，历代皇帝住所也被分为九经九纬九个部分，皇宫的位置在这九个部分的正中央。这种建筑布局说明，在封建社会中，皇帝的统治地位至高无上、无人能及。故而，他们都自称为"九五之尊"。

自然而然地，数字"9"的情节也深深扎根于中国现代文化生活之中。人们在生日送花或挑选车牌号码时，总会倾心于数字"9"。在中国某些地区的结婚习俗中，因"99"与"久久"谐音，人们常会选择含两个"9"的日子作为大喜之日，寓意着天长地久。喜日当天，新郎需要准备一个9999元的红包，在迎娶新娘时送给新娘的家人，以此寓意未来的婚姻生活和谐美满，幸福长长久久。值得一提的是，1987年英国女王访问中国时，也选在那年的阴历九月初九的重阳节。近年来，受西方习俗的影响，越来越多的年轻人过上了中西合璧的情人节。每年的2月14日西方"情人节"这一天，热恋中的男子向心中恋人送上99或999朵玫瑰的浪漫场景已屡见不鲜。

除了具有褒义外，"九"在中国文化中也有一定的贬义色彩。中国民间有"明九暗九，非死即病"的迷信传说，"明九"指的是9、19、29、39等岁数，"暗九"则是指18、27、36、45等岁数。据说，"暗九"的不吉利程度比"明九"更甚，更容易生病或遭遇不幸。

总之，在中国传统文化中，"九"既象征着吉利、荣耀和高尚，同时又表示着警告、极限与转折。但在具体的使用过程中，我们常会忽略它所携带的消极意义。趋利避害的心理也是中华民族突出的性格特点之一。

4. "4"与"7"：避讳与神秘的矛盾数字

（1）极具表达力却又遭避讳的"4"

当"4"这个数字的抽象概念被形象化后，人们仅从它的字体结构特征，就很容易联想起正方形或立方体的具体形状。可以说，中国古代先祖们的造字智慧是无穷的。

古代中国人早就习惯用"四"来象征空间及空间秩序，如一年四季和天下四方。在设计皇宫庭院时，中国古代工匠们习惯使用四边体、对称性等建筑特点，来表现中国人喜好稳定的心理特征。在不断发生文化碰撞及多民族文化融合的过程中，"4"逐渐被塑造成一个极具神秘色彩的吉祥玄数。由于认识有限，从肉眼观察以及个人情感角度出发，中国古人一直信奉"天圆地方"的说法，他们认为天是圆的，地是方的，天和地相连就构成了整个世界。古代中国人使用的钱币，其外圆内方的结构也是以这个思想为主导的。但从近现代社会开始，人们逐渐忽视了数字"4"所固有的稳定含义，将其视为不吉利的数字。因为在中国大部分地区的方言中，"4"和"死"谐音，于是人们忌讳使用这个数字，认为它是不吉利的象征，对海外华侨和港澳同胞来说尤其如此。在交谈中，如果非说不可，人们常以"两双"或"两个二"来替代。在日常生活中，人们也尽量避免使用"4"作为手机号码或者车牌号码等，尤其要避开"14"（要死）、"54"（我要死）、"474"（四川方言中"去死去"）、"714"（四川方言"去要死"）、"44"、"444"等数字。

（2）神秘且忌讳的"7"

数字"7"在汉语中是一个极为神秘的数字，同时又是我们日常生活中较忌讳的数字。古往今来，中国人普遍保持着将"七"作为祭日、祭年周期的习俗。他们认为，死者故去后举行的各种丧葬仪式需要持续"七七四十九天"。也就是说，在人死后的每隔七天的第一天（直到第49天）都需要给死者供上祭品。正是因为"七"经常与丧事联系在一起，所以大部分中国人认为这是个不吉利的数字。因其带有凶险的意思，和数字"4"一样，在日常生活中人们都会尽量避免使用它。尤其在选择婚礼、喜事等吉日良辰时，人们会尽量避免在7号这天，也不挑选17日、27日。这样做，一是与中国人崇尚偶数的心理有关，二是与中国人祭奠死者的传统习俗有关。在我国某些地区，农历七月七日为凶日，绝对禁止嫁娶，因此有"七月七日，迎新嫁女避节"之说。据说，这种习俗与牛郎织女的传说有关，若七月七日下雨，那绵绵不绝的雨帘就是牛郎和织女留下的眼泪。此外，汉语中与数字"7"相关的习语也大多带有贬义，如七零八落、七手八脚、七嘴八舌、七上八下、七扭八歪、七拼八凑等。

但随着时代发展和科技水平的进步，在一些中国方言中，因"7"和"起"谐音，意为"雄起"，"7"同"8"（谐音"发"）一样，也成了时髦的吉利数字，特别受到官场上和生意场上人们的偏爱，成为数字新宠。这一点，在我们使用的车牌号码和手机尾号上都可以找到例证。

5. "5"与"13": 吉祥与特殊的文化内涵

(1) 吉祥的玄数"5"

在中国传统文化中,人们经常将"5"与人的身体结构联系在一起,认为二者有一定的关系。这一观念与欧洲部分民族的理念非常相似,他们认为人的身体由五肢体结合组成,且该结构和人的生命密切相关、不可分割。

此外,数字"5"还有一个特殊的计算概念,即象征着"满、整、圆满",如在"五花八门""五行八作""五湖四海"等词语中,"五"所表达的多是这个意思。这是根据中国人计算数字的习惯发展而来的文化联想意义。迄今为止,中国人在进行计算时,都会以5、10作为一个小结进行结算,始终保持着"至五至十而尽"的习惯。

(2) 蕴含积极内涵的"13"

值得一提的是数字"13"。在中国传统文化习俗中,这个数字本身并无邪恶、死亡的含义,反而蕴含着积极的文化内涵。中国佛教教义认为它是一个较为吉利的数字。佛教传入中国后衍生出众多分支、门派,其中主要有十三宗。在宗教信仰中,"十三"更多是功德圆满的吉祥含义。在中国,许多著名建筑物是13层,如西藏布达拉宫有13层,天宁塔建筑也是13层。同样,儒家经典有《十三经》;明皇帝陵墓有十三座,统称十三陵;北京同仁堂药店有十三种最有名的中成药,号称"十三太保";《儿女英雄传》里有"侠女十三妹";少林寺中有13棍;生活中调味料有13香等。

不过,依据中国传统文化习俗,也有13岁流年不利之说。从传统意义上讲,人在12岁本命年时虚岁正好是13岁,这一年凶煞恶神掌管天年,因而诸事可能会不顺,需要用红色物品来辟邪。因此,在中国农历新年这一天,时逢本命年的人们喜欢穿红色衣服,包括红内衣、红腰带和红袜子等,这个风俗习惯一直延续至今。当然,这种做法的本意是想在新的一年里为自己讨一个好兆头。

随着新颖独特网络语言的盛行,人们似乎已经忽略了西方人对数字"13"的厌恶感,而是将数字"13"的谐音和某些美好愿望联系在一起,并且受到不同年龄段人们的喜爱与推崇,如13和14被谐音称为"一生一世"。

6. 跨文化视角下的数字文化观

面对中西方不同的文化习俗,仔细揣摩其不同的数字文化观,对于我们学习语言背后的深层文化、顺利地进行跨文化交际有着十分重要的现实意义。俗话说"When in Rome, do as the Romans do"（入乡随俗，入境问禁）。在跨文化交际活动中，如果我们不了解东西方数字文化观的差异，就不可避免地会产生许多意想不到的问题，甚至是严重的后果。因此，无论在理论上，还是在实践中，人们都应该对东西方数字习俗文化予以足够重视，并进行系统的分析和深层次的研究。

花海踏浪篇（2）——开放进取的美国文化

美国文化是丰富多彩的，尽管美国没有其他文明古国那样悠久灿烂的历史文化遗产，但它的文化因年轻而充满活力和朝气，在其短短的历史进程中焕发出耀眼的文化光芒，成为世界文化园林中独具特色的一枝奇葩。

虽然美国仅有200多年的历史，却是当今世界名列前茅的超级大国。这一切是依靠什么力量取得的呢？究竟是基于它优越的自然地理条件，还是由于它抓住了有利时机？可谓众说纷纭。从文化层面分析，美国之所以发展迅速、充满活力，根源在于其文化具有包容性、开放性和进取性的特征。

一、包容性的美国文化

众所共知，美国文化具有包容性的特征。那么，该如何理解美国文化的包容性呢？

首先，美国文化包容各种政治思想，允许它们同时在美国存在。大量德国人在美国定居后，他们的思维方式间接地影响了美国人的生活和思想进程。许多美国人在德国学校攻读，熟悉了德国思想的成果。17—18世纪，资产阶级启蒙思想对美国启蒙思想家的影响显而易见，其中，英国资产阶级思想家和18世纪法国启蒙运动学者的天赋人权学说在美国有很大的市场。

在美国，既有马克思主义的传播，也有在这片土地上进行实验的空想社会主义。1848年革命失败后，由于欧洲反动势力的强大和残暴，各国无产阶级及其优秀的领导者纷纷逃到美国，成千上万的德籍革命者移居美国，这一切对美国工人运动贡献巨大。德国空想共产主义者魏特林侨居美国后，曾试图建立一个乌托邦式的劳动交换银行，实行平均共产主义计划，法国空想共产主义者卡贝1848年在得克萨斯州建立了第一个共产主义移民区，但结果均遭失败。

其次，不同文化在美国得以交融、渗透，因而美国文化吸纳了各国文化的精华部分，如德意志文化的许多特质被德国移民带到了美国。经过几代人以后，美国德裔人的不少文化特征变成了美国人普遍接受的一般特征。和圣诞树一样，牛肉香肠、汉堡包和啤酒成为美国人的必备之物，热狗也是德裔人在美国的即兴之作，进而成为美国各种族人颇受欢迎的特色食物之一。

1873年，美国圣路易斯市首次把幼儿园纳入公立教育体系。圣路易斯市是德裔人集居的中心，该地早期的幼儿园师资几乎全是德国人，德裔人还创办了私立学校和语言学校，并曾在美国学校里推广体育课和职业教育。美国德裔人对美国人的圣诞节、复活节也有一定的影响。德国犹太人将新犹太教传入美国，其正统的犹太主义自由化信条对美国也产生了很大的影响。同时，路德教的保守主义也被带入美国。

此外，美国不仅允许中文报刊存在，而且允许它在美国大量发行。美国的中文报刊可以分为两种：一是美国各华埠用中文出版的日报、周报、周刊、月刊；二是来自中国大陆、台湾、香港、澳门和海外各地华埠的中文报纸和刊物。美国的中文报纸有一个显著特点，篇幅很多，一般都有十几个版面，有的甚至达到三十几个版面。这些点点滴滴都使美国文化呈现出异彩斑斓的特色。

最后，美国文化的包容性还表现在其宽容兼纳的一面。美国人信仰的基督教分天主教和新教，以后者为主，宗教对人们思想生活的影响很大。根据其基督教教义，美国教会对穷苦人表示同情，常做一些慈善事业，如募集和施舍食品、衣物，冬天帮助无家可归的人寻得一个暂时的栖身之地。

二、开放性的美国文化

所谓文化开放，是指世界各国精神产品的交流和交换。在这个过程中各国文化相互影响、吸收、融合，当然也不可避免地存在矛盾和斗争。美国社会是一个多民族的社会，其文化因移民民族的不断加入而呈现出多样性，因而又被看作是一个多元文化社会。而对各种不同民族文化的兼收并蓄、认同和任其自由发展，使得美国社会成为一个开放的国度。

例如，美国实行宗教信仰自由政策。教派信徒可以自由选择并改变其宗教信仰。同时，不同教派之间的教徒一般可以通婚，不会受到教派过多的限制和干涉。

再如，在美国，只要当事人申报并获得当地警方的同意，他就有权利在大街上畅所欲言，组织游行活动，并宣扬自己的观点。每年，女权主义者会组织女性或是同情女性社会地位的男性集会游行,宣扬男女平等、同工同酬等女权主义观点;一些少数民族或是认为受到歧视的群体,会通过游行等活动来表达自己的诉求,吸引社会各界的关注;那些不满美国政府的人和组织,也会借用游行来表达自己的政治观点。正是由于美国社会的开放体制保障了公民享有这些权利,才使得美国人思维活跃。反过来,公民通过实施这些权力,也进一步推动了美国社会的改进,使这个社会变得更加开放、自由,让美国人能享有更广泛、平等的生活空间。

当然,美国社会的开放性是相对的,它并非一种绝对不受任何约束、随意的开放。诚如上文中所提及的,当集会游行的言论被认为侵害了他人的权利和自由,或是妨碍了社会秩序时,相关组织就会遭到取缔。建立在美国宪法基础之上的开放性,首先是保障公民的人权和自由,同时,其制约机制也同样源于宪法。可以说,美国社会的开放性是其显著的文化特征之一,换句话说,美国文化已经被深深地打上了"开放"的烙印。

三、进取性的美国文化

如何理解美国文化的进取性呢?"美国梦"(American Dream)就是其典型的代表特征之一。美国人对"美国梦"的追寻,是"乐观进取"精神最生动的体现。正如有学者指出:"美国梦"是一种贯穿美国历史、最能体现美国精神生活方式和美国国民精神的理想。它是对自由、平等、宽容、进取和成功进行不懈追求的理想主义信念,是对机会均等、人人都有成功的希望和创造奇迹的可能性的乐观自信。

首先,大多数美国人认为,自身的努力和全身心的投入是获得成功的关键,而个人的家庭背景和其他社会关系则不具有决定性作用。其次,美国人心中的成功不仅局限于财富上的成功,许多人甚至认为,比尔·盖茨比美国总统更令人羡慕。美国人心中期待的成功还包括在某一项事业或是技能上能拔得头筹,如成为体育明星、知名律师、医生以及各种杰出的专业人才。在美国流行这样一句话:"每个牧童都可以当总统。"美国人非常崇尚自我奋斗精神。不管原来的出身、地位如何低下,只要通过拼搏和奋斗获得成功,他就会受到人们的高度赞赏。

为什么"美国梦"对美国人具有如此强大且无法抗拒的诱惑力呢?其一,美国特有的、得天独厚的自然客观条件犹如沃土,对国人的乐观、进取精神起到了特殊的培育作用;其二,新教价值观的影响和加尔文教义使得美国早期移民一直保持着乐观进取的精神状态;其三,历史发展中封建社会的缺失导致美国没有封建传统，这一点是美国文化中独特的现象，却恰恰培养了美国人乐观进取的处世生活态度；其四，美国平等、自由的原则影响了美国人的进取精神。美国由一个依赖于英国的殖民地发展成为世界大国和强国，倚靠的就是主动进取和兢兢业业的精神。

文化的包容性、文化的开放性和文化的进取性不仅是美国文化的三大特征，同样也是美国文化的发展优势。它们既有利于美国多元文化的形成、发展以及美国现代化的推进，有利于美国文化的丰富多彩，更有利于美国人保持战胜困难、不断追求美好生活的信心和决心。

第三节　迥然各异的称谓用语

称谓，作为依附于一种语言的特殊用语，蕴含着不同文化的独特内涵。在其漫长的历史发展过程中，各民族都沉淀出了有别于其他民族的独特风俗习惯、思维方式、宗教信仰和社会心态。中西方文化是世界上大相径庭的两种文化，作为其发展的产物，称谓堪称文化百花园中最艳丽的一朵。

一、称谓的意义

"称谓"是"习俗礼制与语言的结合体，是关于人际之间叫法、称呼的语言习俗"。称谓习俗是"一种具有语言学和民俗学双重属性的称谓符号系统"。称谓包括亲属称谓、社交称谓两大类型，这是世界上大多数民族语言称谓语俗共性的类型特征（曲彦斌，1989）。经过长时间的发展和演变，任何一种语言都会形成各自独特的称谓体系和使用规范。称谓系统是语言学研究中的一个重要分支。在跨文化交际发展变化日新月异的今天，它能够最直接地反映一个民族和一个国家政治、经济、文化的发展情况。

二、英语国家的称谓习惯

西方社会是由古希腊罗马发展而来，从古至今倾向于天人相分。因此，西方人的人生价值观强调个人价值、个人权利和个性解放，注重自我发展和自我能力的提升。同时，西方人信仰的基督教教义崇尚个体、主张平行或平等的人际关系，以契约关系为基础的社会取代了以血缘为纽带的宗法家庭社会，西方人对长幼等没有严格区分。和汉语相比，英语国家称谓用语要略微简单一些。

1. 亲属称谓

亲属称谓主要用于称呼家庭或家族亲属成员。英语国家历经封建社会的时间较短，较早地进入了资本主义社会，进而很快接受了包括崇尚个人权利和平等社会关系的资本主义社会价值观。他们在称谓上倾向于使用对等式称呼，其中愈来愈流行的姓名称谓是最明显的表现形式。不论地位、职位，甚至年龄和辈分，人们在交往中都可直呼其名，这一点表明英语国家中的人际关系趋向平等。同时，也表明人们正试图通过这种方式来消除社会地位差异，以期建立一种平等关系。

总体而言，英语国家亲族关系远不及中华民族亲族关系那么严密有序，其较松散的家庭结构使得亲属称谓带有明显的高度概括性，其称谓以性别为主要区分标准。对于父母一代长辈的称呼，一个"uncle"统称全部男性，一个"aunt"统称全部女性。英语中反映兄弟姐妹关系的词，只有"brother"和"sister"，大哥、二弟、三姐、小妹这种长次区分无关紧要。在表示堂表亲属关系称谓上，堂兄和堂弟、堂姐和堂妹、表兄和表弟、表姐和表妹等称谓一律统称为"cousin"，连性别也不会涉及。最主要的是，英语中表示姻亲关系的对等词根本不存在，只能从法律上表示这种姻亲关系，即"brother-in-law"（姐夫、妹夫、内弟）、"sister-in-law"（嫂子、姑子、姨子、弟媳、妯娌）等。英语中亲属称谓笼统性的特点由此可见一斑。

我们常将英语中的亲属称谓语扩展到非亲属成员来使用。一些传统家庭普遍将"aunt"和"uncle"用于非亲属成员称谓，如父母的朋友为"Aunt May"（梅大妈）或是"Uncle Johson"（乔森大叔），而"Uncle Sam"（山姆大叔）是美国政府的惯用绰号。在西方国家的一些地方，年长男性可以亲切地称呼年轻男性"son"或"sonny"（孩子）。因为西方家庭很早就形成了一种"核心家庭"的文化传统，孩子长大后会离开父母去独立生活，并组建自己的核心家庭。除了父母、子女，其他亲属关系没有在中国人眼里看得那么亲近。

2. 社交称谓

随着英语作为一种全球通用语扩展到美国、加拿大、澳大利亚等英国殖民地，它也不断给英语称谓体系输送了大量新内容，并赋予其地域特色。在保持共性的前提下，英语社交称谓体系呈现出色彩斑斓的特点。

首先，在整个英语国家称谓体系中，姓名称谓是非常重要的组成部分，称姓、称名、称全名、用昵称的情形都存在。但是，在使用程度和规范方面，它们存在很大差异。一般来说，以姓氏相称多发生在主人对奴仆、上级对下属、军官对士兵、中小学教师对学生的称呼上。有趣的是，英国报纸、电台、电视等新闻媒体对曲棍球运动员一般称姓，对足球运动员则称全名。所以，如果人们谈论的是 John Smith，那么他可能是一名足球运动员；但如果人们谈论的是 Smith，那么他很可能是一名曲棍球运动员。在日常生活的社交往来活动中，直呼某人姓氏或姓名的情形很少见。兄弟姐妹、学校同学或社团团友常彼此以姓相称，这种做法被视为亲密有爱、团结的具体表现。西方国家的大学里，教师可以在公开场合直接使用学生的教名；反过来，学生也可直接称呼教师的名字，这样做并不会显得唐突或不礼貌。称谓上普遍使用教名，这种渐行渐盛的风气在一定程度上反映了人们不拘形式、期望关系亲密的愿望。同时，这种不拘礼节的称谓形式是一个人拓展社交范围、结交朋友的有效策略。必须注意的是，在某些场合中，我们要尽量避免使用交谈双方的教名，如称呼外交家、州长、教授等级别较高的人士，或是称呼为你提供服务而又不是你个人朋友的自由职业者，如医生、律师等。

其次，职务称谓这一点和汉语具有极强的相似性，即用职务或职称来称呼他人。一般是职称+姓氏，如"Professor Smith"（史密斯教授）、"Dr. King"（金医生）等。"先生"一词是对社会上一般人或在学术界没有职称者的称谓语，如果知道对方衔称或职称仍使用这种形式称呼，则会使对方认为是故意降低其身份或忽视其能力。西方人崇拜权力和能力，因此，他们愿意接受职称+姓氏的称谓语。需要注意的是，"Teacher"不能用在姓氏前面做称谓语，如 Teacher Smith，这是一个错误的表达方式。

西方社会中，人们奉行"人为本，名为用"的价值观，这就导致他们在使用称谓时表现出一定的随意性。英语中只有少数敬称而没有兼称，如面对国王和王后，需要说"Your Majesty""His Majesty"或"Her Majesty"（陛下、国王陛下或女王陛下）；对亲王则说"Your Highness"（殿下）；对总统说"Mr. President"（总统先生）；对皇族、政府官员、军界、宗教界或法律界人士称呼则如"Prince Charles"（查尔斯王子）、"Senator White"（华特议员）、"General Patten"（巴顿将军）等。同汉语职务称谓相比，英语的这类称谓略显逊色。

再次，职业称谓。例如，大夫或医生、神父、参议员等既是职务称谓又是职业称谓。使用时人们一般直呼这些称谓而不用姓氏，但这样听起来很不礼貌，带有一种低下、卑微的含义，如"waiter"（男侍者、男服务员）、"boy"（旅馆、餐厅的男服务员、男勤杂人员或是家庭男仆）、"conductor"（汽车售票员）、"usher"（剧院领座员）等。此外，"Rabbi"（犹太教教士)、"Sister"（女教士即修女）、"Reverend"（牧师）等也可视为职业称谓，它们既可单独使用，也可以用职业+姓氏或姓名的形式来称呼这类神职人员。

英语中，有不少通用于社会各界人士，不分职务、职业或是年龄的称谓语，叫作通称或通称语。如 Sir（先生、阁下）、Madam（夫人、女士、太太、小姐）、Lady、Mr.（先生）、Mrs./Ms.（女士）、Miss（小姐）等。

（1）Sir（先生、阁下）

"Sir"指下级对上级、晚辈对长辈、士兵对长官、老百姓对警察、商店店员对男顾客的通用称谓语。在日常社会交往中，陌生人见面时常以 Sir 相称；在公务往来信件中，对不熟悉的男士也一定要以"Sir"相称。要注意的是，Sir 可以和姓名或教名连用，但不能和姓氏连用，因为连用时它的意思是"爵位"，如"Sir John White"（约翰·怀特爵士）。Sir（先生、阁下）和 Madam（夫人、女士、太太、小姐）是一组男女对应的敬称语，历史上它们只用于对封建贵族的称谓。在现代人的使用过程中，它们逐渐失去了原来只称呼贵族的规范，转而泛指社会上各界男女人士。Madam 多用于对陌生女子的尊称，常见于商店店员对女顾客的称呼，现在，该词主要和姓氏或职称连用，如"Madam President"（总统女士或总统阁下）、"Madam Chairman"（主席女士）等。

（2）Mr.（先生）、Mrs.（女士）

"Mr."（先生）、"Mrs."（女士）是英语中另一组敬称用语。这一组称谓语可以和姓氏、姓名连用，但一般不和教名一起连用。Mr. 多用于对无职称者或不了解其职称者的称呼，语气正式且关系不亲密，如"Mr. John Smith"或"Mr. Smith"（约翰·史密斯先生或是史密斯先生）。它可以和职称放在一起连用，如"Mr. President"（总统先生）。Mr. 如不和姓名连用，需要写作"Mister"，此时 Mister 相当于 Sir，它是一个敬称语。Mister 单用时，等于 Sir 的非正式形式。但某些情况下，它带有极强的感情色彩，如"What do you think you are doing, mister?"（你认为你在搞什么名堂呀，先生?）这句话里面，mister 的使用反映了说话人对听话者的不满，甚至是十分恼火的态度。这一点需引起使用者高度重视。

（3）Lady（女士）、Miss（小姐）

英语中，"Lady"是一个常用来称呼贵妇、女士的称谓语，一般采用"Lady+姓氏"的方式，如"Lady Smith"（史密斯夫人）。它还常用来称呼贵族或有地位人士的妻子或是女儿，如"Lady Wilson"（威尔逊夫人）。同时，Lady 还可以用作一个敬称，单、复数形式都可以单独使用，如"Good morning, Ladies"（女士们，早上好）。Ms.（女士）是英语中近年来出现的一个女性敬称词。事实上，它是 Mrs.（女士）和 Miss（小姐）合成的产物。该词的出现使女性获得了一个和 Mr.（男士）一样完全平等的称谓语，它不与婚姻状况相联系，使用时一定要和女性本人姓名或姓连用。尽管人们对其使用有些争议，但如今，它已被广泛地应用于社交、新闻媒体、公务活动及函件中。Miss（小姐）是对未婚女子的称谓语，一般情况下，"小姐"一词要与姓氏或姓名连用，语气较正式。它也可以和地名或某一活动连用，代表这一个地区或活动的女性，如"Miss England, 2015"（即2015年英格兰选美冠军）。"Miss+名"连用传达的是一种尊敬和亲切的含义，该词还可单独使用，如商店售货员对年轻女顾客的称呼。近年来，出现了一种新的趋势，人们对自己不熟悉或是不了解的女性，包括年龄大的女性，开始以"美女"相称。这种现象反映了女性喜欢自己青春常驻的心理，因此所处的社会环境和周围人群便以此称谓来投其所好。

此外，"不称"是英语中一种全新的称谓方式，指的是社交场合中不使用任何称谓语。在西方社交活动中，按照常规，应该使用称谓语而未使用，会被视为一种极端不礼貌的行为。但在有些情况下，由于年龄、社会阶层、职业和地位等不确定因素的存在，说话者在交谈时往往不知道用什么称谓语才合适。若不恰当使用称谓，反而可能会使场面更加窘迫和尴尬。当然，化解这类问题的最好方法是找到一种自然而然的解围办法，但这需要说话者机智和敏锐的应变能力。

西方国家十分重视交往中人际关系平等的文化取向。在这种文化背景下，人们在称呼对方时不需要附加特殊的词语，直接使用"你""我"即可。慢慢地，古英语中相当于第二人称单数的"thou"（您）这个词渐渐地淡出视线，退出了日常话语交际的舞台。如今，"thou"仅作为一个敬称称谓，在人们对上帝祈祷时才会使用。另外，我们在一些诗歌作品中也可以捕捉到它的存在。

三、汉民族的称谓特点

中国既是文明古国，又是礼仪之邦，其社交礼仪的重要组成部分——称谓体系，已经有几千年的历史。追溯其渊源，自原始社会确立家庭形态之日起，汉语的亲属称谓就已经出现了。家庭是社会的基础组织，家庭成员只有超越这个小组织，才能融入更广阔的社会大家庭。在由各个大家庭组成的社会中，人们构建起了错综复杂的社会关系网络。而社会关系的建立和发展，为社交称谓的出现、发展、壮大奠定了坚实的基础。

中国曾是一个深受严格封建宗法的传统社会，"三纲五常""三从四德"等观念如枷锁一般，牢牢禁锢着社会的政治、经济、生活等方方面面。其中，对于君臣、父子、男女、老幼、尊卑之间的称谓，早就有了明确规定。在封建社会时期，中国称谓体系具有等级森严的特性，基本上是沿着尊称、谦称和泛称的脉络逐渐发展变化的，如大臣称君主为陛下、万岁、皇上、圣上；民称官要称老爷、大人；下级官吏称呼自己的上级也用老爷、大人、足下；妻子称呼丈夫要称官人、相公、老爷等。在这些称谓中，贵贱、尊卑和亲疏有着明确的社会规定性，不能随意颠倒。即便到了现代社会，在各种交际活动中，汉语称谓词仍然有着传统称谓词和传统文化的烙印。

1. 亲属称谓

"由于中国经历封建社会的历史很长，人与人之间的亲属血缘关系相当牢固，自古以来没有发生大的变化。因此，反映这种关系的基本称谓一直沿用了几千年。"[①] 在一定程度上，亲属称谓的稳定性彰显了文化的稳定性。

汉语的亲属称谓重秩序、重亲情、重礼仪、分亲疏，具有鲜明的中华民族传统文化特色。它划分得很细，使用非常广泛。以父系家族为中心，以"尊"和"亲"为标准，形成了父系亲属称谓、母系亲属称谓、夫系亲属称谓和妻系亲属称谓四大亲属称谓体系。其实，这四大体系涵盖了一个人基于血缘、婚姻关系所包含的一切该尊崇和亲近的对象。同时，每个体系各自独立成系统，彼此之间互不交叉、包含，秩序性很强。在中国人的交际中，谈论到亲属中的长辈，必须使用相应的称谓，这是礼貌、有教养的表现。

此外，人们还常用亲属称谓来称呼非亲属成员。在社交活动中使用这种称谓方式，要遵循如下几个原则：第一，以辈分为标准选择称呼。这里说的辈分，是指由交际双方年龄差异而形成的长辈、同辈和晚辈三个层级。如果交际双方年龄相差不大，便以同辈相称，同辈对年长者会称呼"大哥""二姐"等，年长的同辈也会用"二弟""小妹"之类来称呼年轻的同辈；对于父辈人称呼为"叔叔""阿姨"；祖辈的人，则称为"爷爷""奶奶"。第二，以双方是否熟悉为标准。如果交际双方是陌生人，最好避免使用亲属称谓，否则可能会适得其反，使被称呼者感到非常不舒服。但在非正式场合中，对陌生人中的长者、邻里街坊使用亲属称谓则是一种得体行为。第三，以交际场合性质为标准。在大多数情况下，非正式场合可以使用的亲属称谓，在正式交际场合则不宜使用。第四，以听话人的社会特征为标准。即使

---

① 现代汉语 [M]. 北京：高等教育出版社，2017.

在相同情境下使用亲属称谓，由于称谓对象的社会身份不同，具体使用的称谓词也会不同。对于属于父辈年龄段的知识分子等脑力劳动者，可称呼他们为伯伯、叔叔、阿姨等；而对于农村老年农民或是没有正式职业的居民，称呼他们老大爷、老大娘则是惯常做法。

此外，我们常提到的表谦逊和尊敬的从属称谓，其实也是亲属称谓的一种。它是指从说话者子女或孙辈的角度去称呼交际对象，这种现象普遍存在于城镇的邻里街坊之间或是同一个村的村民交往中。

在汉语中，传统称谓词继承了古代称谓中尊称和谦称的特点，拥有一套完整的敬称和谦称形式。同时，它也摒弃了许多不合时宜的旧称谓语，在传统称谓习俗的基础上自成体系，并逐渐发展成今天的称谓体系（有些旧称谓语仅在书面语中使用，如令尊、令兄、贵姓、家父、家兄和敝姓等）。但在中国传统文化中，重人伦、讲究礼仪文明的成分，以及敬称和谦称中礼貌客气的合理因素等并未就此消失，而是被现代汉语继承并转化为另一些尊称称谓，如对工人称"师傅"，对干部称"某某同志"或"某科长""某处长"，对知识分子称"某老师""某先生"，对年长者称"某老""某公"。

2. 社交称谓

现代中国是一个已消灭阶级剥削和阶级压迫的国家，但在日常社会及生活交往中，人们往往不能随随便便地称名道姓。在这里，我们可以简单地将社会称谓分为职务称谓、职业称谓、姓名称谓、通称或是不称这几种类型。

（1）职务称谓

在中国，职务称谓是比较容易被大众接受的。它不但在本部门平级、下级对上级的称谓中使用较多，在跨行业交往中也广泛使用。一方面，这种称谓本身就蕴含有明显的敬意；另一方面，许多人也乐于接受这种称谓方式。就传统观念而言，大多数中国人对仕途比较感兴趣，许多情况下他们的职务就是官职。使用职务称谓时，可以单称职务，如"经理，您早！"也可以是"姓+职务"，如"再见，张校长！"向其他人做介绍时，可以用"全名+职务"的公式称谓，如"今天上午，习近平主席视察了烟台大学外国语学院"。

（2）职业称谓

职业称谓是按照人们从事的职业来进行称呼。中国的职业类别繁多，俗称有七十二行。按照中国人约定俗成的习惯，常见的职业称谓有：师傅、大夫、解放军、司机、老师和服务员等。严格地讲，工矿企业中带徒弟学习技术的老工人才是名正言顺的"师傅"，而在现代汉语中，我们对有各种生产技能的工人统一称谓"师傅",如"老师傅""木匠师傅"等。这里所说的"师傅"一词,是对师长的一种尊称。再比如说,在对医生的称呼上,无论大小医院,都有医生、护士、护理员、司药等职业上的区分。而"大夫"一词,既是一部分从事医务工作者的职业称谓,同时也是职务称谓。作为患者,不应该笼统地把医院的所有工作人员都称为"大夫"或"医生",正确的称谓应该是"职业+同志"。

还有"老师"一词,现在它的使用范围早就超越了学校的空间,走向社会上的诸多行业领域。严格地说,不管是在小学、中学还是大学,我们只能对那些直接从事教学工作的教师称老师,对其他人则应称"同志"或其他合适称呼。从某种意义上说,"老师"一词的流行大概与它是一个表敬称的称谓有关,因此,我们现在常听到年轻演员对年老演员、外行对内行称呼老师。山东济南的方言更是将这个称谓发扬到一个新的使用高度,人人都可以被称为"老师",人人也都可以称他人为"老师"。自古以来,中国人崇尚"三人行必有我师"的格言,称谓他人"老师"会给人一种谦逊且有教养的印象。而在高校里,因为有老师这个统称的称谓语,我们用"教授""讲师""助教"做称谓的并不多见。

(3) 姓名称谓

姓名称谓是交际双方以对方姓名相互进行称谓。在汉语中,在平辈、熟人、长辈对晚辈、上级对下级称谓中,我们常单称姓名;亲属、关系密切的朋友、同事之间也常只称呼名字。但是,人们对名字是单字的人通常不单叫名字,而习惯于称全名,如王燕,包括其亲属在内,很少有人对她直呼其名,单称她"燕",更多的人会称她"王燕"。这是因为在中国的文化语境中,直呼一个人的名字往往表示他们之间的关系十分亲密,这种关系十分敏感。此外,直呼全名的称谓习惯一般只在口头交流中才会使用。如果是书信来往,则很少以全名开头,因为这样会显得很生硬、不亲切。在较正式的交际场合中,我们常在姓名前后添加别的称谓语,这样可以使语气变得客气且十分郑重。大多数情况下,其他称谓语加在姓、名或姓名的后面显得正式客气,如王局长、张小姐等。在汉语中,将"老"或"小"置于姓氏前所构成的称谓语十分普遍,它们的使用几乎不受性别、职务、地位,甚至是年龄的影响,含有亲切、平等和充满爱意的文化内涵。但这一称谓形式较为随意,正式交际场合应尽量避免使用。

(4) 通称

通称是用于社会各界人士,且不分职业、职务,甚至不分年龄的一种称谓,在社交中发挥着重要作用。汉语中最常用的通称是"同志",它适用于多种场合，体现了一种平等、亲切的社会关系。这个词可以单独使用，如"同志，请问几点了？"也可以放在姓氏、姓名、职业、职务之后进行称呼，如王同志、李兰同志、司机同志、局长同志等。"先生"一词以前常用于知识分子、外宾、华侨、港澳台人士，如今在一些公共场合和商业活动中，人们也经常使用它。"女士""小姐"是对女性的通称，"女士"可用于称呼已婚和未婚女性，带有文雅、高贵的含义，而"小姐"主要用来称谓未婚女子或是年轻女性，同时还可用于称呼服务行业的女服务员、女售货员。"先生""女士""小姐"这三个称谓词语可以直接使用，也可与姓、姓名连用，如王先生、张女士、李小姐或李华小姐。"太太""夫人"等是对已婚女性的称谓，这两个称谓可以单独使用，也可用在其夫姓之后，如称一个姓孙的男士的妻子为孙夫人或孙太太，但现在这种称谓已经逐渐淡出人们的视线，不常使用了。

1959 年，毛泽东同志提出，党内统称"同志"来取代职衔的称谓。1962 年，党中央就这个问题专门发出了重要通知。党的十一届三中全会上，我党再一次重申了这一主张，并要求党内一律称"同志"，取消使用职衔称谓。因为无论职务高低，党内党员之间都是平等的同志关系，互称"同志"的称谓方式有利于增强党员的民主观念，帮助他们克服封建等级观念和特权思想，进一步改善党群、干群关系。

（5）不称

不称，即指不好称呼，这种现象在任何一种语言中都存在。汉语中的不称大致有以下两种情形：其一，双方角色关系较复杂，或无法确定具体关系，如师生关系转变成同事关系，或是后者成了前者的上级，这就造成了选择称呼的困难。其二，明明知道应该如何称呼对方，却因不好意思开口而选择不称，这多半反映了说话人的一种"矜持"心理。例如，女孩子对自己的准公婆，难以开口叫"爸爸"或"妈妈"。在大多数情况下，当难以确定合适称呼时，不称往往比错称要妥当。但知道该用什么称呼，却因不好意思开口而选择不称，这便是一种极不礼貌的行为，最好能想出一些方法来改善或是缓和这种局面。

称谓语中，第二人称使用较为普遍。在汉语中，第二人称单数有"你"和"您"之分。按照一般称谓原则，"你"是普通称呼，多用于平辈之间、长辈对晚辈、上级对下级、老师对学生的称谓。而"您"是敬称，常用于晚辈对长辈、下级对上级、学生对老师、服务人员对顾客，以表示尊敬或礼貌的称谓。有时，为了表示特别的尊敬或礼貌，即使交谈双方是年龄差不多的平辈，说话者用"您"称谓对方也是可行的。不过，在极个别情况下，当长辈对晚辈使用"您"做称谓时,"您"便不再具有"敬称"的含义,而是说话人采用这种形式对听话人进行讽刺或挖苦。

汉语的书写形式中,"你们"作为一种人称的复数形式,不但存在,而且被越来越多的人所接受。但在北京人的话语交际中,人们通常不说"您们",而是说"您几位"或是"您×位"。在北京话中,"你们"作为一种复数形式,还有一种特殊的功能,它可以用来表示说话人谦恭或客气的态度,如"你们学校"比"你校"要显得客气些。

伴随封建社会宗法关系的发展,汉民族的文化心理历经几千年积淀而逐渐形成。近百年来,各种现代文化思潮急流涌入,对中国传统文化心理造成了巨大冲击,可是它的影响依旧根深蒂固,这使得人们在言语交际过程中形成了汉语称谓所特有的文化内涵:强调人际关系的和谐和人的社会性,注重社会、群体对个人的约束,不突出个人与个性,而是强调群体。这与西方以自我为中心,强调独立的人格、个性,推崇个人的成就和荣誉形成了鲜明的对比。

花海踏浪篇(3)——俄罗斯的趣味称谓文化

19世纪70年代末,为了奠定社会语言学的理论基础,А. Д. Швейцер(什维采尔)等学者出版了一系列与之相关的专著,他们将称谓与言语礼节联系在一起,发表了许多关于在不同语境下正确使用言语礼节的文章。在这些文章中,什维采尔把称谓语作为言语礼节的一个重要单位,因为它能够准确无误地表明谈话双方的社会身份和地位等信息。同一时期,言语礼节研究领域的代表人物 В. Г. Гольдин(戈尔金)和 Н. И. Форймановская(弗洛马诺夫斯卡娅)将称谓语与言语礼节相融合,系统地阐述了言语礼节的概念和功能,从而奠定了俄语称谓语研究的基本方法。

俄罗斯学界对俄语称谓语的分类大致相同,基本是围绕言语交际进行分类。《言语交际:实用交际途径》一书将俄语称谓语简略分为六个种类:姓名称谓语、亲属称谓语、社会身份称谓语、职业称谓语、职衔称谓语、通用称谓语。在这里,作者将其归属为两大类:亲属称谓和社交称谓。

1. 亲属称谓

亲属称谓是指对亲属成员的称谓。以本人为核心,能够确定亲属成员与本人关系的称谓叫亲属称谓。它是体现血缘和婚姻关系的一套特殊语言符号系统，反映了一个民族的社会生活、文化传统、民族心理等特点。现代俄语中，亲属称谓表现出以两代人小家庭为居住单位的特点。因此，父系、母系、长幼、家族合为一体，在称谓上自然就不加区分了。此外，同西方社会一样，俄罗斯人坚持独立自主的原则，依靠群体的程度较低，如 дедушка（祖父或外祖父）、бабушка（祖母或外祖母）、племяник（侄子或外甥）、племяница（侄女或外甥女）等都是一词身兼多义。двоюродный（堂亲的或是表亲的）一词也恰好说明俄罗斯人不区分直系和旁系亲属。在汉语中，"表"和"堂"分属两个宗族，但俄语中是一概而论的，如 двоюродный брат（堂兄、堂弟、表兄、表弟）、двоюродная сестра（堂姐、堂妹、表姐、表妹）。

俄罗斯人淡薄的血缘观念使他们对亲属中辈分高低的意识较为淡化。一般情况下，亲属称谓词不区分长幼顺序。俄语中晚辈对长辈直呼其名极其常见。大致来说，除了 папа（爸爸）、мама（妈妈）等常用词汇外，亲人之间都可以直呼其名，且常称呼小名，他们认为这种称呼表明他们之间的关系亲密无比，但这种做法在汉语中是绝对禁止的。俄罗斯人对血亲和姻亲称谓也采取同样淡漠的态度，如 дядя（伯父、叔父、舅父、姑父、姨夫），它既指父母的兄弟，又指父母姐妹的丈夫；тетя（姑母、姨母、舅母、伯母），它既指父母的姐妹，也指父母兄弟的妻子。必须注意的是，少数情况下，俄语里也存在区分血亲和姻亲的情况，如 золовка（姑子）、свояченица（姨子）、щури（舅子）等表明血亲内部关系的词，已经出现在一些研究俄语亲属称谓的著作中。

由于半游牧文化、封建式大家族解体以及工业化和都市化等一系列因素的影响，俄罗斯亲属称谓也趋向简化。本身逐渐淡化的亲属称谓体系导致泛化使用的亲属称谓数量也在减少中。使用最普遍的称谓有以下几种。

（1）"дядя"一词相当于汉语中的"叔叔""伯伯""大叔""大伯"等，一般有三种称谓类型：

——Оставайтесь здесь, дядя Вася.（留在这里吧，瓦夏大叔），称呼熟悉的男性长辈（邻居、远亲等），一般用于口语，常与名字连用表示尊敬。——Дядя, приходи ко мне.（叔叔，过来吧），孩子称呼不熟悉的男子，一般用于口语中。——Ну, дядя! Два двутривенных плати а то проваливай!（喂，大叔，交40戈比，否则滚远点），用于称呼年龄、地位相近的陌生男子，是一种俚语式的称谓方式。

（2）"брат"这个词一般用于与自己年龄相仿的非亲属的男性，与汉语中的"大哥""老弟""老兄"相对应，其俄语表达形式多样化，如"брат""братец""браток"等。而"сестра"有"大姐""妹子"等含义，用作称谓语时亲切感极强，其俄语表达形式为"сестрица""сестренка""сесричка"。

2. 社交称谓

社交称谓是对非亲属成员的称谓，是我们社会生活中不可分割的一部分。一定社会群体或社会组织在交际时，往往按对方的社会角色和社会地位来称呼，这种称呼方略和规则就是所谓的社交称谓。经过漫长的社会发展过程，它最终形成了自身的体系及特点。社交称谓大体包括以下几种：

首先是职业称谓语，指对某人所担当职务、职衔或职业的形式称呼。在一定场合，按照职业、单位或工作性质称呼对方，语气正式而且庄重，男女通用。在俄罗斯，不管年龄大小、职位高低，大部分情况下，人们常使用"职务+名+父称"这个基本形式。如果对方无任何职务，出于敬意，最好还是使用"名+父称"的称谓形式。大多数情况下，无论对方年龄大小，上下级间最普遍的称谓方式就是"名+父称"的形式，这种称谓方式在俄罗斯是表示尊敬的称谓语，上司和下属之间都可使用，表示尊重对方，如 Анна Петровна（安娜·彼得罗夫娜）。此外，还可以采用在某人职务后加姓、职务加名和父称的形式称呼，如 профессор Андрей Юрьевич（安德烈·尤里耶维奇教授）等。特别需要注意的是，汉语中"老师"一词在交际中可以作为称谓语使用，但俄语中的 преподаветель（教师）却只是一种职业名称，不能当作称谓语来使用，这也是俄、汉语习俗文化称谓差异的具体表现。

其次是通称称谓，它是俄语称谓中最常见和常用的一种称呼形式，指根据性别、年龄对不认识的陌生人进行称呼，可分别称为"девущка"（姑娘）、"молодой чолловек"（年轻人）、"мужчина"（男人）、"женщина"（女人）、"товарищ"（同志）、"господин"（先生）、"мальчик"（小男孩）、"девочка"（小女孩）等。

（1）девушка（姑娘）

在苏联时期的农村地区，девушка 的指代范围较为广泛，既指任何社会身份、地位，外表年轻靓丽的未婚女性，也指已婚女性或寡妇。此外，这个词还可以用于较熟悉的女性。由于它具有极强的亲民性、中性修辞色彩等特点，其使用得到了最大程度的普及。девушка 的使用毫无政治色彩和阶级指向。虽然苏联经历了十月革命、国家解体两个巨大的社会变革，但在当今俄罗斯社会中，该词仍获得认可，并普遍使用在俄罗斯各大服务行业，如对营业员、服务员、售货员的称谓等。

（2）товарищ（同志）

这个词汇的本意是指为了共同理想和事业而奋斗的人，有时特指同一个政党的成员。它既可用来称呼熟悉的人，也可用于称呼陌生人。一般适用于政党、部队及革命时期，其中较常见的用法是和表示职务、身份的名词或姓氏连用。苏维埃时期曾广泛使用 товарищ（同志）这个称谓，但现代俄语中"同性恋"一词的语义逐渐取代了这个词的所属意义。苏联时期，在一些职业前加上"товарищ"，会带有浓重的正式色彩，它也可用作称谓，如 товарищ преподаватель（продавец, кассир, секретарь, покупатель и т. д.），意为教师同志（售货员同志、售票员同志、秘书同志、顾客同志等）。如果在交谈中，对方没有使用 товарищ 做称谓，那么在一定程度上，表明了说话者的不满和庄重场合中所持有的一种严肃态度，如 Пассажир ваш билет（乘客，你的票！）这是铁路工作人员在乘客长时间不出示车票时使用的祈使句式。苏联解体前后，俄语称谓体系一般不使用表示身份的称谓语。但在社会生活中，对任何人都可以用"同志"这一称谓语称呼对方。1991年苏联解体后，俄罗斯逐渐从苏联社会主义国家转型为资本主义国家，带有浓厚政治色彩的"同志"称谓逐渐消亡，各种各样的新型称谓相继登场。

（3）零形式称谓语

在称谓语体系中，零形式称谓语是一个不容忽视的重要称谓形式。它指的是在社会交际中，说话者不使用具体称谓语，而是直接与对方进行谈话。采用这种形式，主要目的在于吸引对方积极参与谈话，而不是具体称呼对方。在俄语中，无论交际双方关系亲疏，使用零形式称谓语都不会被认为是不礼貌行为。俄语里常用的零形式称谓语有 Простите（请原谅）、Извините（对不起）、Будьте добры（劳驾）、Скажите пожалуйста（请告诉我）等。大体来说，这种零形式称谓语属于礼貌性用语，常见于老年人、知识分子等群体的言语交流中。但在现代俄罗斯人的日常交往中，这种称谓方式已逐渐销声匿迹。此外，俄语中还有一种零形式称谓 Эй，它是一种不礼貌、没有教养的称谓形式，常见于社会帮派成员或农村人群之中。如 Эй, идти сюда!（喂，到这里来！）在跨文化交际过程中，必须特别注意零形式称谓语的使用场合，以免因使用不当而引发误解或冒犯。

一个国家的发展进程与其社会变革密不可分。在这个过程中，民族语言、文化等方面也会随之发生巨大变化。20世纪，苏联经历了两次历史巨变：二月及十月革命，苏联国家解体。受此影响，在人们的实际生活应用中，俄语称谓语也发生了翻天覆地的变革，如"товарищ"这一称谓语的出现，女性称谓"девушка"词义的改变等。此后，俄罗斯人所使用的各种各样的新型称谓语相继出现。

第四节　千姿百态的婚俗文化

婚姻，是结为夫妻关系的一种文化现象。而婚姻习俗，作为伴随婚姻产生而出现的文化表现形式，展示了民族群体的社会生活面貌，以及审美观、伦理观、价值观、宗教观、性意识和民族心理的发展态势，它是人类创造的文化积累和精神财富。其中，婚礼礼仪在婚礼习俗中占据着尤为重要的地位。因为婚姻不仅改变了家庭与家庭之间的关系，还改善了人们之间的相处模式。同时，它也促进了人与人之间，甚至是不同民族之间的沟通与融合。随着历史的发展，婚礼礼仪习俗不断演变，如今已成为民俗文化中一个重要的组成部分。通常，婚姻习俗能够反映当地的文化特征，体现当地的民俗文化特色。

一、婚姻的起源

婚姻的起源可以追溯到氏族群居时代。在人类社会的早期，最早的婚姻形式不过是一种简单的性关系，即一群男子与一群女子相互建立婚姻关系，这种形式被称为群婚。随着人类进化到原始氏族公社及母系氏族社会后，人们逐渐认识到近亲结合对后代产生的危害，开始推行部落之间的换婚，从而使人类物种质量有了一定程度的提高。为了对性行为加以规范，人类建立了最初的性关系禁规。因而，从婚姻诞生之初，它便承担起了约束和规范人们性行为的功能。

根据血缘关系，原始社会的中国人被分成各个群落，婚姻也以群婚形式产生，并经历了由血缘婚姻转向族外婚姻的发展历程。血缘婚是指在有血缘关系的家庭中，只限制父母辈与子女辈的性关系，而兄弟姐妹之间的性关系则不加限制。众所周知的伏羲女娲兄妹成婚的神话，就是血缘婚姻的真实写照。然而，随着生产和生活的发展，人们逐步认识到这种婚姻形式对后代发育不利，于是兄弟与姐妹之间的婚配被明文禁止，本集团内婚配也渐渐被取缔。人们开始寻找本族外或两个集团之间的伙婚，即族外婚。恩格斯认为，族外婚取代血缘婚是人类社会发展的一个重大进步。凡是进行族外婚的部落，要比实行血缘婚的部落发展得"更加迅速，更加完全"。

然而，不管是血缘婚还是族外婚，都还处于群婚状态。这种婚姻状态对生产产生了诸多不利影响，从而使婚姻形式向个体婚姻状态转变，即偶婚。偶婚是人类社会处于母系氏族社会晚期的产物，婚配关系仅限于一个男子与一个女子之间，他们组成对偶婚姻家庭。可以说这种婚姻模式是现代婚姻的早期模板。但是，这种婚姻状态下的家庭并不牢固。如果夫妻中的一方带上自己的东西离开家，便意味着解除了彼此的婚姻关系。在现代社会中，一夫一妻制婚姻早已经成为保障婚姻关系合法性和排他性的制度形式。

自古以来，婚姻被称为人伦之首，人们非常重视婚姻以及婚礼习俗。通过各种各样的婚礼习俗，我们能够深入了解人类社会历史发展的进程，讨论探究人类社会习俗的基本规则。现存的社会和文化中，大多有举办婚礼的习俗，人们用婚礼将丈夫和妻子的关系公开并确定下来，婚礼形式也随着人类社会的进展不断发生着变化。如中国古代封建社会提倡男尊女卑，受封建礼教中左为上、右为下的观念影响，中国的婚礼中新人站位与西式婚礼相反，是男左女右，并沿用至今。而在西式婚礼中，新郎站位在右边，其目的是右手可以拔剑击退来敌，从而保护新娘，西式婚礼中女左男右的站位也一直沿用到今天。

二、汉民族婚礼礼仪的历史变迁

我国婚礼礼仪文化历史悠久，彰显了中国人对男女结合的高度重视。婚姻，在国人心中，不仅是对即将携手相伴走过婚姻旅程的珍视，更蕴含着对世代繁衍生命的内心期冀。这种对婚姻的独特认知与庄重态度，也是人类和动物的重要区别之一。它将人类生命的延续上升到了一个蕴含文化、情感与伦理的更高层次，成为推动人类文明不断演进的重要内在原因。

母系氏族社会中，人类的婚姻开始由偶婚转型为所谓的专偶婚，也就是一夫一妻制。此时，婚姻建立主要基于繁衍后代的目的，对于婚姻中人的情感因素关注较少。其后，在中国两千多年的封建社会中，一夫多妻制成为主要的婚姻形态，婚姻模式的建立，大多以家族利益为出发点。

在科学文化水平高度发达的现代社会中，法律严格规定的一夫一妻制最终替代了传统的婚姻关系。在现代社会，人们对爱慕感情有了更为自由表达的空间，对独立生活的渴求也日益强烈。婚姻的建立更是强调以感情为基础。现代婚姻是恋爱观和婚姻观融合的结果，让人们对婚姻的认知更加科学理性，法律对婚姻关系的保障也彰显了人性自由与解放。纵观各国婚姻的建立以及婚礼习俗，可以看到婚姻建立都有着共同的重要作用：促进社会秩序的稳定，维护人类的生息繁衍，确保物种的延续和传承。

1. 婚礼礼仪仪式

传说在远古时期，河南省周口地区淮阳县洪水泛滥，只有伏羲、女娲兄妹幸免于难。太白金星劝说他们结婚并生育后代，但他们认为两人是兄妹而拒绝了这个要求。他们说，如果能将割断的竹子接起来，便可以考虑结婚，后来竹子果真接上了，但两人还是不愿结婚。他们又提出新的条件，从两座山上分别往下滚两盘石磨，如果石磨能滚到一起就同意结婚，后来，他们又反悔、食言了。女娲接着说，如果伏羲能追上自己，他们就可以成婚。伏羲奋力追赶，却怎么也追不上女娲。这时，一只乌龟教伏羲从山的另一面沿着相反的方向追赶。女娲毫无防备，果然如乌龟所言，伏羲追上了她。最终，伏羲和女娲结为夫妻，他们的成婚成为了后世人烟的源头，这便是中国最早的婚姻关系，即中国婚姻起源的美丽传说。

几千年的文化积淀，使婚礼礼仪习俗成为民俗文化和精神文化的重要组成部分。人类学家柯斯文（Косвен）曾说："在父权制下，婚礼发展成为长时期的，甚至若干年之久的、成套的多种礼节和仪式，这些礼仪带有象征性的内容，反映了婚姻史上的不同转折。"在我国古代，《仪礼》将整套婚礼仪式整合为"六礼"，这"六礼"成为中国古代婚礼的基础，直到现在仍有广泛影响。据《通鉴外纪》记载："上古男女无别，太昊始设嫁娶，以俪皮为礼。"俪皮即是鹿皮，在古代是最典型的聘礼之一。夏商时代，还出现了"亲迎于庭堂"的礼仪。时事迁移，一套完整的婚姻礼仪逐渐形成，继而又出现了"亲迎于庭""亲迎于堂"等不同的婚礼仪式。几千年的中国父权制社会，对千百年积累下来的婚礼习俗文化产生了深远的影响。至今，仍有很多传统礼仪被保留了下来，成为人们婚礼仪式中的重要组成部分。

（1）婚礼

婚礼在古代原为"昏礼"，这是因为古代中国人认为黄昏是吉时，所以要在黄昏时举行娶妻之礼。对中国人来说，继男子冠礼和女子笄礼之后，婚礼便是他们一生中最为重要的大礼之一。中国传统文化中，第一个较完整记录中国古代"婚礼"的是《礼记》，其中《礼记昏义》篇对中国古代婚礼的形式和意义有着比较贴切的描述："昏礼者，将合两姓之好，上以事宗庙而下以继后世也，故君子重之。"千百年传承下来的婚礼礼仪习俗影响着人们婚姻生活的各个方面，至今仍是我国婚礼礼仪标准的重要依据。

我国南北方文化差异明显，这种差异导致其婚礼流程迥然不同。以南方为例，如南京等地，婚礼仪式的时间大部分安排在晚上进行，这是因为在古人心目中，阴阳之分有着极高的地位。他们认为昼为阳，夜为阴，日夜更替的黄昏时刻，正是阴阳调和的时间，非常利于男女交合之礼的完成。对南方人来说，北方人认可的正午时分阳气正旺，午时三刻又是古代处决犯人的时间，这些都被认为不利于婚礼的顺利举行。恰恰相反，北方人规定婚礼举行的时间为中午，这一习俗是由满族习俗与汉族习俗相互影响、彼此文化交融形成的。同时，北方人迎亲必须在清晨出发，满族人认为，如果天亮前娶回媳妇，会给新人今后的生活带来诸多便利之处。

（2）礼仪

礼仪在传统婚礼中主要指"三书六礼"，这一概念在周代有关婚礼礼仪习俗的《仪礼》一书中有着详细的记载，是当代婚礼的模板源头。所谓的"三书"，指的是聘书、礼书和迎亲书，"六礼"即问名、纳吉、纳征、纳采、请期、亲迎六种礼数。具体而言，问名指知晓对方女性的姓氏，因为在古代，同姓是不允许结婚的；纳吉指占卜男女双方的生辰八字是否匹配相适；纳征为男方呈出彩礼；纳采意为求婚；请期则为定下结婚日期；亲迎为男方亲自迎娶新娘。按照周礼规定，婚礼礼仪结束后女方必须到男方家定居，这一规定反映了当时社会以男方家庭为核心的家庭结构模式。此后，每个朝代的婚礼礼仪制度大多在这个基础上加以演变和发展，它对今天的婚礼礼仪习俗有着深远和积极的影响。

明清以来，各地整套的六礼制度已经不复存在。从中国不少地区的史实记录中可以看到："婚礼各处不同，大约六礼之中，仅存其四：问名、纳采、请期、亲迎而已，亦有不亲迎者。"经过了漫长演变，中国古典婚礼习俗发生了很大变化，尤其是"礼"的内涵和形式产生了很大转变。

20世纪五六十年代的"革命夫妻"没有婚假，结婚的形式极为简朴。结婚当天，两床被子合在一起就算是结婚了，没有豪华的婚礼仪式，婚宴特别简朴。那时，一般老百姓结婚的话，就是发点水果糖和花生给亲戚朋友，即使是领导的大喜之日，也不过是在食堂加两个菜、包顿饺子。"文化大革命"之后的婚礼礼仪大幅度简化了其传统文化的形式，并有了明确直接的体现。中国传统婚礼习俗中"三拜"的仪式淡出了人们视线，并最终退出了婚礼礼仪舞台。"三拜"从本质上说，是从人伦角度解释婚礼中三个重要关系以及其中蕴含的深刻含义。当代中华儿女较重视夫妻对拜，因为这个环节代表着新人们郑重的承诺以及不离不弃的生死誓言。

随着改革开放、经济强国政策的实施，西方婚礼礼仪文化与经历了数千年发展的中国婚礼礼仪发生了强烈碰撞。结婚时，大部分年轻人会采用中西合璧的婚礼形式，同时也摒弃了传统婚礼中的繁文缛节，更加追求婚礼的时尚个性，以及视觉上的享受和感官体验。20世纪80年代后期，亲朋好友中普通话说得好的、能活跃气氛的人开始担当司仪，这才是真正意义上婚宴的诞生。20世纪90年代开始，婚宴被设在了高雅的地方，婚礼品位也有所提高。今天的婚礼，策划、组织等全部都由专业的婚庆公司负责。婚庆公司根据新人的特点来策划各种庆祝活动，力求做到既让客人玩得尽兴开心，又为新人留下美好回忆。

"五十年代一张床，六十年代一包糖，七十年代红宝书，八十年代三转一响，九十年代星级宾馆讲排场，二十一世纪特色婚宴个性张扬。"这句顺口溜生动地反映了从中华人民共和国成立到改革开放以来，中国人的生活由温饱进入小康，结婚作为人生大事，其婚宴请客的形式也在不断升级。

(3) 仪式

在传统婚礼仪式中，人们将匏瓜一分为二，新郎和新娘每人各拿一个，由伺者往其中倒上美酒，二人一同饮下，这个仪式被称作"合卺"。"合卺"作为古代婚礼仪式之一，产生于上古时期，寓意着在今后的生活中，这对新人要同甘共苦、不离不弃。随着时代的不断演进，后世改用杯盏来替代匏瓜进行这一仪式，于是便有了"交杯酒"，这是中国人都非常熟悉的一种婚礼仪式。

在当下，交杯酒仪式发生了很大的变化，仪式和流程简化了许多。在婚礼现场，男女双方各自手持一杯美酒，四目对视、手臂环绕，在亲朋好友热烈的祝福声中，一同饮下这甘甜美酒。其实，这个环节的寓意和古代一样，都是祝福一对新人百年好合、相濡以沫、不离不弃。无论是在农村还是在城市的婚礼上，我们都会看到新人畅饮"交杯酒"的场面。在他们共同喝下杯中酒水后露出的灿烂微笑中，我们能够看到新人们对婚后幸福生活的期待，以及那写在他们脸上的誓言：携手相伴，共行人生。

(4) 婚礼制度的变迁

西周时期开始明文规定同姓不婚。同姓不婚，指同一姓氏的新人不能互相嫁娶，这是周朝针对与外族同姓人结婚所做出的法律约束。在春秋战国时期，人们逐渐认识到同一姓氏近亲结婚，生育后代可能会导致畸形等不良后果，因而规定同姓不婚。但是在当时上层贵族社会中，同姓结婚的特权还予以保留。

战国时期，百姓大多以"氏"作为自己的姓，汉朝后姓氏就不再有区别，人们也就不关心是否同姓的问题了。唐朝时，重新开始禁止同姓成婚，这一规定也影响到宋朝、元朝，如若相同姓氏的男女成家，将会面临"乾杖而离之"的处罚。明清时期，我国人口众多，以区域为基础的社会取代了原有基于血缘为基础的社会。《明律例》以及《清律例》都有规定：同一姓氏、同一宗族不允许结婚，这意味着同一姓氏、不同宗族的新人可以成亲。清朝时的这一规定主要是针对同姓同宗族者禁婚。随着医疗技术的进步与发展，人们对基因遗传等专业知识有了比较深刻的认识和了解。中国政府在 1950 年 5 月颁布的《婚姻法》中明文规定：直系血亲、三代之内的旁系血亲的关系人不允许结为夫妇。

从原始社会就一直存在的一夫多妻制，对国人产生了很深的影响，这种制度一直持续到中华人民共和国成立。在一定程度上，一夫多妻制的存在维护了中国政治制度的稳定，促进了中国古代自然经济的发展，使得家天下的形式得以实现。中华人民共和国成立后，西方的人权思想广泛传播，这个制度也寿终正寝。一夫一妻制作为保护中国妇女权益的重要措施被纳入《婚姻法》，这是中华民族法律体系持续改进与完善的成果。

2. 婚礼礼仪的文化变迁

"结发夫妻"是众人皆知的汉语成语。在传统婚礼礼仪习俗中，婚礼上，新郎和新娘会借由特定仪式，明确表示在未来共同生活中彼此对家庭应承担的权利、职责与义务。

（1）解缨结发到结发夫妻

解缨结发到结发夫妻，是一对新婚男女正式结为夫妻的象征。在我国渊源流长的婚礼礼仪中，结发有着重要的意义。"解缨结发"是将新婚男女双方的发绾挽成同心结，新郎在左，新娘在右，他们一同走上牙床后，侍者会把这两个人的头发挽结在一起。这个环节象征着你中有我，我中有你，生生世世，地久天长。但值得注意的是，这个礼节只适用于初次结婚者，再婚的人不能使用它。正因如此，才有了"结发夫妻"这个成语。也就是说，"结发夫妻"专指代原配夫妻，娶妾、续弦都不能使用这一称谓。此外，"结发夫妻"还意为新婚夫妻被社会大众认可，同时被整个社会所接纳。

（2）父母之命和媒妁之言

古有云："父母之命，媒妁之言。"中国婚礼观念经历了由媒妁之言到自由恋爱的重大变迁。新人成家时一定要遵守父母的意愿，这是中国古代人们所恪守的一项重要处事原则和行为准则。正如《诗经》中所言："娶妻如之何？必告父母"，而"不待父母之命，媒妁之言，钻穴隙相窥，逾墙相从，则父母国人皆贱之"，这就是说，没有父母认可和祝福的婚姻是不被社会承认和接纳的。恩格斯曾经说过:"古代婚姻应该由父母包办,孩子理应顺从。"① 这一原则对现在的男女青年仍有一定的影响。总体来讲,现代社会更倾向于恋爱自由。

(3) 男尊女卑转向地位平等

在中国传统婚礼礼仪中,有一个颇具特色的习俗:女方父母要在女儿上了花轿之后将一碗水泼洒在地上,以此表示女儿已经不再是自己家庭成员,而归属于即将嫁入的夫家,她就像泼出去的水一样无法收回来,这正是俗语"嫁出去的女儿,泼出去的水"的来由。在现代社会的婚礼礼仪中,基本已经见不到这种泼水的行为。如今,我们更加强调男女在婚姻关系上地位的平等,这已经成为当代社会婚礼礼仪不可逆转的主旋律。

中国古代女性一直恪守"在家从父,出嫁从夫,老来从子"的禁条。"三从四德"的观念对中国人,尤其是对中国女性有着深远的影响。随着时代变迁和社会进步,"休妻"这个词逐渐被离婚所取代,离婚是男女在婚姻中获得平等地位的最直接的文字表述。并且,一夫多妻制也被逐出中国婚姻的历史大舞台。

现代社会中,中国女性日益增强的独立性和社会性帮助她们找到了自己的一席之地,享有了相应的社会地位和权利,并且获得了社会各阶层人们的尊重。

三、英、汉婚俗文化差异

在人生的漫漫历程中,不同国家的人都把婚姻看作是人生大事。婚礼,作为世界各国自古以来就存在的仪式,承载着人们对美好生活的向往和期许。由于各国文化背景和习惯的不同,其婚姻礼仪也不尽相同。不过,从婚俗文化层面看,东西方都存在并高度重视婚"礼"的习惯。本章第一节就婚礼文化中的"礼"品馈赠做了详尽的阐述,下面将进一步探讨东西方婚礼文化中的其他"礼"俗。

1. 中国婚姻习俗的东方魅力

在周朝,中国已形成完备的"六礼"。而英语国家,由于地理、民族等因素,其婚俗虽带有明显的西方色彩,却也同样包含与中国传统"礼"相似的仪式元素。东西方都存在婚礼仪式,不过形式有所不同:西方婚礼主要以宗教仪式为主,而东方婚礼则侧重家庭仪式。无论是东方的中国还是西方

---

① 恩格斯. 家庭、私有制和国家的起源 [M]. 北京:人民出版社,2018.

国家，在谈婚论嫁时，男女双方所说的"礼"都蕴含着一种复杂微妙的金钱关系。随着时代的发展，这种金钱关系逐渐演变为女方陪嫁、男方彩礼的一种婚礼习俗。由此可见，包含婚嫁习俗在内的各国民俗文化是在长期的历史文化发展积淀中形成的，婚俗文化在一定程度上具有相对稳定性和继承性。

（1）谈婚论嫁初期

英美属于比较开放的国家，青年男女可以自由地交往而不受所谓"男女授受不亲"观念的限制，这与东方国家相对保守的婚恋观念有较大差异。

"纳采"是中国婚嫁的第一礼。在古代，男女因受礼教束缚，不能自由交往，其结合必须遵循父母之命和媒妁之言。媒妁，俗称"月下老人"或简称月老。"月老系红绳"的说法寓意着由月老牵线而成的婚姻是命中注定的姻缘，充满了浪漫的色彩和美好的祝福。

（2）订婚

在英美国家的婚俗中，当男女双方感情成熟时，会选择在报纸上登出订婚启事，向亲朋好友宣告这一喜讯。英国的订婚仪式常由女方在女方家安排宴会，并邀请男方父母和亲朋好友参加。订婚后，双方开始筹办婚礼的各种事宜。

中国古代婚礼的基本程序较繁琐复杂。"问名"是中国婚嫁的第二礼，在古代，相亲被称为纳采，相亲前需要交换写有男女双方姓名、生辰八字的红色庚帖，然后去占卜吉凶，从而决定成婚与否。"纳吉"是第三礼，男方自家卜问吉凶，若卜得吉兆，男方需备礼通知女方家缔结婚姻。然而，中国封建包办婚姻礼俗十分重视婚姻的约束力，存在明显的不平等性。事后如果女方撕毁婚约，要受到杖打六十的惩罚，而男方毁婚却不治罪。

（3）婚期

在英美国家的婚俗习惯里，举行婚礼前大约六个星期，新娘的父母会向亲友发出邀请。邀请名单由新郎和新娘的父母双方共同商讨确定，人数大致相等。

在中国传统婚俗中，送嫁妆这一仪式称为"纳征"，属于第四礼。男方会将装礼品的箱笼挑抬到女家。聘礼的数量及种类多取具有吉祥如意寓意的物品，数目则取双数，忌单数，这一点与俄罗斯人的婚俗观念相似。此外，聘礼中还包括茶礼，暗寓婚约一经缔结，便绝无反悔的可能。"请期"是第五礼。在中国旧俗中，铺床这一环节被放在迎亲的前一天。为取吉利，一般会请一位子孙昌盛的"富贵婆"来替新人铺床，也就是我们常说的"安床"，希望新婚夫妇琴瑟和谐，夫唱妇随、早生贵子。

(4) 婚礼

英国的结婚形式主要有两种。如果举行婚礼的双方都属英格兰教会，那么他们事先要到各自居住地区的教堂里发布结婚预告。在预告期间，若没有人对此提出异议，他们便可以按期举行婚礼。如果即将举行婚礼的男女不属于英格兰教会，那么他们则要到"婚姻注册官"那里办理世俗结婚仪式。

美国人的婚俗习惯和英国略有不同，尤其是在婚礼上对新娘的穿戴有着严格且独特的要求。新娘的礼服必须是全新的，这标志着新生活的开始；新娘戴的白纱必须是母亲用过的旧纱，表示不忘父母的养育之恩；新娘身上披的蓝色缎带象征着对爱情的忠诚；新娘拿的借来的白手帕意为不忘朋友的友谊。

"迎亲"是中国婚俗的第六礼。中国的迎亲仪式一般是新郎前往新娘家迎接新娘。新郎在祭祖后，会乘坐双顶轿去新娘家迎娶她，途中配有乐队演奏喜乐。与此同时，新娘在娘家梳洗打扮，穿上婚服，盖上红盖头，静候新郎的到来。与西方人在教堂举行婚礼不同，中国人要在男方家里举行拜堂仪式。待新郎到达新娘家后，新郎、新娘要双双跪拜新娘父母，表达对女方父母的感恩与敬意。然后，新娘会由姐姐或其他女性亲朋搀扶到花轿中。新娘到达新郎家之后，新郎家的女眷会打开轿门请出新娘，新娘迈过火盆，这一习俗寓意着他们以后的生活会红红火火。在亲朋的簇拥下，一对新人牵着红绸带一同走进堂前，进入拜堂环节。拜堂又称为拜天地，首先拜天地，其次拜父母，之后夫妻对拜，新人在鼓乐齐鸣中步入洞房。整个婚礼至此礼毕。然后，新郎会陪着亲朋喝喜酒，新娘则一人坐在新房中。

2. 婚俗对语言文化的影响

由于地理、民族、历史等诸方面的原因，英、汉语国家的婚礼文化也不尽相同，其相关用语带有明显的文化色彩。

(1) 英语国家婚礼文化相关用语及文化内涵

英语国家的人把结婚的第一个月称作"蜜月"。在古代新婚时，新人要饮用一种用蜂蜜特制的饮料，这种饮料象征着家庭美满、爱情甜蜜和生活幸福。而且，从结婚开始，新人要连续饮用这种饮料三十天，因此人们就把结婚的第一个月称作 honeymoon（蜜月），其中，honey 在英语中是"蜜"或"蜂蜜"的意思。如：

——It was no honeymoon.（并不像蜜月那样愉快，并不是没有烦恼。）

——The honeymoon is over.（原意是新婚夫妇蜜月结束，现也可指双方友好合作的阶段已经过去。）

莎士比亚的名剧 *Romeo and Juliet* 问世后，罗密欧与朱丽叶的爱情悲剧成为英语国家家喻户晓的故事。从此，罗密欧与朱丽叶就成为浪漫爱情的典型代表。在这个意义上，他们等同于中国的"梁山伯与祝英台"。据说，20世纪五六十年代，越剧《梁山伯与祝英台》曾赴欧洲参加影展，当时的翻译在离开中国前准备了一份详细的英文内容介绍，交给周恩来总理过目。总理阅后告诉翻译，只需"这是中国的罗密欧与朱丽叶"一句话就够了。后来，在给外国人放映这部电影时，翻译采纳了总理的建议。这一做法既让外宾很快理解了电影主题，又使他们欣赏到了原汁原味的中国地方戏曲的艺术特色。

(2) 中国婚礼文化相关用语及文化内涵

中国古老的传统文化中有月老"千里姻缘一线牵"之说，因为月老司掌婚姻，故而有少女拜月的风俗，少女们以此祈求能许配好郎君。人们深信婚姻是命运注定的，是由月老决定的。

通常，在中国古代，妻子称丈夫为"相公""官人"，而丈夫称妻子为"内子"。这是因为丈夫一般地位比较高，处于一家之主的位置。汉语中常以"鸳鸯"比喻恩爱夫妻，如"棒打鸳鸯"，意为拆散一对夫妻。这种比喻在西方文化中是没有的，如 В. А. Панасюка（帕纳休克）在《红楼梦》中的译文：На ней был вышит узор "утка и все лезень рвзвязяться среди литосов". 这句话中用"母鸭公鸭"代替了"鸳鸯"。中国古代举办婚礼称为"拜堂"，又名"拜天地"，还有俗语称"拜街"。因为新娘下轿后，除了要拜天地、祖先、公婆、尊长等，还要拜见街坊邻居。这个"拜"字不仅体现了婚礼的热闹氛围，也可见严守宗族辈分的重要性。

不同的婚俗文化以其独特的风貌存在于跨文化交际中。"入境问俗，入国问禁"，不同文化背景下交流的基础是相互理解，而不同文化体系下的文化习俗有着极大的差异。通过对英、汉语国家的婚礼习俗进行差异对比，我们可以看到不同婚俗习惯对其各自语言的巨大影响，在一定程度上也反映出文化、语言和婚礼习俗的内在联系。

在全球跨文化交际的大环境下，作为日益崛起的大国，中国不仅需要经济、政治的强大，更需要过硬的文化软实力，才能让中国文化走出国门，展示在世界各国人民面前，这是我们语言研究者和跨文化交际活动参与者的根本任务。在这样的背景下研究中国婚礼习俗具有重要的现实性意义。

综上所述，我们可以清楚地看到，婚俗文化是中国传统文化精华中的一个重要部分。传统的宗教和宗亲文化、家庭伦理、服饰装饰、饮食文化等犹如涓涓细流汇入大海一般，融入了中国的婚俗文化。由此，我们也可以见证中华民族优秀儿女所信仰的亲、孝、仁、真、善、美。必须正视的是，在当下西式婚礼的冲击下，属于中国人传统的婚礼礼仪以及其中所蕴含的文化内涵正在一点点褪色。因而，保护中国的传统文化，还原具有中国特色的婚礼习俗的文化内涵有其必要性和迫切性，这也正是语言学习者和跨文化交际活动参与者所面临的首要任务之一。

花海踏浪篇（4）——现代化的法国文化

提到法国，很多人都会流露出倾慕之情，其悠久的历史、灿烂的文化和弥漫其中的浪漫气息，让无数人心向往之。法国文化对欧洲文化的整体发展具有十分重要的意义，其文化启蒙运动更是推动法国文化成为欧洲乃至世界文化宝库中极其重要的部分。进入世界一体化时期后，法国文化也得到了进一步的完善。法国著名作家爱德华·赫里欧在谈及法国文化时曾说："文化，是那种当人们把什么都忘记了却仍然存在的东西。"无所不在的法国文化，能够让那些身临其境的人们敞开心扉、开阔视野。了解法国的文化知识，能够使人信步迈入它的神圣殿堂……

一、法国文化的多元化

法国国内存在着多元文化，主要包括传统主流文化、移民带来的文化和少数民族的地方性文化。法国可能是世界上最早在国际关系上引入"文化例外"概念的国度，这种引入的文化不但不影响当地居民所奉守的主流文化，反而成为主流文化的有益补充。对法国来说，能够给主流文化带来冲击的是移民文化，特别是伊斯兰文化。

文化的多样性，其目的就在于避免千篇一律，就像人们为了保存物种的多样性所做出的努力一样。法国政府在一定程度上尊重国内这种文化的多元性，实行的是一种"色拉拼盘"式的多种文化并存政策，即平等地看待各种文化，倡导各种文化并存并相互尊重。

近年来，法国对美国"产品"入侵其领土所带来的后果开始感到担心，这不仅仅是出于经济方面的原因，而且还出于文化和保持民族性的考虑。越来越多的法国人看到他们文化的脆弱性，讲法语的人越来越少，他们的历史正逐渐被遗忘。因此，自1984年以来，法国人每年都与自己的国家有一次例行的约会。无论是出于一时的兴趣，还是长期以来的爱好，他们都会借文化遗产日（9月10日）的机会，合家或与友人一同出游，去认识或感受本国历史的见证和作品。每年的文化遗产日之际，全国有1万多处名胜古迹向公众敞开大门。1998年，有1150万人，即每6个法国人中就有1人参加了这个盛会。现在，有44个欧洲国家也按例举行了类似的活动。法国人对文化遗产日益浓厚的兴趣，源于他们担心昔日荣耀的历史会在某一天灰飞烟灭，他们没有躺在伟大的文化遗产上无所事事，而是在不断创新。倘若卢浮宫是法兰西古典传统的象征，那么卢浮宫中间拔地而起的玻璃金字塔便是其创新的证明之一，它的建成，使"过去和现在的时代精神缩小到了最小的距离"。文化遗产不仅是民族的共同财富，而且也是全人类的共同财富。越来越多的公共权力机构、私营企业和公民都已经行动起来，为了保护文化遗产而共同努力。

二、法国人的个人价值观念

法国人在外形、心理特征、价值取向等方面，与接壤或是临近的英、德、意大利等国家存在一定的差别。他们富有理想主义色彩，十分重视个人价值，喜欢自己认定的生活方式和理想模式，惯于自我设计、自我选择和自我创造，并将其确立为自己人生发展与生活的信条。如18世纪法国伟大的启蒙思想家和浪漫主义文学流派的开创者卢梭，率先弘扬个人的独特性，他在《忏悔录》中开宗明义地强调："我和我所见的人不同，我甚至说我和世间的每个人都不要一样。"因此，他在文坛上高扬起崇尚个性的大旗，凭借善感的心灵，促使浪漫主义重主观、尚抒情性，进而掀起了一场人类的精神解放运动。

作为文化大国的语言，法语成为重要的国际通用语言。1714年，《拉什塔特条约》第一次正式将法语作为条约文本的唯一语言，至此确定了法语作为外交语言的特殊地位。在欧洲共同体中，法语替代英语，承担着工作语言和交际语言的作用；联合国组织规定的六种语言中，实际上英语和法语是联合国各机构及会议的最重要的工作语言；联合国190个成员国中，约有30多个国家用法语发言；而在国际外交最高研究院和万国邮政联盟，法语一直保持着唯一正式语言的殊荣。此外，法语还被认为是"知识阶层"的语言。基于法国特有的文化特点，法国人普遍有一种优越感，对自己丰富的文化遗产赞不绝口、引以为豪。

法国人的个人价值观同样体现在法语的使用上。正如法国总统雅克·希拉克在2006年1月推出文化节时所说，法语人士"在世界五大洲，在多民族、多文化的大背景下，每天都在为创造新的现代化而努力"。

三、现代化的法国文化

随着经济社会的不断发展，世界各国在经济、文化等方面的交流发展到了最紧密的时代，为了适应世界的变化，法国文化进行了现代化的转变。

　　法国政治上的变动，并不会影响法国政府对文化的政策支持，文化部对国家文化的发展进行持久性的管理。总统的更替也不会削弱政府对文化的控制力度。在复杂的世界背景下，法国采用国家干预的文化政策，成功地抵御了来自世界其他国家的文化入侵，使得民族文化发展更有生机，同时还极大地提高了法国文化在世界范围内的影响力。

　　法国文化的传播能力和传播速度是世界其他文化不能相比的，它是对法兰西文化的继承和发展，其在世界范围内的影响超过了政府自身对美的追求。曾经是断壁残垣的巴黎，如今已经变身为人们心驰神往的地方。法国人民凭借自己民族的智慧，对巴黎进行了修复和改建，使这座城市成为法国极具代表性的城市之一。法国文化对世界产生了深远的影响，甚至部分影响已转变为潜意识层面的存在。例如，我国在新型道路建设中，不仅有传统的环形道路，还有与法国道路相仿的树杈形道路。

　　四、传播方向合理，布局妥当

　　调查发现，法国政府向不同国家推进文化宣传的时间和力度存在巨大差异，其文化传播方式也有很大的不同。大体而言，在 21 世纪初，法国就在欧洲各国举办法国文化活动，目的是注重与强国的交流、联合发展中国家，并积极向不发达地区传播法国政策。这些活动涉及的领域广泛、内容繁多，取得了很好的宣传效果。而我国的文化宣传则是在我国经济发展到一定程度后才逐步展开。不得不承认，法国政府在宣传时间上的差异性体现了其具有前瞻性的策略。法国文化本身复杂多样，并且一直在不断变化和完善。我国文化和法国文化的交流可以激发出更多的新思维，共同为世界人民谋福祉。

　　此外，法国文化的传播还带动了法国经济、科技、教育、哲学等领域的大发展。例如，中法文化年的成功举办，加深了国家之间各领域的合作。法国餐厅、法国吧等一系列以法国文化为背景的经济体应运而生，并受到了大众的认可。法国文化吸引了大批留学生前往巴黎深造，以求获得丰富的学识和足够的视野，这极大地加速了法国文化和其他文化的融合，为双方文化注入了新的元素，打造出更加符合人们需求的文化内容。

　　法国文化现代化的转变为法国带来了潜力无穷的勃勃生机，吸引着世界各国的目光，拓宽了经济发展的道路。

第五节　源远流长的姓氏文化

作为标志人类家族的语言代码，姓氏代表着一定的社会结构，有助于我们分辨全体社会结构中每个成员的身份。姓氏是一种具有血缘传承关系的家庭或者宗族群体的标志性符号，它是人类社会维系血亲、区分族别的重要依据。同时，姓氏文化和人类的文明紧密相连，随着时代变迁、社会发展和人类自身进步而发展，进而从各个侧面反映出社会生活、习俗文化、宗教信仰的发展和演变过程。对于姓氏文化的研究，是传承文明、解读历史、透视社会的独特视角和微观窗口。

一、姓氏的起源

姓氏最早起源于部落名称或部落首领的名字，是指同一个祖先繁衍的后代，统称为宗族。它主要用于辨别部落中不同氏族的后代，以方便不同氏族之间的通婚。一般来说，姓在其产生后会世代相传，不能随意更改。因而，姓氏具有一定程度的稳定性。

姓氏作为语言的交际工具，充分反映了民族文化所包含的丰富历史信息，忠实记录着社会生活发展的变化。姓氏文化是各个历史时期繁衍生息、播迁交融的综合体现，是历史发展的缩影。英、汉语言生长在不同的文化环境中，经过漫长的历史洗礼和文化积淀，展现出迥然各异的特征，迸发出独特的个性魅力。其共性特征体现了各民族在思维方式、价值观念上惊人的同构契合，个性差异又带有深深的民族烙印，蕴涵着不同民族的意识形态、文化思想和语言特点。熟知不同语言和文化的姓氏概念差异，可以帮助我们了解不同语言的独特结构、迥然的文化起源和鲜明的民族特征，进一步分析姓氏的语义取向，揭示英、汉语言和文化的异同，从而极大地提高跨文化交际中的文化意识。

二、英语国家的姓氏

公元前，英国人的称谓体系是"有名无姓"，这一点在《圣经》中可以得到佐证。阅读基督教经典著作时，我们发现人类始祖亚当以及其他圣徒或人物，都是只见其名未闻其姓。古英国人取名遵循一条重要原则：不被重名，至少在本地区如此。依照他们的习俗，人死后名字就不再被提起，这种没有姓的做法一直延续到10世纪。1066年，诺曼底人入侵英国，同时，他们的姓氏制度也被带入英国。从此，英国便正式宣告有名无姓时代的终结。

此后的 500 年中，英国人逐渐形成了自己完整的姓氏体系。

作为语言符号，英语姓氏是在名字的基础上产生的，是被全体成员世代沿袭的家族公名。按照牛津和朗文字典的解释，英语姓氏是一个家族全体成员所共同拥有的一种纯粹的符号。在英语国家中，一般子女随父姓，家族世代相传。女性出嫁后会改随夫姓。近年来，由于妇女解放运动等诸多原因，婚后女性仍保留原姓的情况有所增加。有些已婚女性会稍作变通，在原姓前或后加上夫姓，形成复姓。

1. 英语姓氏的多种来源

（1）以职业、技能等演变的姓

行业名称作为姓氏，是随着英国手工业传统的经济结构发生巨大变化而出现的，如 Archer（阿切尔，意为弓箭手）、Barber（巴伯，意为理发师）、Carpenter（卡彭特，意为木匠）、Clerk（克拉克，意为办事员）、Cook（库克，意为厨师）、Smith（史密斯，意为铁匠）、Taylor（泰勒，意为裁缝）等，都是起源于祖先所从事的职业或者擅长的技能，并逐渐演变成家族姓氏。据统计，纺织业给英语提供了 165 个姓氏，金属业提供了 108 个姓氏。

（2）以居住地的名称或地貌为特征的姓氏

有些姓氏来源于居住的国家、城镇、住所或者迁徙地名称。根据《英语姓名知识手册》所收录的 695 个英语姓氏起源统计，以地名和地貌作为姓氏的有 129 个。有些反映了姓氏家族当时的生活区域，如 Kent（肯特）、Devon（德文）等区域名称。还有一些起源于地形、地貌的姓氏，如 Hill（希尔，意为小山）、Lake（莱克，意为湖泊）、Wood（伍德，意为森林）、Bush（布什，意为丛林）、Field（费尔德，意为田野）等，这类姓氏反映了祖先居住的地理环境。

（3）以个人身体和个体特征为姓氏

生性幽默、诙谐的西方人常会根据一个人的外貌特征、性格特点和特长爱好给同族同名人起绰号，用以区分个体，如 John Short（矮个子的约翰）、John Long（大个子的朗）、John Wise（聪明的约翰）等。随着时间的推移，这些绰号逐渐演变成英语姓氏，如 Small（斯莫尔，意为小人）、Long（朗，意为大个子）、Wise（怀斯，意为聪明）、Short（肖特，意为矮个子）等。此类起源占英语国家姓氏总数的一大部分。虽然这些姓氏褒贬各异，但却充分体现了其祖先张扬的个性特征。英语中某些姓氏由"名+子"（first name + son）组成，表示一种父子关系，如 Wilson（威尔逊，son of Will，威尔之子）。

(4) 与宗族和血缘关系有关的姓氏

这些姓氏主要是由父名加词缀构成，一些姓氏带有 Mac、Mc 和 O 等前缀，如 MacArthur（麦克阿瑟）、MacMillan（麦克米伦）、McDonald（麦克唐纳）等带有 Mac 或 Mc 前缀的英国姓氏，说明该姓氏拥有者属于苏格兰人的后代，而 O'Brien（奥布莱恩）、O'Neil（奥尼尔）等则表明该姓氏的拥有者是爱尔兰人的后代。

(5) 由教名派生的姓氏

基督教在人们的生活中占有重要地位，它与人们生活关系密切且对英国产生了巨大影响。《圣经》和基督教中的人物名、圣徒名大大地丰富了英语姓氏库。直接使用教名的姓氏很多，如 Eden（伊甸园）、Godman（基督）、Matthew（门徒马修）、Adams（亚当之子）等，这些姓氏都是由教名演变而来。

(6) 与人口迁徙相关的英语姓氏

历史上的人口迁徙经常发生，移居英格兰的外地人常被称为 Scot（苏格兰人）、Wallace（威尔士人）或 "Traveler" "Strange"。这样一来，这些新移民就以 Scott（斯科特）、Wallace（华莱氏）、Travellers（特拉维拉斯）、Strange（斯特兰奇）为姓。

(7) 与官职、爵位相关的英语姓氏

英国贵族习惯选用官衔和爵位名称作为自己的姓氏，借此炫耀他们的荣耀和政绩，并世代相传，如表示王室贵族的爵位 King（国王）、Queen（王后）、Prince（公子）、Lord（贵族）、Duke（公爵）、Earl（伯爵）、Knight（男爵骑士）等。

(8) 以昵称作为姓氏

英国人还特别喜欢采用昵称作为自己的姓氏，主要是为了避免重名重姓。如昵称 Will 与 Bill 均取自姓氏 William，Beth 与 Liza 均取自姓氏 Elizabeth。因为昵称随意而自由，读起来更加亲切，常用于平民阶层。

(9) 其他姓氏

有趣的是，诙谐幽默和标新立异的个性使英国人常选用自然界中的常见事物和日常用品名称作为自己的姓氏，他们是自己姓氏的缔造者，如 Day（白昼）、Frost（霜）、Ray（光线）、Sparks（火花）、Snow（雪）、Bell（铃）、Buckle（扣子）、Glass（玻璃）等。

大量黑人从非洲被贩运到美洲当作奴隶，没有姓氏的他们常以自己原主人的名为姓。许多黑人为了纪念他们所崇敬的解放者——林肯总统，特别喜欢以 Lincoln（林肯）为自己的姓。

2. 取名习惯

英语国家中，人们的姓名一般由两部分组成：名+姓，其排列顺序和中国人正好相反，如"Linda Johnes"（林达·琼斯）。有的人有两个、三个甚至更多的名，但是大多数人只使用一个名字，即首名（也称为教名）。首名与教名二者是一体的，指孩子出生后经过洗礼所获得的名字。一般来说，教名有男女之分。在大多数情况下，根据教名可以判明男女性别，如 Alice（爱丽丝）、Betty（贝蒂）等是女名，而 Michael（迈克尔）、Peter（彼得）则是男名。不过，有的教名男女共用，其读音和拼写形式完全相同，如 Dale（戴尔）、Lindsay（林赛）等。在办理公务或签署文件时，姓名的排列顺序为：首名+中名+姓，如"Linda Jane Smith"（琳达·简·史密斯）。和大多数中国人一样，英语国家的父母在给孩子们取名时也非常仔细和慎重，通常是经过深思熟虑才做出决定。这里所说的深思熟虑，是指起名时必须考虑本国家的文化习俗等一系列相关因素。

首先，父母、亲朋、好友的名字常被用来给孩子取名字，如英国著名科学家达尔文（Charles Robert Darwin, 查理斯·罗伯特·达尔文），他的名字源自他的父亲罗伯特·达尔文和他的叔父查理斯·达尔文，因为他父亲希望达尔文能够继承自己的家族事业。有时，父母会为孩子取和自己完全相同的名字。为了便于区分，常加上 Junior（小），这个词通常缩写为 Jr.，如美国总统罗斯福称其儿子为"Franklin Roosevelt, Junior"（小罗斯福）。一般来说，英语国家首名或教名是由父母、牧师取的，中名则多取自父母、亲朋的某个名字，以表示本人、父母和亲朋的亲密关系。

其次，英语国家的人们还有用圣贤、名人的名字为孩子取名的习惯。基于崇拜英雄的心理，以华盛顿、林肯、罗斯福命名的人很多。除此之外，用《圣经》典故中的人物取名字的做法也十分普遍。

最后，社会价值观的不同给取名也产生了一定影响，这一点和中国取名十分相似，如"Lily"（莉莉，英语原意是百合花）、"Susan"（苏珊，表示优雅、亲切）、"Diana"（戴安娜，源于希腊语，指月亮女神，是美丽、优雅、高贵的象征）、"David"（大卫，源于希伯来语，意为受人爱戴）、"John"（约翰，源于希伯来语，意思是上帝的仁慈）。通过这些名字，我们可以看到英国人所崇尚的价值观和名字所蕴含的象征意义。有时，为了标新立异，他们会摒弃旧名，取一个令人百思不得其解的名字，如"Toper"，意思是酒鬼；"Sydney Harbour Bridge"，意思是悉尼港口大桥。

和中国类似的是，英语国家的人也有给孩子取小名（pet name）的习惯,如美国前总统里根的小名叫"荷兰仔",因为他小时候头上留着荷兰式的短发,而他兄弟的小名叫"月亮"。

除了取名,使用名字也有一定的规范和规则可循。在一些正式社交场合或陌生人间,单独称名字是非常不礼貌的行为,但是可以称呼姓,记得在姓前加上适当的称谓语,如先生、太太、小姐或是教授、博士等。对于熟悉的朋友、同事或是家人之间,直接称名是可以接受的,这表示十分亲密且没有距离感。这一部分具体可参阅本书第二章第二节称谓习俗。

三、汉族的姓氏文化

古老的姓氏是一个国家、民族悠久历史文化的标识之一。世界上第一个使用姓氏的国家是中国,姓氏在中国人心中占据着神圣不可侵犯的地位。受封建制度的影响,汉族姓氏与古代社会宗法观念、世袭制度、大一统观念和血缘关系有着无法割舍的密切联系。从母系氏族社会开始至今日,中华古姓已有一万多年的历史,正所谓"姓者,统其祖考之所自出;氏者,别其子孙之所自分"。自古以来,华夏子孙都将姓氏作为家族延续的重要标志,姓是一种族号,氏是姓的分支。秦汉时期,姓氏合为一体,标志着从群婚制到以血缘关系为基础的婚姻制的转变,是人类文明进步的一个重要里程碑。

在现代汉语中,姓氏主要指"姓",它是由"姓"和"氏"两部分融合而来,代表着大宗族号,体现了宗族、血缘和群体之间的关系。中国的姓起始于上古母系氏族社会,当时人们按照母系血缘分成若干氏族,每个氏族都以图腾或者居住地作为相互区别的族号,这个族号就是早期的"姓"。据传,从伏羲氏时起便"正姓氏,别婚姻"。当时,姓和氏属于两个完全不同的概念范畴。

随着人类步入父系氏族社会,男性不断分封领地,一个部落又分化出若干分支,每个分支都设立一个特殊称号,随即产生了一个个"氏"。到了周代及其后的春秋战国时期,当时的分封制度使"氏"得到了快速发展。需要注意的是,周代贵族拥有姓氏,而一般平民则只有名,没有姓。战国以后,人们在称呼时一般避讳姓而称氏。此后,姓和氏的界限越来越模糊,逐渐合为一体,成为一个统一的概念。汉朝时,姓氏正式合二为一,平民也开始有了自己的姓。至此,姓氏在经历了数千年漫长的历史发展后逐渐定型,并一直沿用至今。人有姓氏正如树有根基,我们多用"寻根"二字表达某一姓氏认祖寻根、追源溯流的情结。

中国人的姓名由姓和名两部分组成。同时,姓有双姓和单姓,名有双名和单名之别,组合起来便有单姓单名、单姓复名、复姓单名和复姓复名等诸多形式，如诸葛文君、刘备、司马迁等。

1. 姓

"姓"是一个氏族的社会代码。通过它，我们可以探寻到一个有血缘关系群体的起源、发展、迁徙和分化过程，以及其兴旺和衰败的历程。"姓"属于会意字，能依据一定逻辑进行组合，用以表示一个新的概念。

在甲骨文中，"姓"字由女、生组合而成，其原始含义为"女性所生"。金文中的"姓"字则由人、生组合而成。"姓"是宗族文化的标志，拥有它，就表明某个人已经得到了宗族的认可。在某种程度上，"姓"也是社会地位和历史背景的体现。中国汉民族姓氏繁多，每一个姓氏的起源都有着复杂的社会和历史背景。

以祖先称号为姓。此类姓氏大多来自古代帝王、名臣的名或字。按照周代姓氏规则，"公族"只包括各代国君的近亲三代，三代以下不再属于公族，需另分支族。所以，诸侯国君的玄孙不得再称公孙，而应以其祖先的字为姓氏，如高、孔等。类似这样的姓氏还有常、施、游等。如果先人没有字，便采用名作为姓氏，如伏姓是伏羲氏的后代，禹姓是大禹的后辈，均以先祖的名为姓氏。

以祖先建立或被分封的国家为姓。如齐、鲁等姓氏。夏、商、周三代都实行了封国和赐地的宗法制，诸侯国遍布各地，这些国名便成为诸侯后裔的姓氏。对于身居中央的"天子"而言，其子孙后代合起来称为公族。公族大多以国名为姓氏，这些诸侯姓氏成为小宗，即大宗本姓的分支，如周武王的儿子唐叔虞封于晋国，便成为晋氏的始祖。

以封邑名为姓。自周代实施分封制度后，受封于天子的诸侯国君在自己的封地内，会对卿大夫及有功之士进行封地赏赐，俗称"封邑"。作为受封的食采之地，又称为"食邑""采邑"，这类姓氏同样是大宗本姓的分支，如宋国公族有食采于萧邑者，便将姓由子改为萧。类似这样以封邑为姓氏的还有刘、白等。中华姓氏错综复杂、千丝万缕的关系由此可见一斑。

以居住地为姓。有氏族采用所生活或者居住的环境作为姓氏，如春秋时期郑国士大夫住在都城西门，后代便以西门为姓氏。齐国公族士大夫分别住在东郭、西郭、南郭、北郭，这四郭后来都成为姓氏，属于此类的姓氏还有城、柳下等。

以官职名为姓。封官晋爵是一件荣耀之事，有些后人因此把官爵称呼当作姓氏。为了沿袭某种官职，根据官职的职能和性质，周代诸侯国君的公子、公孙分立支族作为姓氏，如战国时期楚国的子兰因出任上官大夫之职，后代便以"上官"为姓。司马、司徒、太史等复姓都属于这类姓氏。此外,为了炫耀其高贵血统,王侯公室贵族后裔还常以爵位为姓氏,如王、公孙、公等都是以其始祖所获得的爵位封号作为姓氏。

以技艺为姓。子承父业是古代中国各种制造技艺相传的主要途径,以此避免同行竞争。当时,官府推行限制工商业者改变社会身份的政策,故而职业名称也成为世代相传的姓氏,如算卦的姓卜、杀猪宰羊的姓屠等。

以皇帝赐姓为姓。这包括赐姓和改姓两种情况。所谓赐姓,是指封建大一统专制国家的最高统治者用以褒赏、笼络属下的一种政治手段。在大多数情况下,历代帝王会赏赐有功之臣为皇室姓氏,这些姓氏统称为"国姓",如明代皇帝赐郑成功为"朱"姓,人称"国姓爷"以示荣宠。所谓改姓,指由于避仇、避难和避讳等多种原因,一些人为了生存,不得不更改自己的本家姓氏,如因避讳孔子名(丘),有人将姓氏改为"邱"。东汉时期,聂台为逃避仇人追杀,改为张姓,三国时期著名大将张辽就是他的后人之一。此外,皇帝也会对叛臣赐凶险姓氏以示惩罚,如武则天曾下旨,令带兵倒戈的李姓诸王为"尴"氏。

以德行为姓氏。这种可分为两类:一是以"吉德"(即优良品德)为姓氏,如晋国赵衰辅佐公子重耳(即晋文公)回国登位,赵衰的后裔便以"冬日"为姓氏,意在显示他对人热诚,犹如冬天的太阳般温暖,以此赞颂他的优良品德。二是以"凶德"(即劣行、罪恶)为姓氏,如汉代王英布起兵反汉被杀后,他的后代被贬为"黥"姓,并被处以黥刑(即在脸上刺字)。历代统治者常以此类姓氏惩罚敌对势力和有罪之臣。

以族为姓氏。这种可分为两类:一是指卿大夫、王公、贵族分支逐渐转变为姓氏,如楚国有昭、屈、景三族,齐国有左、右两族,这些族名逐渐演变为姓氏。二是指古代少数民族以部落和部族音译为姓氏,如汉代鲜卑族有慕容部,后人称慕容氏;古代辽东有完颜部,后人称完颜氏。

以排序为姓氏。这种可分为三类:首先,以顺序排行为姓氏,如用伯、孟、仲、叔、季来表示长幼之序,从而形成了伯孟、仲、叔等及其衍变的姓氏。其次,以表示事物先后次第为姓氏,如汉代齐国分别设立了第一、第二到第八等特殊姓氏。最后,以时间先后顺序为姓氏,如《史记》《姓苑》《姓考》等古籍中都有记载,把甲、乙、丙、丁、子、丑、寅、卯等原为天干、地支的专有名词作为姓氏的起源。

中国人的姓氏习俗沿袭至今,基本保持不变,子女通常随父姓。然而,在今天的现代家庭中,一家几个孩子中有的随父姓、有的随母姓的现象已不是罕见之事。而在一些独生子女家庭中,一种比较普遍且已经被人接受的做法是将父母单姓合二为一，于是便出现了新的复姓。

2. 名

"氏"属于象形文字，在甲骨文和金文中都有此字，而且写法基本一致。在先秦时期，"氏"不仅是部族、宗支徽号，同时也是社会地位尊卑的标志。中国学者对"氏"字的释义为，它应作"是"讲，表存在，是指某一宗族分支生活、聚居于某一地区，将地域概念融入了血缘群体组织之内。这种表示不同地区、同一姓族组织的分支、衍派，就是我们常说的"氏"的内涵。

首先，我们有必要明确一下中国古代人的"名"和"字"，二者语义上的差异必然导致它们在使用上有诸多讲究。在周代，对于年幼的人，我们会直呼其名；而当他20岁举行结发加冠成人礼时，我们便开始称呼他的字。名含有卑贱的意味，尊贵者对卑贱者称名，个人自谦时也称名。作为一个人成年后的代号，字实际上是名的解释或补充，字可以表德。称呼平辈或是尊辈的字表示尊敬，但人们很少自称自己的字，否则会有明显自夸之嫌。在介绍他人或个人自通姓名时，说话者常是姓、名、字三者都要提及。

中国人名字有大名和小名之分，即学名和乳名。小名较随意，如大丫、二蛋，这些并不包含任何消极含义和鄙视色彩。当今的中国父母常选用一些比较温馨的重叠词语作为孩子的小名，如棒棒、甜甜、满意等，以此表达对孩子的爱意。小名一般只使用于家人和亲朋好友之间，这是因为时代发展使人们对姓名的审美发生了一定变化。

不得不提的是，除名、字之外，汉族人名中还有一个特有的现象——别号。别号常表达取号人自己的志趣、心声和愿望。古代中国人的名和字多是由祖父母、父母或兄长取的，而别号却是自己取的，但不是所有人都有号，号主要用于对人的尊称。有别号的人大多是社会上有地位、有名望和有一定文化的人，这种现象一直持续到21世纪初。如诸葛亮，号卧龙先生，以此表示本人志向高远；唐朝大诗人杜甫，号少陵野老，他曾经住在陕西西安市以南的少陵，并由此得号。

把中国男性和女性名字加以综合分类，可以大致看到中国人名字所呈现出的男女性别特征。在为男子取名时，人们多用英武、博大、带有一定阳刚之气的词语，如表达抱负的名字，李安邦、张治国等；体现意志的名字，邱刚、王毅等；还有表示与众不同的名字，王冠群、赛双军等。而中国女子的名字，如姗、妮、娟、莲、香、婷婷、圆圆等，从字形到字义，往往都表达出中国传统女性的贤淑、文雅、秀美。

人们的姓氏和名号是语言的一部分，名字带有时代印记是一件极其自然的事情。春秋时代"子"字的使用反映了那个时代人们崇尚礼仪、尊敬他人的风气。在当时的社交礼仪中，"子"字是对男子的尊称和美称，许多男子的名字带有这个字，如子路、子夏等，这些名字在当时比较流行。至西汉时期的汉武帝时期，上层统治者中祈求长生不老的心理盛行，人们常用"去病""延年"等为名，我们熟悉的西汉名将霍去病就是一个典型例子。清末民初，改良派人物和民主革命家们积极投身于救亡图存的运动中。他们的名和字号鲜明地反映了其政治理想和奋斗目标，如康有为、谭嗣同，谭嗣同号"壮飞"，又号"华众相生"。1949年，中华人民共和国成立，中国从此屹立在世界东方，全国人民奋发向上，同心协力共建祖国昌盛。在这一伟大时期，"解放""国庆""建国""爱华"等名字应运而生。"文化大革命"时期，大多数年轻人满怀一腔热忱投身到革命浪潮中，这时期出生的人便有了"红卫""文革"等革命色彩极其浓烈的名字。当时，为了表示自己的革命衷心，很多人用这种具有革命性和忠诚性的名字取代自己原有的名字，其中也包括笔者的曾用名"永红"，笔者的父母希望用"永红"这个名字来铭记他们那个年代的革命岁月，将其凝练成一个永远的记忆。由此可见，在现实生活中，名字真实地记录和反映着中国社会发展的时代变迁和人们的精神风貌。

在跨文化交际活动中，不同语言和文化背景下姓氏的历史文化差异，值得语言学习者和跨文化交际参与者进行深入的分析和研究。通过了解这些差异，我们可以拓展文化意识，丰富历史知识，弘扬传统文化，增进彼此之间的了解，从而促进跨文化交流的顺利开展。这对于推动不同文化之间的相互理解与融合具有重要的现实意义。

花海踏浪篇（5）——俄罗斯人的姓氏花絮

俄罗斯人的姓名由三部分构成，其排列顺序为：名+父称+姓。如Александр Сергеевич Иванов（亚历山大·谢尔盖耶维奇·伊万诺夫），其中Александр（亚历山大）是名字，Сергеевич（谢尔盖耶维奇）是父称，Иванов（伊万诺夫）是姓氏。女子出嫁后，一般随夫姓。但是，也有部分女子依然保留娘家的姓。

俄罗斯人名字有全称（或大名）、简称（或小名）和爱称之分。爱称主要是由全称或者简称加上后缀构成。如Владимир（弗拉基米尔）是全称，Володя（瓦洛佳）是简称，Володенька（伏洛捷卡）是爱称。

第四章　文化花园面面观

1. 名

古代俄罗斯人用能表现人特点的名字，作为区别该人与家庭或家族其他成员的标志。从俄罗斯的谚语 "Сименем Иван，без имени—болван"（有名字的是伊万，没名字的是傻蛋）中，就可以看出名字在俄罗斯人眼中的重要性。

最初，名字大多有一定含义。但随着时间的推移，大多数名字已失去了它本来的意义，具体来看，起名方式有以下几种：根据人的外貌起名，如 Лысаков（源自 лысый，秃顶的人）、Беляков（源自 беляк，白色卷发男子）等；根据人的性格特征、行为方式等相关特性起名，如 Болтунов（源自 болтун，多嘴的人）、Лихачёв（源自 лихач，勇敢的人）等；根据人的职业起名，如 Кузнец（铁匠）等；根据人在家里的地位、排行起名，如 Первой（老大）、Меньшик（老小）等。

古俄罗斯人常会给孩子起一些比较不中听或难听的名字，他们认为这些名字对孩子会产生一种神奇的保护力，魔鬼不会对叫这些名字的孩子感兴趣，能保佑孩子们免遭魔鬼伤害，如 Дурак（傻子）、Косой（麻子）等。此外，根据古老图腾崇拜以及古罗斯人多神崇拜，动物名词或一些天气名称也常用来给孩子命名，他们认为人与野兽同名就表示人与兽之间有了一种亲缘关系而不会受到伤害。因而，古俄罗斯名字含有一种多神信仰的色彩和基调。

公元988年，基辅罗斯接受东正教并将其奉为国教，这成为俄罗斯民族名字文化史上重要的分水岭。自此，俄罗斯人名就与教名紧密地联系在一起，起名方式从由父母为孩子起名改由教会为其起名。按照东正教惯例，婴儿出生一周后就应该被带到教堂接受洗礼，由基督教的神父给每一个接受洗礼的人画十字，并起一个新的教名。俄罗斯的每一个孩子都要接受洗礼，因此他们的名字具有浓厚的宗教色彩。正如俄罗斯著名语言学家 Шанский.Н.М（善斯基）在《俄语成语字典》中指出："如果谈人名学的研究，那么对《圣经新约全书》的意义无论怎样评价都不过分，因为现代的大部分男女人名都与东正教文献有关。"如女孩出生于5月5日（俄历）就取名为 Елена（伊莉娜），因为这一天是圣徒伊莉娜的纪念日；出生于5月9日（俄历）的男孩就取名为 Николай（尼古拉），因为这一天是圣徒尼古拉的纪念日。用了圣人名字意味着孩子从取名之时起便受到圣人庇护。17世纪前，俄罗斯人往往有两个名字，一个是教名，即东正教教会起的名字，另一个是古俄罗斯名字，即俗名，如宣布罗斯接受东正教的基辅大公 Владимир（弗拉基米尔）的教名是 Василий（瓦西里），他的母亲 Ольга（奥丽加）的教名是 Елена（叶莲娜）。俗名是公开的，教名是保密的，只记载在出生的文件上，等死后才能公开。18 世纪时，彼得大帝正式宣布禁止使用古俄罗斯人名。

俄罗斯学者 А. В. Суперанская（苏佩兰斯卡娅）在关于人名的专著《跨越时代与国界的名字》中，附录了"人名的来源"一节，列举了大约 700 个男性和女性的名字。俄罗斯名字大多是通过东罗马帝国传入俄罗斯，因而俄罗斯人名多为外来词。其中来自希腊语的人名，大多表示人的品行或品质，如 Александр（亚历山大）意为勇敢，Афанасий（阿法纳西）意为君主，Екатерина（伊卡捷琳娜）意为纯洁，Ирина（伊莉娜）意为和平等。来自拉丁语的人名，大多也表示人的品行或品质，如 Валентин（瓦连京）意为健壮，Виктор（维克多）意为胜利者，Марина（玛丽娜）意为海里生长等。来自古犹太语的名字，大多与上帝有关，如 Анна（安娜）意为仁慈，Мария（玛利亚）意为上帝喜爱的等。俄罗斯人名的复现率和教会日历中的复现率有惊人的相似性。据统计，20 世纪初，1000 个男孩中就有 240 个叫 Иван，1000 个女孩中就有 200 个叫 Мария。

俄罗斯人名还涉及《圣经》中一些广为人知的名字，如 Иов——饱受许多苦难、历经沧桑的人（圣经中的人物，他以高尚生活和对上帝的虔诚著称，耐心地经受了上帝的一切考验，没有丝毫怨言）；Ева——好奇的女人（上帝创造的第一个女人，因为好奇吃了禁果，而被逐出伊甸园）；Каин——罪犯、恶魔、杀人犯（亚当和夏娃的儿子之一，他杀了自己的兄弟 Авель，上帝对他进行了诅咒）。圣徒名字的改变是东正教俄罗斯化在语言形式上的主要体现，其中以欧洲、希腊和拉丁语命名的名字占多数。长期以来，异族名字遭到俄罗斯人的强烈反对，因而他们大力培植符合世俗习惯的俄罗斯名字。许多常用名字在俄语中变为近似的词，通常是原词的第一个音节被去掉，如 Галактион 变为 Лактаон（Лактионов），Иларионов 变为 Ларио。有些东正教的教名得以延续下来，如 Малахов、Малофеев 源于东正教名字 Малахий（欧洲语，上帝的使者）。

俄罗斯人名中留存着明显的东正教痕迹，这表明与东正教教义相关的名字早已深深扎根在俄罗斯这片土地上。迄今为止，这些带有浓厚宗教色彩的人名早已成为俄罗斯民族生活中不可缺少的一部分。在给孩子们起名时，俄罗斯父母往往更关注名字的渊源及含义。据统计，今天

95%的俄罗斯人的名字都属于宗教日历名。

2. 姓

"姓"这一词汇源于拉丁语，表示"家庭"，主要用以指称一家人，如 Ивановы（伊万诺夫一家）、Смирновы（斯米尔诺夫一家）。在俄罗斯，"姓"的出现和流传历经了一个复杂且漫长的过程。同时，它也是研究语言、历史、民俗文化的珍贵材料。

据文字记载，由于土地继承制度的影响，俄罗斯人的姓产生的时间远远晚于名，它是俄罗斯人名称谓系统中最后出现的部分。在公元14—15世纪，俄罗斯人有了自己的姓（фамилия），其中，王公贵族的姓在14世纪到16世纪中叶相继出现，而后是神职人员和商人的姓。1861年，俄国废除农奴制后，平民百姓才开始有自己的姓。19世纪下半叶，大多数俄罗斯人终于有了属于自己的姓。直到20世纪30年代，俄罗斯才实现了人人有姓有名的状态。由此可见，姓在俄罗斯的传播是一个循序渐进的过程，它最初出现在特定社会阶层，并为其利益服务。在日常交际中，姓的使用频率远低于"名"和"名+父称"两种形式。

世界三大宗教在俄罗斯均有信徒，其中以信奉东正教的人数最多，因此宗教与俄罗斯人的生活有着千丝万缕、无法割舍的关系。他们信仰的东正教、基督教及其教义《圣经》对俄语姓氏产生了重要影响，其中，东正教神甫的姓是俄罗斯人构成自己姓氏的最主要途径和方式。

首先，源于东正教圣徒名字的俄罗斯姓氏，通常以-ский 结尾。在东正教传播过程中，一些教徒为东正教和教会献出了生命，成为东正教的榜样，这样的教徒被称为圣徒，他们名字中的一部分构成了神甫们的姓，如 Георгиевский 源自圣徒名 Георгий。在以圣徒名字为基础构成的姓氏中，有一种较独特的形式是由两个洗礼名组合的姓氏，它们可能与纪念日在同一天的两位圣徒名字有关，也可能与纪念这两位圣徒的两个教堂名称有关，如 Петропавловский 是基于 Пётр 和 Павел 两个名字构成的，Пётр 和 Павел 曾为 Никея（尼西亚城）的主教。其次，源于东正教节日名称的俄罗斯人姓氏，它们以东正教大节名称为基础构成，通常也以-ский 结尾，如 Рождественский 源自节日名称 Рождество（圣诞节）等。再次，由《圣经》中的人名或地名构成的姓氏。许多俄罗斯人的姓是由《圣经》人名构成的，如 Авессаломов 是由 Авессалом 构成，Авессалом 是 Давид 的儿子，因美闻名，后因其反对 Давид 而被 Давид 的仆人杀死。再者，由国家、城市、村庄的名字或其他地名构成的姓氏，如 Вифлеемский 是由耶稣出生的城市名 Вифлеем 构成的。最后，源于东正教传说相关词汇的姓氏也不在少数，很多俄罗斯人姓来自古斯拉夫语外来词汇，如 Богородицкий 源自 Богородица（圣母）等。此外，还有间接地由这些外来词构成的姓，如 Извеков 源自 из века（教堂仪式中的用语）等，同时，也有以 Благо- 和 Добро- 开头的反映东正教观念、知识和规范的词汇构成的姓，如 Благонравов（良好的道德）、Добровольский（善良的意志）等。东正教传入后，拜占庭体系也就是现行体系取代了原有的一切，甚至出现了由一周每天名称构成的姓氏，如 Вторников 是由 вторник（星期二）构成的，Четвергов 是由 четверг（星期四）构成的等。

3. 取自绰号的姓氏

这种姓氏的多样性向人们展示了各个时期俄罗斯的生活习俗、社会生产与发展情况。首先，源自人外表特征的姓。如一个人因长一头浅发，于是便有了绰号 Беляк（别里亚克），这个绰号是由 белый（白色的）一词构成。后来，他的儿女们被称为 Беляковы，即"别里亚克的孩子"。再后来，Беляков（别利亚科夫）就成了他们家族的姓。其次，源自反映人格特征的姓，如由绰号 Верщага（爱闲扯的人）构成了 Верщагин（韦列夏金）。再者，用动物名词给人起的绰号演变而来的姓，如用 Петухов 来称呼好斗的人（петух 公鸡），因此，Петухов（佩图霍夫）就成了俄罗斯人中常见的姓。最后，用表示人所从事职业的绰号来作为姓氏，如 Кузнецов（库兹涅佐夫），它源自"铁匠"一词。这些以职业为来源的绰号出现绝非偶然，因为在从事耕作的农民群体中，这些手艺匠人或买卖人往往显得格外突出，就如同仙鹤立在鸡群之中。此外，还有以祖先居住地为其姓氏的主要来源，包括一些河湖、城市、岛屿等地理名称，如 Киевский（基辅斯基）源自城市名 Киев（基辅市），Волгин（沃尔金）源自河流名 Волга（伏尔加河）等。

4. 父称及称呼

古俄罗斯人起初并没有姓，同名者数不胜数，因此，必须借助一种辅助手段才能将他们区分开来。当时，人们或送绰号（后来这些绰号大部分演变成了人的姓），或加上父亲、祖先名字以示区别。父称是根据父亲名字的命名方式，用以表示父子、父女之间的关系，它是社会发展的产物。

（1）早期，父称用作表示血缘关系的普通名词使用，如 господин（君主）→господинич（君主之子）。在俄罗斯11至13世纪的编年史中，可以看到后缀 -ич、-ович、-евич 与男性名字或女性名字的结合，表示"某人之子",如 Иван Доромгомилович（伊凡·多罗戈米洛维奇）等。在现代俄语中,一个人名字与父称的排列顺序必须是名字在前,父称在后。

(2) 以—вич 结尾的父称是当时最高统治集团的标志,只有为数不多的宠臣才拥有父称,如大公 Иван Васильевич（伊凡·华西里耶维奇）。叶卡捷琳娜二世时期,以法律形式把官员分为十四级,一般贵族有以-ов 结尾的半父称形式,如 Петр Осипов Терепьев（彼得·奥西波夫·捷列彼耶夫）。平民在很长时间内都没有父称,正如谚语所说:"Богатого по отчеству, убогого по прозвищу."（富人有父称,穷人有绰号。）到了 19 世纪,在进行言语交谈时,普通百姓都可以使用父称,没有任何限制。由于-вич 本身所蕴含的文化沉淀意义,有时父称可以代替名字单独使用,其中包含着说话者的敬意,如高尔基的《母亲》中,女主人公 Ниловна（尼洛夫娜）以父称代替名字,作者以此来表达对这位母亲的尊敬。至今,这个用父称称谓长者的传统一直在民间流传并被人们广泛使用。

(3) 俄罗斯人之间的称呼决定于双方的年龄、身份和场合。孩子之间通常只用小名相称,如米佳（Митя）；同学之间可以称呼大名,如谢尔盖（Сергей）、小名谢廖沙（Сережа）或是姓伊万诺夫（Иванов）。学生对老师的称呼必须是名字加父称,如 Наталья Петровна（娜塔莉亚·彼得罗夫娜）,成年人之间的称呼也同样适用这个原则。关系亲密的朋友直呼名字,对一般同事则一定要用名字加父称相称。在工作场合,要以姓相称,使用时必须在姓前加上"Господин"（先生）,苏联时期则要加上"Товарищ"（同志）之类的字眼。

姓名文化是一部有关民族生活和历史发展的民俗百科全书,东正教文化对俄罗斯姓名的影响,是它对整个俄罗斯民族文化影响的一个缩影。对俄罗斯人姓名的来源、含义和构成等方面的具体分析,将有助于我们深入了解其所蕴含的民族文化内涵,更好地解读其中的宗教成分,从而进一步了解东正教文化对俄罗斯语言文化的影响。

第六节 风采各异的植物象征意义

无论是争奇斗艳的鲜花词汇,还是风采各异的树木词汇,它们在不同的文化背景中承载着丰富的民族文化内涵和独特的象征意义。究其原因,主要与人们对树木的崇拜、各种民间宗教传说以及宗教信仰密切相关。同时，不同国家因地理位置、气候条件和自然环境存在差异，导致植被分布不尽相同。漫长的历史文化积淀，使树木和花卉词汇被人们倾注和寄托了一定的情感和愿望，同时，它们也被烙上了鲜明的民族文化特色印记。

一、植物的托物言志

千百年来，人类不仅将植物作为自身生存与发展的物质基础，而且根据它们的形状、颜色或生长习性来表达自己的思想观点、寄托自身情感。因此，植物词汇不仅具有一定的理性意义，还蕴含着丰富多元的象征意义。在不同的语言和文化背景中，植物词汇展现出风采各异的象征意义，这充分体现了它具有一定的民族性。

文化因素，无论是物质文化因素还是精神文化因素，对植物词汇象征意义的影响极其显著。在英语国家和汉语国家的民族文化中，各种植物和花卉常常被人们视为具有思维、灵性和语言的群体，它们体现了民族文化中有关道德情操、民族精神、生活态度等多方面的内容，反映了该民族的社会文化背景和心理文化特点。

二、西方人最爱的植物

从某种程度上讲，英语国家所代表的西方文化是一种科技理性文明。在西方人心目中，最能够寄托情感的植物是 willow（柳树）、palm（棕榈树）、laurel（桂树）、oak（橡树）、olive（橄榄树）、white poplar（白杨树）等。自古以来，以花传情也是西方人传递感情的一个古老传统和重要方式，它已然成为一种含蓄、高雅的言情达意的系统性无声语言。以花草、树木代言是英语语言的一大特点，而以不同的花草、树木喻人和代言，则是英、汉植物词象征意义最重要的不同之处。

1. 植物

在西方人眼中，willow（柳树）的枝条形状像纸条一般，柔软的树枝下垂，使它看上去显得多愁善感，这种忧愁源自由失落、死亡而引起的悲伤和哀悼之情，"to wear the willow"具有"失恋""心爱之人感到悲伤"的含义，而在汉语里并没有这种含义。它原指旧时佩戴柳叶花圈以服丧的习俗，如莎士比亚的悲剧《奥赛罗》中，苔丝德蒙娜唱过一首《柳树歌》，这是苔丝德蒙娜母亲的侍女临死前所唱的老歌。当时，苔丝德蒙娜的丈夫奥赛罗怀疑她对爱情不忠，认为他与大将凯西奥私通。得知此事后，苔丝德蒙娜十分难过和痛苦，便唱了这首歌，借以抒发她心中对失去的爱情感到悲伤不已："The poor soul sat sighing by a sycamore tree, sing all a green willow; Her hand on her bosom, her head on her knee, sing willow, willow, willow……"（可怜的她坐在枫树下哭泣，唱着那杨柳青青；她手抚着胸膛，低头倚膝，唱杨柳，杨柳，杨柳……）在《威尼斯商人》中，罗兰佐提到小姐迪朵被爱人Aheas抛弃，痛苦难过的她选择了结束生命，于是莎翁又用柳树象征悲伤。在英语中，"willow"又称"哭柳"（weeping willow）。除此之外，柳树常被种植在英国的墓地上，"死亡"和"哀悼"的意思便由此衍生而来。柳树在西方还被用来祛病驱邪，在复活节前的星期日，人们常把柳枝挂在家中，用来祈福和驱赶所有的邪恶。

在英语文化中，桂树的意义通常与"出类拔萃""荣誉""桂冠"有一定关联。人们看重桂树四季常青和高雅傲岸的品质，因而它具有"永恒"和"荣誉"的意义。我们常说的月桂树，在希腊神话中有这样的描述：阿波罗嘲笑小爱神厄洛斯的小箭毫无作用，于是，一支燃烧着恋爱火焰的小箭射中阿波罗，另外一枝用来驱除爱情火花的箭则射中了仙女达佛涅，厄洛斯想让他们感到十分难过和悲伤。仙女达佛涅祈求父亲帮助自己，让她摆脱阿波罗的追求，她宁愿成为一棵月桂树。谁知阿波罗不改初衷，仍然对她心存强烈爱意，达佛涅对阿波罗这种坚定不移的感情感到十分震撼。古希腊太阳神阿波罗将月桂树叶编成花环，作为奖励诗人的冠冕，而获得这种花环的诗人便称为"poet laureate"（桂冠诗人）。此外，人们用桂树叶给英雄、天才和圣贤做桂冠，桂冠是胜利、成功和荣誉的象征，这在欧洲已经成为一种习俗。我们常说的胜利加冠，就是指人们为战争胜利者戴桂冠的习俗。至今，英语中仍有 win/ gain one's laurels（博得/获得荣誉）的用法。

2. 花卉

若干年来，西方人送花的习俗文化一直代代相传，人们常借花传递心中的爱意和情感。随着送花风气日益兴盛发展，以花代言的花语也迎来了朝气蓬勃的发展阶段。特别是在情人节这天，人们会将 red rose（红玫瑰）送给意中人，借此表明心中的爱意，这一习俗文化如今已传播到世界各地。如果对方回赠一枝 Chinese primrose（报春花），就明确表示接受了这份爱情；要是回赠的是 Striped carnation（条纹康乃馨），则暗示着拒绝。因为报春花表示"永远相爱"，而条纹康乃馨则表示"拒绝"。不同花卉传递着不同的含义，如"red tulip"（红色郁金香）意为相信我、爱的宣言（believe me, declaration of love）；"gardenia"（栀子）表示可爱、秘密的爱（lovely, secret love);"purple lilac"(紫色丁香)表示初恋(first emotion of love);勿忘草(forget-me-not)表示真正的爱(true love)。正所谓人有人言,花有花语。

Rose(玫瑰)是一种十分美丽且香味迷人的花卉,每年春季开花,一年只开一次。在中西方文化中,玫瑰都是忠贞爱情的象征。按颜色划分,玫瑰可分为红玫瑰、黄玫瑰、白玫瑰和蓝玫瑰等,每种颜色的玫瑰都有其独特的含义,在英语中,玫瑰的文化联想意义十分丰富。

据说,玫瑰是司掌爱与美的女神阿佛洛狄忒从海水泡沫中诞生时,由她身上的泡沫变成的,因而,玫瑰花象征着爱情与美丽。在英语中,人们常用"rose"来指代极其美丽、可爱的女子,如"My love is like a red, red rose."(我的爱人像一朵红红的玫瑰。)英语中,玫瑰色意指健康的颜色,具有"健康"的寓意,如"put the roses into one's cheeks"是指某人脸色看起来健康。

在古罗马神话故事中,为了维护母亲维纳斯的名誉,爱神丘比特给沉默之神——哈伯克拉底送了一束玫瑰花,请他保守秘密,不要对外人说出他母亲的风流韵事。哈伯克拉底接受玫瑰花后,果真对此事缄默不语。从此,古罗马人便把玫瑰花当作沉默和保守秘密的象征。至今,尤其是在文艺复兴后的一段时期里,玫瑰花成为人们最喜爱的装饰图案。外交官聚集的餐厅和会客室的天花板上往往会雕有玫瑰花图案,其寓意就是希望这些外交官在玫瑰花下商谈的事情要严守秘密,成语"under the rose"(秘密地、私下里)正是来源于此。

可以看出,rose是西方人比较偏爱的一个花卉词汇,与其相关的词和词组层出不穷,在一定程度上展现出玫瑰在英语中丰富的文化意义。如"rose-colored"(玫瑰色的)意为愉快的、乐观的;"rose-bud"(玫瑰花蕾)指漂亮的女孩;"a bed of roses"指令人高兴的事情或安逸的生活;"gather life's roses"表示追求欢乐;"come up roses"意为事情顺利或成功结束;"a path strewn with roses"比喻欢乐安逸的生活;"rose water"(玫瑰香水)泛指阿谀奉承的话语。

三、汉民族的植物喜好

在人类文明发展的历史长河中,植物始终以独特的方式与人类进行着无声的言语交流。它们不仅拥有美丽迷人的外表,而且蕴含着深刻的文化内涵。植物凭借人们赋予的象征意义,进一步融入日常生活。自古以来,汉民族就有种树、赏花的习惯和咏花喻志的传统。在众多文学作品中,许多被人格化的植物早已成为中国文化的典型人格象征,具体来说,花品、树品即代表着人品。在言语交谈中,我们尤为注重以植物喻人,即用植物的自然属性来指代人的品德和精神。我们常说的"岁寒三友"和"四君子",指的就是松、竹、梅三种植物和梅、兰、竹、菊四种花卉。

1. 植物

汉文化中,树木的指代意义常与男性相关联。树木高大、伟岸和挺拔,且经得起风雨、耐得住严寒,这些特点常被用来喻指男性高大、健壮、勇敢、顽强的人格特征。在中国古典和现代的一些文学作品中,描写和赞扬男性时,也常将其比作高大挺拔的各种树木。因此,汉族男子常以松、柏、桦、杨等树木为名。

在古代中国人眼里,柳树因其顽强的生命力而备受众人崇拜,即便柳树的树枝被折断,不久后也会长出新枝芽。初春凛冽的寒风中,柳树总是第一个吐出嫩绿的新芽。在古代神话中,太阳西沉的地方叫柳谷,古人认为太阳是在柳树所在的山谷里获得生气与力量,第二天清晨从东方升起时,才会如此新鲜、光明、温暖且光彩照人。故而,古人常把柳树当作消灾祈福的工具。"柳"文化与中国传统文化紧密相连、息息相关,其旺盛的生命力和顽强的再生力,使我国古人对柳树有一种发自内心的崇拜,这一点在他们的文学作品中随处可见。例如,我国古代文人墨客常用柳树来咏词达意,并有着丰富的文化内涵。每年春到,柳枝先绿,柳树早于其他树木发芽,常被用来喻指春天来临和明媚春光,柳树成为春天的使者,取"盎然的春意"之义,如"春风杨柳万千条"。"柳"字与"留"字在汉语中谐音,因而,在中国传统文化中,它常用来表达人们对分离的不舍之情,折柳送别这一传统文化习俗在中国一直得以保留。古代诗人借柳树寓离别的诗词举不胜举,如"长安陌上无穷树,唯有垂杨管别离"(刘禹锡《杨柳枝词九首》),"渭城朝雨浥轻尘,客舍青青柳色新,劝君更尽一杯酒,西出阳关无故人"(王维《送元二使安西》)。这些诗句将诗人与亲友之间那种不舍之情表现得淋漓尽致。此外,柳枝随风飘曳时,形态优雅多姿,古人常以柳言美,以柳枝柔软、飘逸的形态象征女子的姿色、体态。古人常用"柳"来表示女子美丽,展现其姣好容颜和轻盈姿态,如"柳眉"表示女子细长秀美的眉毛,"柳腰"形容女子的腰肢像柳条一样纤细柔软、婀娜多姿。唐代诗人白居易在《长恨歌》中有"芙蓉如面柳如眉,对此如何不泪垂"等与柳树相关的诗句;在另一首诗《不能忘情吟》中则有"樱桃樊素口,杨柳小蛮腰"。此外,"柳"还是"色情"一词的委婉表达语。汉语中,它常与女性有关词汇联系在一起,有时还被用来喻指风尘女子,如"寻花问柳"指的是男子嫖娼,"花街柳巷"指色情场所,而"残花败柳"则意为年老色衰的女子。这主要是因为每年四五月间，柳树生长枝叶时，柳絮会从雄性柳树上纷纷扬扬飘到水面上，或黏到人身上，而不像别的花一样长驻枝头，古人由此喻指女人多变和善变的心。

在汉语文化中，桂树是一种蕴含着深远意义的植物。因其四季常青、高雅傲岸的品质，人们赋予了它永恒和持久的寓意。"蟾宫折桂"这个成语故事出自《晋史》，晋武帝问起当时的名士、官拜雍州刺史的郤诜对自己的评价，郤诜对曰："臣……犹桂林之一枝，昆山之片玉。"从此，"昆仑山上一片玉"就被用来比喻才识超常的人才。在中国封建社会的科举制度中，唐代创设的科举考试于每年九月份举行，此时正值桂花烂漫盛开、香味扑鼻之时，故而该科举考试被称为"桂科"。若有人考上，则称作"折桂"，于是就有了一个极动听的表达——"月中折桂"。人们将考中状元、拔得头筹的人称为"蟾宫折桂"，它表示考生考中了进士。而且，科举前三名还用桂花来代指：丹桂、金桂、银桂分别对应状元、榜眼和探花。

魏晋时期，许多文人墨客钟情于吟诗咏桂，大量有关桂花的诗词名句流传至今，他们常常借用桂花的品性和特质来抒发心中所想所思。"亭亭岩下桂，岁晚独芬芳。叶密千层绿，花开万点黄。"这是一首非常有名的咏桂诗。

此外，中国神话传说中家喻户晓的故事"嫦娥奔月""吴刚伐桂"与"桂"也有密不可分的关系。桂树的"树创随合"，即砍树的创伤很快愈合，隐喻着月亮的阴晴圆缺，意味着月亮的再生和永生。因此，在这个传说中，月亮和桂树是两位一体的，桂树能与月亮一样象征长生。

2. 花卉

汉语中，花卉常与女性紧密相关。人们常用花来比喻女性，这是因为在他们眼中，女性与花有许多相似之处，例如，国色天香的牡丹、亭亭玉立的荷花、淡雅的梨花、艳丽的桃花等，这些花卉常被人们用来形容女性的容貌、体态。《红楼梦》中，作者曹雪芹根据人物各自的容貌、体态、性格身世，把宝钗比作雍容华贵的牡丹，把黛玉比作清愁淡雅的荷花……这些比喻都有着极其深刻的寓意。此外，中国人还常以花名为女子起名，如牡丹、梅花、荷花等，而红梅、春兰、秋菊等花卉名称在女孩子的名字中也较常见。

西方人把rose（玫瑰花）称为"女花王"。事实上，汉语里我们所说的"月季""玫瑰"，就是英语中的rose。玫瑰有着悠久的种植历史，在它的培育和研究上，植物学家非常用心和仔细，于是我们把树茎上有许多刺且叶子表面比较皱的称作"玫瑰"，而把刺比较少且叶面不太皱的称为"月季"。

玫瑰种类繁多，根据它的颜色，可以分为红玫瑰、黄玫瑰、白玫瑰和蓝玫瑰等，每个种类都有独特的象征意义。红玫瑰象征着热情和鼓励，粉红色玫瑰表示真正的爱情和友谊，白玫瑰则意味着纯洁的爱情。据了解，我国历史上的圣人孔子也是玫瑰花的爱好者之一，在其诗歌中，他常提到玫瑰花的美貌和芳香。在当今的日常生活中，送红色玫瑰花表示爱慕对方，寓意真正的爱情，而白色玫瑰花则意味着纯洁和天真。参加婚礼时，客人们常送给新娘白色玫瑰花，以此寄托对新人婚后幸福美满生活的祝福。除了寓意爱情，汉语里"玫瑰"还有其他文化指代意义。例如，"带刺的玫瑰"通常指那些美貌如花、妖艳动人，但性格有些孤僻、难以与人接触的姑娘。在《红楼梦》中，仆人对探春的描述是这样的："三姑娘诨名是'玫瑰花'，'玫瑰花'又红又香，无人不爱的，只是刺戳手。"从他的话语中，我们可以看出，探春姑娘是一个美艳动人却又性格泼辣的"小辣椒"式人物。

在中国，荷花代表着清廉正直、超凡脱俗、高洁的君子形象，它又被称为"莲花""芙蓉"。古往今来，人们对这种植物十分推崇和欣赏，因为它象征着不同流合污的崇高品德。荷花虽出自污泥，但一点也没有沾染污秽，洁白的藕、清脆的叶喻指一种高洁清廉、洁身自爱的君子品格，如宋代周敦颐在《爱莲说》中"出淤泥而不染，濯清涟而不妖"一句，就升华了荷花存在的意义。"莲花开在污泥中，人才出在贫寒家"则喻指即使身处艰难的生存环境下，有才能的人同样能有所作为。因"莲"与"连"谐音，所以民间还有用"莲生贵子"来祝贺多生儿子的祝福，以莲来象征生殖繁衍。因为莲花具有这些重要喻义，它在道教与佛教中都被视为宗教圣物。在道教里，莲花是仙花，它的藕是灵根，受到人们的尊崇。佛教视莲花为圣花，以莲花作为佛的象征，我们在书中或影视作品中常见的观世音菩萨就是坐在莲花座上。除此之外，佛教中很多称谓也与莲有关，佛座叫"莲台"，佛教结社叫"莲社"，加入莲社的人叫"莲友"，念佛之人叫"莲胎"等。莲花在万花丛中展现出一种高洁、宁静的姿态，这使得它常被用来形容女子的美丽、纯洁、无瑕，"出水芙蓉"正是此意。众所周知，古代四大美人之一的西施的故事就常常与采莲、浣纱有关。美丽纯净的莲花还是美好爱情的象征。中国民间青年男女在即将举行成婚大礼时，新婚夫妇的家人会将含有"荷花鸳鸯""并蒂莲"等图案的红色窗花剪纸贴在家里，寓意新人们即将开启幸福甜美的重要人生旅程。人们赋予莲花各种美好寓意，创造出了丰富多彩的莲文化，其实质都反映了人们对美好生活的向往和追求，对一种高贵气节的崇拜和仰慕。

自古以来，牡丹花一直深受中国人民的喜爱。在中国人眼中，牡丹花是传统名花之一，被尊称为"花王"。传说在很久以前，有一对夫妻住在洛阳邙山，他们生了一个孩子，取名为英哥。英哥九岁时，父亲去世，母亲又得了一种非常奇怪的病，他请了很多医生为母亲治病，但都毫无效果。有一天，英哥听闻邙山顶上有一个仙人台，台旁生长有灵芝草，这种草能够帮助治好母亲的病。于是，他决定为母亲寻找灵芝草，但路上他碰到一位老人，老人告诉他这种草并没有治病的功效，不过若能在王母娘娘的瑶池花园里取一粒仙丹，便可治愈母亲的病。按照老人所说，英哥顺利地找到了仙丹。母亲喝过英哥煎的汤药后，病很快就痊愈了。当时，很多人也患有这种病，英哥毫不自私，用同样的方法煎汤让他们喝，很快，大家的病情都有所好转。因为这种花是王母娘娘花园里的仙丹花，所以人们把它称为"母丹"。"母丹"因为有仙丹的灵气，开的花非常美丽，香气很浓，后来成为名贵花卉，人们赞誉它为"天香国色"。再后来，人们发现这种花其实分为雌和雄两种，于是把雌性的花称为"牝"，雄性的花称为"牡"。慢慢地，雌花演变成了芍药，人们给雄花改名叫"牡丹"。

在中国人眼中，牡丹花寓意着美丽和爱情、富贵和财富、浓情和圆满。唐代诗人白居易在《惜牡丹花》中表达了他对牡丹的喜爱之情。每年春天，河南洛阳（又称"牡丹之乡"）都会举行盛大的牡丹花会，吸引众多国内外游客前来观赏。因此，牡丹花还是春天的象征。

作为中国传统名花之一，从古至今，中国人都非常喜欢菊花（又叫更生、帝女花等）。菊花在中国已经有2000年的种植历史，早已成为中国传统观赏花卉之一。《山海经》和《礼记》都曾提及菊花。菊花指代君子之德和高洁精神，其内涵意义源自两位历史上重要的人物——屈原和陶渊明。屈原（公元前340—前278年）在《离骚》中描述菊花"寿兰兮秋菊，长无绝兮终古"，用菊花来比喻人对高洁精神的不懈追求。在此后的文学作品中，菊花便有了"人格"的象征意义。东晋著名诗人陶渊明（352—426年）写下了"采菊东篱下，悠然见南山"的千古名句，他用菊花来表达自己特立独行的个性和与众不同之处。古代诗人发现并坚信菊花的象征意义，这一点对后代人产生了很大影响。

在中国传统文化中，菊花的寓意非常丰富，常用来指代某人思念自己的故乡。如杜甫（712—770年）在《秋兴（其一）》里有名句"丛菊两开他日泪，孤舟一系故园心"，这里的菊花象征着思念自己的家。在中国古典文学作品中，菊花还表示与女孩子有着很亲密的指代关联。王实甫（1260—

1316年）在《西厢记》中写道："碧云天，黄花地。"即用高洁的菊花来表达对女主人公的赞扬。四大名著之一的《红楼梦》中，曹雪芹（1715—1763年）用菊花来描写他笔下不同的女性和她们的思想。从四个女子与男主人公宝玉的关系来看，菊花是她们对宝玉感情的象征，菊花在《红楼梦》中代表了各种各样的感情。菊花与中国农历的九月关系密切，因此人们常把九月称为"菊月"。"九"和"久"的谐音现象，使得菊花在人们眼里有"长久和长寿"的象征意义。

受文化、地理环境、宗教信仰、气候条件、历史、风俗、社会制度等因素的影响，建立在不同民族语言、文化差异基础上的树木、花卉的象征意义存在很大差异。在进行跨文化交际时，我们绝不能简单、直接地将某种树木或花卉词汇的内涵意义在不同文化间生搬硬套。我们必须在理解不同民族文化背景知识的基础上，准确把握其中要传达的意义。深入研究花卉词汇和植物词汇的文化象征意义在跨文化交际中的应用，以及应如何正确巧妙地运用植物词汇的文化象征意义，对促进跨文化交际有着举足轻重的作用。

花海踏浪篇（6）
德国的文化特质——森林崇拜

树木、森林与文化之间有着千丝万缕的紧密关联，而树木与森林对于德国文化、德国人的意义之大，大概没有任何一种文化可以与之相媲美。当然，德国文化中的森林崇拜并非自古便有，而是在其近代历史的发展进程中，逐渐衍生出一种森林崇拜现象。森林对于德国人而言所具有的特殊含义，已然成为德国文化的一个重要符号。

一、德意志森林

历史学家 Alexander Demandt（亚历山大·德曼特）曾说："森林和树木对于德国人而言，是他们的自我意识、他们对乡土的眷恋、他们的内心幸福的一个组成部分。在这一点上，世界上没有一个民族可以与之相比。"[1] 森林在德国文化中作为一种特质，被赋予了独特且厚重的意义。

所谓"德意志森林"，所传达的并不只是一种地理或自然概念，而是在历史的发展进程中，承载了德国历史和文化的深厚内涵，进而被神

---

[1] 李伯杰. 论德国文化中的森林崇拜［J］. 德国教育，2020（1）：49-56.

化，演变成了一个类似教会的存在。时至今日，森林在德国文化中仍具有一种独特的、近乎神秘的意义。自19世纪以来，森林已然成为德国人心灵的庇护家园和休憩乐园，他们对于森林的情感依恋已经演变成一种"森林崇拜"，正如埃利亚斯·卡内蒂（Elias Canetti）所说："德意志民族与其森林之间那种密不可分的、神经质的关系，世界上几乎没有一件事情能够令一个民族如此痴迷。"

二、森林崇拜的历史进程

在中世纪和早期近代的德国，森林神话只是存在于德国人集体意识的底层，森林所蕴含的神秘含义，还沉睡于德意志民族的文化记忆中，静待历史将其唤醒。在当时德国人的日常生活中，功利和实际需求占据主导地位，艺术和神话则被置于次要位置。森林，实际上是获取木材和燃料的资源，其形象显得乏味与世俗，与现代德国文化中的森林崇拜相去甚远。所以，在19世纪前，森林和树木对于德国民众而言，与其他国家和地区的人民一样，并不具备那种神奇的象征意义。

客观而言，森林在德国文化中的神秘意蕴，实则是德国近代历史发展的产物。从历史进程的角度来看，德国的森林崇拜经历了两个重要阶段：一是森林的无害化；二是森林的神秘及神圣化。

1. 森林的无害化

所谓森林的无害化，指的是森林在被人们利用的过程中，随着技术和社会的发展，不再对人类安全构成威胁的过程。

早在日耳曼人时代，欧洲中部大部分地区被浓密的森林所覆盖。但是，随着人口的增加，需要更多的粮食，农业发展需要更多的耕地，于是人们持续不断地砍伐森林以获取耕地。除了垦荒之外，森林还是建材和燃料的天然仓库，因此被大量砍伐。中世纪后期，德国人口和经济持续增长，人们对燃料和耕地的需求亦同步增长。德国作为欧洲冶金、矿产、玻璃、制盐业大国，不仅矿藏丰富，而且盛产木材。这些产业都需要大量的燃料，为了满足工矿业的需求，大片森林被砍伐。此外，德国还大量出口木材到荷兰等地，以满足当地兴旺的造船业对木材的需求，童话《冷酷的心》中就生动描写了德国人用木排把德国木料顺流而下运往荷兰的情景。此外，不断增长的人口、新建立的城市以及不断扩大的城市规模，都需要大量建设用地，这些因素也进一步加剧了森林的砍伐。1300年前后，神圣罗马帝国的森林覆盖率已下降到其领土面积的四分之一；而到了1500年前后，森林已经成为一种稀缺资源。但是，每砍伐一次树木，森林的地盘就被侵占一块，伐木活动不断蚕食着野兽与精灵的栖息之地和藏身之所。到了工业化时代,先进的采伐机械的发明和改良更是大大加速了这一进程,林中的精灵似乎被砍伐机械一扫而光。在这个过程中,大批原始森林成为木材的主要来源。

与西欧其他国家一样,德国的森林也曾经历了一个商业化的过程。正是在商业化之后,尤其是后来的工业化和城市化浪潮中,森林才被赋予了神圣、神秘,甚至是形而上学的意义,最终成为一个自然圣殿,获得了"森林大教堂"之名。早些时候,诸如"阴暗的""悄无声息的""野蛮的"等词汇的使用,表明德国森林给人最基本的印象是"莽荒的"。这都说明此时的森林并不讨人喜欢,相反被商人、旅人视为畏途,森林与人更多的是处于一种敌对状态。

随着森林的被开发,宽敞、平整的道路贯穿其中,森林不再是"无法接近或通过的",穿过森林的旅途也不再是危机四伏。相反,森林开始散发出一种亲和力。为了尽快取得经济效益,德国人所衷爱的许多珍贵树种,如橡树、山毛榉和榉树,因生长期长而被生长快、收益快的树种,如杉树和松树所取代。森林景观的这一变化对于森林的神圣化也产生了直接的影响。杉树是针叶树,高大挺拔,树叶集中在树冠,地面上留出了较多的空地,可供人们活动、散步和休息。茂密的树梢紧密相连,在天空与地面之间构建起一个巨大的屏障,留给人们许多想象的空间。在浪漫派诗人的笔下,这个绿色的屏障被誉为绿色的帐篷或是屋顶,被赋予了为人们提供庇护的意义。

无害化,尤其是人工林的种植,改变了森林的面貌和形象。于是,森林从普通的自然景观中脱颖而出,进入文化的领域,获得了其文化特质的意义。

2. 森林的神圣化

德国森林神圣化的根本原因是德国的工业化进程以及由此引发的社会大变革。

德国的工业化始于19世纪初,至19世纪中期全面起飞,而德国森林崇拜的产生时间恰好与此同步。究其原因,或许是因为无害化之后的森林生活为处于转型期的德国人提供了一个心灵上的庇护所。社会转型带来了一系列问题,如社会秩序的混乱、流动人口脱离故土后的不安全感、由此产生的恐惧、命运的不可捉摸,以及更深层面上人的存在受到的威胁等,这些问题都在森林提供的意象中得到了一定程度的缓解。如果对德国的文学作品作一番考察,可以发现中世纪及近代早期的德国文学中,虽然已有吟诵森林的诗歌出现,但为数尚不多。而到了18—19

世纪之交，以森林和树木为题的诗歌数目显著增加，许多诗人、哲人都热衷于礼赞森林、歌颂树木，诗人歌德的诗作中就有不少以森林为背景的佳作，如《漫游人的夜歌》。在这首著名的诗里可以清楚地看到，森林已经不再是那个令人毛骨悚然的空间，而是人类生存的一个保护屏障，为人的生活提供了便利和安全感。这样的森林散发出一种亲和力，并与人的情感世界建立起了密切的关系。

在政治层面上，森林也被纳入民族救亡的视野。拿破仑战争期间，德国的爱国主义者和民族主义者把德意志森林纳入政治思考之中。无论是克莱斯特的《赫尔曼战役》，还是浪漫派画家的画作，森林都是一个重要的背景和题材。当德意志民族处于危亡之际，森林为德国人的心灵提供了一个庇护所。这个巨大的社会和文化转型在德国的浪漫思潮中得到了最清晰的表述。

实际上，德国的浪漫艺术对森林崇拜起到了推波助澜、锦上添花的作用。浪漫派诗人艾兴多夫更是被视为德国文化中森林崇拜的"始作俑者"，他笔下的森林绝大多数是纯美的意象，即便蕴含着伤感，也表现出一种哀怨的美。在他最有代表性的森林诗《离别》中，我们看到的森林被建构成一个远离尘世喧嚣、远离世俗功利、没有危险的世外桃源。从蒂克的"林中寂静"开始，寂寞同时也意味着清净，与外界的喧嚣形成鲜明对照，获得了一种正面的价值。森林，作为"繁忙的世界"的对立面，成为一个精神和灵魂的庇护所，为身体和精神上流浪的人们提供着"庇护"，实则就是安全感。这种安全感或者说被庇护的感觉，大概就是森林在此时之所以被神圣化的重要缘由。心灵的"避难所"在当时的社会转型过程中，有助于安定人心、缓解社会矛盾。

三、森林崇拜产生的根源

森林之所以被神圣化、受人崇拜，主要得益于自身的存在。倘若德国的森林像地中海国家或英国的森林那样，被砍伐得所剩无几，当然也会从德国人的生活中消失，森林崇拜也就无从谈起了。

德国森林能够留存至今，在相当程度上要归功于德国贵族阶级的长期存在。因为狩猎是德国贵族阶级的一大爱好，贵族的狩猎活动常常使许多农民一年的收成毁于一旦，这一点从德国许多民歌的哀怨和痛斥中都可以看出。为了狩猎时能尽兴，贵族们还专门建立并保持了大量的"围场"，猎场中的大量树木森林因此躲过了工业化初期大规模砍伐的浪潮。也正因如此，"德意志森林"才得以幸免于难，依旧巍然屹立。

正是由于"德意志森林"不仅仅是一个自然景观，所以在德国文化中，森林崇拜已经超越了政治、等级、阶级、社会阶层的界限。以至于在现代德国，森林崇拜仍旧是跨越各种政治分歧和社会界限的全民诉求。因为森林已经成为德国文化的重要载体，是德国文化的一个鲜明符号，承载了太多的德国文化内涵。所以，德国森林因环境污染而枯死的现象，对于德国人来说，并不仅仅是一个环境问题，而是关系到德意志民族心灵世界完整性的大问题。

那么在德国的森林崇拜中，究竟什么树种最能代表德国文化呢？毫无疑问，橡树与菩提树是德国人的最爱，其"粉丝"数量远远超过其他树种的拥护者。二者树体雄伟高大，树形基本相同，都有粗壮的树干、巨大的树冠、浓密的枝叶。德国人喜爱的树种都以体积见长，并显示出一种崇高美。这一点或许可以解读出德国人对宏大、庄严的崇敬和仰慕之情。

综上所述，德国文化中森林崇拜的原因是多方面的，既有政治、经济方面的因素，也有社会、文化方面的因素。因为森林与德国人本就有着一种不解之缘，而在德国特殊的现代化进程中，森林又为德国人的情感世界提供了一个安全感的支柱。森林在德国文化中被神圣化了，这才出现了"森林崇拜"的现象。

森林依旧葱茏，森林崇拜、森林情结既给德国人提供了能够慰藉心灵的安神汤剂，同样也对德国民族主义的发展和传播起到了强劲的推动作用。

第七节　谨小慎微的禁忌文化

不同国家、不同民族，乃至不同地区都存在着语言和文化的差别。这种细微差别渗透到人们现实生活的各个方面后，就形成了不同文化的独特缩影。在一定程度上，禁忌取决于一个国家的宗教信仰、政治信仰、价值观念、文化传统等因素，它和我们日常生活中的行为关系密切。更重要的是，它也是跨文化交际中一个非常重要的组成部分。禁忌是世界上各个国家共有的文化现象，只不过不同国家的禁忌内容和形式有所差异。

随着人们进行跨文化交际与交流日益频繁，英、汉语言禁忌文化研究已成为我们有效开展跨文化交际的一个重要方面，受到越来越多语言学习者、教学工作者和跨文化交际活动参加者的重视。

一、禁忌的渊源

禁忌产生的基础源于人们对语言的最初认识和理解。远古时期，人们对语言本质缺乏清晰的认识，不知道语言究竟是什么，认为它和自然界中的风声、雨声一样，具有超自然神力。在那个时代，人们天真地以为语言中的音意和意义之间存在"一种内在的对应关系"，甚至认为文字和所指物之间就是一种相等关系。这样一来，他们想当然地推断出语言是具备某种超人力量的符号。故而，生活中的一些常用语言就成了崇拜对象。如果人们触犯了这种具有超人神力的语言，就会受到其法力无边的制裁，这种视语言为灵物的崇拜便是语言禁忌的最初由来。例如，中国人之所以忌讳数字"4"，是因为它同汉字"死"谐音，而"死"又有不吉利的意义。

禁忌是随着语言的产生而出现的，它是世界各民族共有的普遍现象，指的是那些大家一致认为在正常的言语交际中，尤其在公共场合，由于某种原因不能、不敢或不愿说出的表达方式，也就是应该禁止使用的话语。禁忌是语言不可分割的一部分，具有一定的客观性、民族性和时代性。1777年，英国航海家詹姆斯·库克（James Cook）在南太平洋上探险，来到汤加群岛时，他发现当地存在着许多惊人的社会现象，如某些词或词语不能随意使用，否则会令人难堪、不快，甚至引发嫌恶和恐惧，当地居民把这种禁忌现象称为"taboo"（禁忌）。

在国际学术界，"禁忌"统称为"塔布"，这个词源于南太平洋波利尼西亚汤加岛人的土语"tabu"。在现代英语中，它指被禁止或忌讳的言行，其含义是"神圣的""不可触摸的"。随着人类学、人种学和社会学领域的起步和发展，"禁忌"作为一种特殊专用名词被广泛使用于不同领域。同时，禁忌习俗具有一定的导向、调节、传递等积极功能，也有不可忽视的消极功能。其导向功能主要表现在人的社会化过程之中，一个人出生后，社会就要通过禁忌对个体言论进行导向，并通过语言禁忌造就人的价值和行为取向；调节功能是利用语言的禁忌来协调人与自然、人与社会的关系，以及保护人的安全，维护公共秩序；传递功能是指寄托人们希望的言语，有时会带有神秘的、令人恐惧的力量。当然，我们必须正视它的消极功能，因为它是恐惧、愚昧、迷信的产物。在跨文化交际活动中，作为语言学习者和跨文化交际活动的参与者，我们都有一种趋善至美的大众心理。因此，必须要了解不同文化背景下的禁忌习俗中的语言禁忌，才能顺利地实现跨文化交际。

二、英语国家的禁忌习俗

英国民俗学家马林诺夫斯基(Malinowski)曾经指出,语言深深植根于社会生活之中,如果不了解语言所处的社会文化背景,就无法理解这种语言的确切含义。世界上每一个民族在其漫长的演变发展进程中,都形成了具有自身特色的民族文化,在民族文化历史积淀的深厚根基上,各个民族形成了各自的生活习俗、思维模式、宗教信仰和民族心理。这种文化观念上的差异,必然会反映在语言的表达形式上。作为一种受文化限定的语言现象,禁忌语早已打上了民族特征的印记。

对于"禁忌"这个词语,《大英百科全书》是这样解释的:严格地说来,禁忌仅仅包括:①属于人或物的神圣不可侵犯的性质。②由这种性质所引起的禁制作用。③经由禁制作用的破坏而产生的神圣性(或不洁性)……就较广义的定义来说,各种不同的禁忌都有以下某些特色:①经由曼那(mana,一种神秘的力量)依自然的方式,附在一个人或是物的身上所产生的结果。②经由曼那以间接的或以传染的方式注入而产生的结果。③上述两种因素同时存在。① 著名的奥地利心理学家弗洛伊德(Sigmund Freud)在他的专著《图腾与禁忌》中写道:禁忌是表示一个人、一个地方、一件东西或一种暂时性的情况,它们具有这种神秘力量的传导作用或者本身即是这种神秘力量的来源。② 同时,它也代表了由这种事物禁忌预兆所产生的禁制。此外,这个名词内涵还包括"神圣的"和"超乎寻常的"、"不洁的"和"怪诞的"等词汇意义。在英语国家,人们十分重视禁忌,如果有人在日常交际中触犯了当地的禁忌,情节较轻时,当地人会表示不快;情节严重时,可能会遭到当地人的排斥。

1. 问候、寒暄、交谈

禁忌遍布我们生活的各个角落,小到衣食住行、社会交往,大到政治、外交、文化等活动,都有它的踪迹。在英语国家的社交活动中,人们相见、告别或是向他人表示祝贺时,常采用握手礼。握手的同时,彼此寒暄问候,进而开启下一步的交谈内容。但是,我们必须注意握手的禁忌。在多人在场的情况下,一定不能越过两个人拉在一起的手去和其他人握手。据说,这种

---

① 大英百科全书[M]. 北京:中国大百科全书出版社,1999.
② [奥]西格蒙德·弗洛伊德. 图腾与禁忌[M]. 赵立玮,译. 上海:上海人民出版社,2005.

交换握手可能会给施礼者带来不幸,甚至招来祸端。我们知道,有些禁忌是消极、迷信和愚昧的,尽管听起来似乎荒诞可笑,但在日常生活中,人们仍会小心翼翼地避免这样的行为。此外,如果有特殊原因需要拜访某人,必须事先预约,切忌突然造访。否则,被拜访的人会觉得拜访者粗鲁无礼、做事欠考虑,进而拒绝与拜访者晤谈。因为没有预约的贸然来访会打乱别人的工作安排,带来极大的麻烦。而事先预约好的拜访要准时到达,不能提前或迟到。按照西方人生活的惯例,尤其是宴请或是聚会场合,美国人常习惯晚到几分钟,以便就餐能顺利开始。

重要的是,如果因突发原因导致预约好的拜访无法如约前往,拜访者一定要设法提前通知对方,事后还要表示歉意,以此表达自己给别人带来不便的愧疚心情。同时,在一些家庭聚会、工作 party 或是其他类似的社交活动中,英语国家的人们禁忌谈论本职工作或是公事,因为这样做会被别人认为是在炫耀自己,会令他人感到难堪和反感。一些西方人非常厌恶他人在公开场合卖弄自己、口若悬河。在公共场合与他人交谈时,英语国家绝对禁止大声喧哗,他们说话的音量要比平时低很多,说话声音低也是不想打扰别人的一种表现。

此外,尽管打喷嚏是一种正常的生理现象,但在公共场合或与朋友聚会时,西方人禁止冲着他人打喷嚏,这也是中外社交活动中都遵循的禁忌习俗。如果实在忍不住要打喷嚏,当事人必须用纸或是手绢掩着鼻子,转过身来完成这个动作。然后,再心怀歉意地对自己周围的人说一声"Excuse me"(对不起),别人会立刻回复一句"God bless you"(上帝保佑你)之类的话语。这个禁忌的历史渊源和黑死病有关。14 世纪,黑死病在欧洲开始流行,后来蔓延到英国,很多人因此失去了生命。这种病初期最明显的症状就是打喷嚏。谁要是一打喷嚏,就会怀疑自己是否染上了这种病。打喷嚏的人就会接着说"God bless me"(上帝保佑我),别人也会马上接着说"God bless you"(上帝保佑你),期望上帝能保佑打喷嚏的人身体健康,免除各种疾病的困扰。

2. 宗教信仰禁忌

反映社会生活各个方面的宗教和宗教信仰禁忌,是西方人生活的一个重要组成部分。既然存在宗教,就必然会有宗教戒律。实际上,宗教戒律本质上就是宗教禁忌。

在信仰基督教的西方国家,上帝的名字耶和华(Jehovah)是西方人交谈中最大的禁忌,在任何情况下,人们都禁止随意使用、滥用上帝的名字。

根据《旧约·出埃及记》记载，上帝通过摩西与以色列人订立盟约，明确规定了以色列人必须遵守的"the ten commandments"（十戒），它们是基督教思想的核心。其中第三个戒条是"Thou shalt not speak my name in vain"（尔等不可擅自称呼我的名字）。美国语言学家李奥纳多·布龙菲尔德（Leonard Bloonfield）在他的著作《语言》中是这样描述禁忌语的：英语中的各种宗教用语，如 God（上帝）、devil（魔鬼）、heaven（天堂）、hell（地狱）、Chris（基督）、Jesus（耶稣）、damn（该死）等词语，只有在严肃的讲话中才能使用。违反这条戒条的规定将受到人们的责备或辱骂，如"for Christ's sake"（看在基督的面子上），它表示一种强烈的情绪，用于请求某人帮助某事，可译为看在上帝的份上或求求你的意思。一般情况下，人们都会尽量避免使用这一词语，而是用"for goodness sake"或是"for crying out loud"（看在老天爷的份上）来替代使用。这正是为了遵循上帝所规定的十条戒条中的第三条，即上帝的名字是语言使用中的一种禁忌。除此之外，英语国家的姓名禁忌并不多见。但根据人类学家的考古证明，古英国人只有名字，没有姓。那时候，人们有一种习俗，就是人死之后名字就不再被提起，这种忌讳谈论死者名字的做法是子孙后代崇敬先人的表现。直至今天，这种名字禁忌的做法在西方人的现实生活中仍然存在。

基督教是英语国家的国教或主要宗教之一，信奉基督教的人视自杀为罪恶，所以在交往中一般忌讳谈论自杀。正因为大部分人信仰基督教，因而他们清楚地记得耶稣被叛徒出卖后钉死在十字架上蒙难的故事。为了纪念耶稣，教会把他的受难日定为"耶稣受难节"，即每年复活节前最临近的那个星期五。因为这个原因，西方人一般认为这是一个不吉祥的日子。在这一天，绝对不能从事与耶稣在十字架上受难有象征性联系的事情，如理发或是其他一切要钉钉子的木工活。此外，洗涤衣物或扫地也是这一天的禁忌。然而，在这一天烘焙面包、散播芜菁种子、给婴儿断乳，却又被认为是十分吉利的事情。

3. 日常生活禁忌

西方国家的人们在交谈中，对个人隐私领域的话题非常忌讳，其中最大的禁忌便是涉及个人的隐私内容，如个人的年龄、婚姻状况、财产、工资收入、恋爱情况、政治立场、宗教信仰等。在西方文化里，隐私被视为神圣不可侵犯。如果在交谈中无意触碰到这个谈话的底线，就会引起对方内心的不快和极度反感。

大多数西方人都害怕"老"。一方面，"老"在他们的观念中蕴含有

"不中用了"或是"该退休了"的意味。在这种价值观的影响下，谈"老"成为一个敏感话题，尤其在与女士交谈时更是忌讳。另一方面，在日常生活和工作中，西方人更注重个人能力，强调竞争并追求效率。人老了就意味着年纪增大，不论精力还是能力都大不如前，与年轻人相比相差甚远，工作上也缺乏年轻人身上那股冲劲和干劲。因而，在很多事情上，老年人往往遭到冷遇和慢待，"old"（老）也就成了他们在交谈中忌讳使用的词汇。

西方老人不喜欢被人称作"old people"（老人），更深层次的原因在于，他们往往将"老"字与"体弱""变丑了"等词画等号。因此，西方人在交谈时会千方百计地避免使用这个词，或是借用其他词来委婉表达"老"这一概念。英语里常用"senior"（年高者）、"getting years"（年岁在增大）、"the longer-live"（生活经历较长的人）及"seasoned men"（历练的人）来代替"old people"（老人），在"golden age club"（老年俱乐部）的表达中也没有出现"老年"这个词。由此可见，对"老"的禁忌主要是由于老人在西方社会中地位的下降，怕"老"已为整个西方世界大多数老人的社会心理定势。与之相反，中国在传统上是一个差序格局社会，老人是备受尊重和爱护的对象。"老"字在许多情况下被委婉地用来表示资深或德高望重。

尽管生、老、病、死是宇宙中客观存在的事实，但死亡仍然是人们谈话中的禁忌话题之一。无论是东方人还是西方人，都对死亡怀有强烈的恐惧感，极不愿意提及与之有关的一切字眼。在日常语言交际中，人们总是刻意回避"死"字，非用不可时，也会尽量找其他词语来替代。在交际时，西方人很少直截了当地说"He died"（他死了），而是用"to go to a better world"（到极乐世界去了），"to go to heaven"（去天堂了），"to depart"（故去），"to be gone"（走了，没了），"to pay one's debt to nature"（向大自然还债），"to breathe one's last"（咽下了最后一口气），"to go to another world"（到另外一个世界去了）。有时，人们还常把"death"（死亡）比喻成"sleep"（睡眠）、"rest"（安息）、"going to a better world"（到更美好的世界里去）。一般来说，在日常生活中，"老"也被视为要尽量避免使用的词汇，因为它会使人们联想到"死亡"的到来，这是让西方人感到恐惧和害怕的事情。

生儿育女本应是一件旺夫、兴家的大喜事，但西方人对女性怀孕、生育也有一定禁忌。在英语表达中，如果女性怀孕要生宝宝了，他们不说"pregnant"这个词，反而会委婉地说"She is expecting"（她有喜了）、"She is in a delicate condition"（她身体状况特殊）、"She is about to have a blessed event"（她即将迎来一件喜事）、"She is about to be in a family way"（她即将有家庭新成员了)、"a hole out in one"（一击即中，暗指怀孕)、"eating for two"（为两个人吃饭，暗示怀孕）等。即便如此表达，怀孕这件事仍然是一件喜事，因此，怀孕常常被表示为"to be expecting"（盼子)、"to be anticipating"（望子）等。

  西方人日常生活中的种族歧视语也是禁忌习俗文化中的一个重要组成部分，在美国这种现象表现得尤为明显。从古至今，美国黑人在其历史上备受歧视，虽然随着时代发展，黑人地位有所提高，但是歧视依然存在。过去的岁月中，那些白人奴隶主用过的恶毒咒骂和侮辱黑人的歧视语成为禁忌语，如"nigger""niggra"或"niggruh"（黑鬼），这是白人对黑人的侮辱性称呼，属于色彩强烈的完全禁忌语。"Negro"（黑人）带有轻蔑性，"boy"（黑奴）专指黑人男性，带有侮辱性，这两个词汇都是半禁忌语或完全禁忌语。现在，黑人被称为"blacks"或"colored people"。

  英、美两国是世界上科技和工业高度发达的国家，但同时也是贫富差距悬殊的国家。在英语中，"poor"（贫穷）是一个非常可怕的字眼，它意味着此人生活困苦，同时也表示这个人社会地位低下。因此，在交际中，人们不说"poor"（穷），而是说"needy"（拮据）、"underprivileged"（经济状况低下）、"disadvantaged"（处于不利地位），或是用"out of pocket"（花完了）、"in reduced circumstance"（每况愈下）代替"no money"（没有钱），或说得更委婉些"in difficulties"（在困难中），把时常面临"unemployment"（失业）表述为"lay off""get the walking ticket"。更有趣的是，某些西方国家政府也忌讳"poor"（贫穷）这个词汇，尤其是英美等发达国家政府。在这些国家的官方文件中，他们自称没有"poor people"，只有"low-income group"（低收入的阶层）。与这个表示方法类似，第三世界国家普遍经济落后，在英语中，它们被称为"the underdeveloped nations"或"less developed nations"（发展中国家）。其实，上述所举例证都是对"穷"的释义，相比较来说，这几个表达方式语气较为缓和，听起来不那么刺耳。

三、汉民族的禁忌习俗

  "禁忌"一词历史悠久，它最早出现于汉朝的一些史料典籍之中。《说文解字》对于"禁忌"的解释可谓简明扼要、一语中的："忌，憎恶也。"其意为心理所憎恶的事物，就希望避开它，在语言层面则表现为闭口不说或采取言语代用的方式。《礼记·曲礼》中，人们就已经明确标注了"入境问禁"的礼仪规范。随着历史的变迁和社会的发展，人们甚至把一些重要禁忌写成条例公布于众，目的是告知说话者在社交场合使用时，必须要有所忌讳。

1. 问候、寒暄、交谈

在社交活动中，大多数中国人见面、告别时常施以握手礼，这一点同西方人的问候方式极其相似。但是，同西方国家完全不同的是，除婚、丧、嫁、娶等重大事宜以及一些特定的社交场合外，对于大多数中国人来说，并没有预约访客的习惯。在跨文化交流和交际活动中，这一习惯和西方人际交往风格大相径庭、格格不入。在全球一体化逐渐形成、人们生活节奏不断加快的当下，中国人已经认识到这一习惯的重要性。事实上，在中国大多数行业领域中，预约访客的做法已初露端倪，并且逐渐盛行，因为这种恰当、得体的访客形式能够给双方都带来便利和益处。重要的是，赴约见面会客时，中国人常习惯于早到几分钟以表示尊敬，对于比自己年龄大的被拜访者和敬慕的朋友更是如此。

在传统习惯、社会文化和儒学教化的影响下，部分中国人对隐私的保护意识相对较弱。在朋友交往中，我们常常会无视自己的隐私，当然也不会过多顾忌他人的隐私。但这绝不意味着中国人没有隐私观念，古语有云"打人莫打脸，骂人莫揭短"，这里的"短"指的就是不愿意让别人知晓或是不希望别人提及的事。例如，在家庭聚会时，家里的七大姑八大姨常随口就问年轻人的收入情况，更有甚者，对别人的婚姻现状和处境刨根问底，非要知道全部方才罢休。在此情境下，我们或许可以理解为长辈对晚辈的关心。

源于此，在人际关系中，我们常说"君子坦荡荡，小人长戚戚""事无不可与人言"等。追溯到漫长的封建社会，那时的臣民对至尊无上的皇帝必须绝对忠诚，绝不能有任何个人的秘密。在中国特定的历史时期和背景下，我们的隐私意识淡化到了极点，将其置于一个前所未有的极端透明的高度。改革开放后，西方关于个人隐私权的思潮涌入中国，人们逐渐认识到隐私是属于自己的私事，个人隐私权应当被纳入国家法律条文的范畴，并受到明确的保护，公民隐私权的保护是公民的基本权利和义务。2021年1月1日，我国颁布施行的民法典对个人隐私和信息权的保护做出了明确的法律保护规定。同样，隐私权的文化差异也会导致跨文化交际中出现障碍或误解。

中国人的待客禁忌也十分有趣。一般来说，如果家里来了客人，我们习惯用酒、茶款待客人。需要注意的是，一定要是"满杯酒"或是"半杯茶"，这"一满杯酒"和"半杯热茶"充分表达了主人发自内心的热情和好客之道。但是，如果家里有人出远门，这一天家里人是绝对不能扫地或清理房间的，这是因为家人希望出行的人能够顺利、平安地回家。临行前，家人还要在出行者的行李里放一个苹果，意在祝愿他旅途"平平安安"。

2. 宗教信仰禁忌

佛教，作为世界上三大教派之一，很早就传入中国，并对中国文化产生了巨大的影响，很多中国人信仰佛教。尽管佛教内部细分成各种教派，但它们的主要教义完全一致：施于一切有生命者以慈爱和怜悯，广爱博施，不计善恶，不分人畜，均一视同仁。在这个教义基础上，佛教衍生出五戒、八戒、十戒等不同戒律。需要注意的是，这些佛教戒律不是一成不变，而是会随着时代发展，在内容上有所删减或增补。

在世界不同国家，佛教的禁忌存在一定差异。一般来说，佛教教徒要忌吃荤菜，只吃素食。在古代中国，除唐代的少林寺武僧因得到唐太宗的嘉许可以吃肉，所有佛教徒都严格遵循忌荤吃素的原则。最夸张的是，葱姜类调味品也被归为荤物，他们不能接触。这种执着的宗教信仰，使得中国人衍生出许多与宗教信仰相关的禁忌，如禁忌亵渎神灵，对自己所信奉和崇拜的神仙，不能在言行和举止上有一点慢待和不敬，尤其忌讳妄语。这里所说的妄语，是要求人们在社交活动中注重自己的言语行为，把握尺度，不能信口开河、胡说、乱说和瞎说。造成这种约束的缘由，是崇尚礼仪的孔孟之道在中国人的思想中占据着统治地位。

此外，为了保佑家庭成员身体健康、平安幸福，每个家庭都需要"请"神像，每逢过年时都要贴上新的神像来进行祭拜。在这个过程中，一定要用"请"来替代"买"，切忌说"买"，否则便会被视为亵渎神灵。在我国某些地区，居民常把某种动物当做保护神，对它们尊崇有加，有的动物甚至还被供奉在家里的祭坛上，如中国东北的老百姓，他们认为老虎是森林之王，能给当地百姓带来幸福，将老虎亲切地称为"山君"或是"山神爷"，自古以来，长白山老百姓就有"祠虎以为神"的习俗。

中国是一个有着两千年封建礼教传统的宗法国家，尊祖敬宗、讲求身份是中国的一贯传统，"子不言父名，徒不言师讳"更是人们信奉的准则。出于崇敬或恐惧的心理，人们主观地赋予很多称谓超常的力量，如不能随意使用君王或尊长名字中的字，这就是"避讳"。它是中国古代为回避君父、尊亲名字而改写为其他字的一种制度。

避讳分为不同类型，避君王名字称为"国讳"或"公讳"，避家族长辈的名字称为"家讳"，如众所周知的唐太宗，名世民，为避讳，唐人以"代"顶"世"，以"人"替"民"字，观世音菩萨也只称观音菩萨。而"只许州官放火，不准百姓点灯"的故事，可追溯到宋代知州田登，这句话正是为避讳其名"登"字而产生的。上元节放灯，州官允许百姓到城楼上观赏，但在其发布的布告上却写着：本州依例放火三日。"放火"的使用巧妙地避开了州官的名字"登"，因而放灯变成了"放火"。后世常用这句话来讽刺封建社会朝廷官员那种妄自尊大、飞扬跋扈的做法。随着时代发展，"避讳"已经逐渐淡出人们的视线。但在现实生活中，我们取名时还是会尽量避开父母长辈的名，无论是相同字还是同音字。

　　古代中国是一个带有极强封建迷信思想和敬拜神灵的国度。由于当时社会文明落后，生产力低下，人们很难战胜大自然中的各种灾难和疾病，便天真地以为灾难和疾病都是上天对他们的惩罚或魔鬼缠身。因而，在日常生活中，人们对上天鬼神有所避讳，不敢随便乱说。每逢提起这些字眼时，一定毕恭毕敬，他们相信语言有一种特殊的"召唤"力量，一旦脱口说出来的话就会真的发生。因而，在神圣对象、神圣场所和神圣时间内，人们禁说污秽不净、亵渎神明的言词或不吉利的话。非说不可时，常用谐语或隐语代替，以避其讳，如有些船家禁忌说"翻""沉"等字眼；有些人忌讳说"棺材"，而改称为"寿材""寿器""长生板"等。

3. 日常生活禁忌

　　纵观中国人日常生活起居中的禁忌，其名目繁多，背后的说道讲究也十分有趣。在居家生活中，打碎器皿被视为非常不好的事情，因为"破碎"寓意不祥，是不吉利的征兆。如果有人打碎盘碗等餐具，旁人会立即说"碎碎平安"，以此化解打碎物品带来的不幸。

　　生、老、病、死是每个人都无法抗拒和回避的自然现象，是人生中迟早要经历的事情，因而人们对"死"有了诸多禁忌。在日常生活交流中，"死亡"是一个容易使人产生不愉快情绪的主题，"死"字不能随便提及。人们会用各种巧妙的词语来替代它，以表达对逝者的尊重和对死亡的忌讳。例如，天子皇帝之死被委婉称作"驾崩"或"龙御归天"，大夫之死称作"卒"，书生之死称作"不禄"，和尚之死称作"圆寂"，道士之死称作"羽化"，老人之死称作"寿终正寝"，普通老百姓的死则有"没""下世""谢世""升天""老了""走了""与世长辞""翘辫子了"等多种说法，小孩之死称作"夭折"，坏人的死则称为"一命呜呼""停止呼吸""归西天""翘辫子""见阎王""蹬腿"等，这些表述或贬或褒，反映了人们对不同人物死亡的态度。当今社会，我们把在战场上为祖国和人民奋战捐躯的将士称为"捐躯""牺牲""就义""阵亡"，用这些褒义赞词来避开"死"字，表达对英雄的敬仰和缅怀。

此外，中国人还非常忌讳离别，连"离"的同音字"梨"也被列入忌讳之列。迄今为止，中国人都保持着夫妻、情侣吃梨时忌讳分成两半的传统，因为分梨象征着"分离"，这一习俗生动地体现了语言对文化的影响，由于"梨"和"离"谐音，便产生了不能分着吃梨的文化禁忌习俗。

我们大力提倡的伦理人情基于中国历来尊崇"敬老尊贤"的传统文化和价值观念。在中国社会，老人普遍受到尊重，年老并不可怕。相反，"老"是智慧和经验的象征。有许多溢美之词来形容老人，如"老马识途""老当益壮""老骥伏枥""老马嘶风"等，中国的老人以"老当益壮""老骥伏枥"为荣。这一点同西方社会完全不同，因此这方面的禁忌语在中国并不多见。中国的老人不惧怕谈老，整个社会也就不忌讳"老"字。我们称呼上了年纪的人为"老教授""老寿星""老先生"，如"老人家，您贵庚啊？"在称谓时，中国人习惯把"老"字放在姓氏前后以示亲切和尊敬，如"老王"表示亲切，"郭老"表示尊敬，且敬意较前者更深一层。在中国文化中，"老"字还带有敬意，意味着权威和智慧，像"姜还是老的辣""老成持重"，所以"老师傅""老总""老首长""老中医"等都成了尊称。

千百年来的中国传统文化中，存在"士不理财"的观念，因而对"贫穷"并不像西方那样讳莫如深。"万般皆下品，唯有读书高"的观念，使很多读书人养成了以谈钱为辱的心态。在"文化大革命"中，有钱人被认为是资本家、财主，还要被"割尾巴"，越是没有钱的人斗志就越高涨，那时中国人不忌讳贫穷。但在当今中国社会，随着经济发展和社会进步，这个禁忌基本已经消失殆尽。这一变化提醒我们，作为语言学习者，要注意到在不同文化背景中，人们对同一事物的态度可能截然相反，语言禁忌往往因民族、文化、地域和时代的不同而有所差异。

从方位上来说，中华民族具有尊左卑右、尊右卑左或二者同时兼顾的特有文化现象，民间有"左为上，右为下"的说法。谚语"左眼跳财，右眼跳灾"，意为左眼跳是吉祥的兆示，或遇贵人，或有喜事，或升官发财；右眼跳则是不吉祥的凶兆，会失财。一些现代的日常生活习俗中，同样可以看到尊左卑右的禁忌习俗，如现代流行歌曲《洗刷刷》中的歌词："左眼皮跳跳，好事要来到，就算什么也没有，让我心情好，左眼皮跳跳，吉祥的预兆……"

早在3000多年以前的甲骨文里，尊右卑左体系就把"左""右"描画成左右手形状，代表左右手。在漫长的劳作、创造工具与使用工具的过程中，我们祖先发现右手比左手更有力和灵活，且占据了优势与主导地位。基于这一认识，我国权势系统里形成了"右"居"左"上的观念，"右"常暗指较高的地位。这一点在中国许多地区请客吃饭排座位时可以看出来。一般来说,坐在请客的主人右手边的人是最尊贵的客人,其他客人则依次排序。值得关注的是,汉语中的"左"有政治思想属于进步的和革命的意义。汉语中有左翼作家,指的是具有进步思想倾向的作家;而"右"则有政治思想保守、反动的含义。

随着社会的不断进步和时代的新旧更替,禁忌语也在发生日新月异的变化。不同文化传统对特定场合交际行为的制约,使得中西方禁忌语各具特色。西方人追求个人独立和平等的价值观,中国人则崇尚含蓄和谦逊,讲究"中庸""和谐"的价值观。

花海踏浪篇(7)——日本的茶道文化

文化是一个国家和民族发展的强大精神动力。日本从唐朝时期起,就开始痴迷于中国的茶文化。当时,中国正处于封建社会的繁荣阶段,在政治、经济以及文化方面,都是周边较强大的国家之一。在这样的时代背景下,中国文化逐渐流入日本,并在其社会发展中生根发芽,衍变成日本文化的一部分,日本的茶道文化便是例证。

独特的民族心理机制使日本文化具有较强的吸收能力、适应能力和创造能力。自中国茶文化传入日本后,日本人在历史发展的进程中吸收了中国禅宗的精髓,同时结合本国的民族特色,形成了独具魅力、体系完整的茶文化——日本茶道,并将其融入自己的民族精神。

1. 茶道的起源

茶文化起源于中国,于9世纪初由遣唐使带到日本,最初仅在贵族、僧侣、文士之间风行,是一种饮茶形式。日本的茶道是在中日僧侣的交流中产生的,这就注定了日本茶道离不开佛法和禅味。

15世纪后期,被称为一休和尚弟子的村田珠光、武野绍欧提倡"应在中国茶里融入一些日本的东西,创造出美的意境"。这个愿望的真正实践者是村田珠光的弟子千利休。据历史资料记载,从室町时代到江户时代,"利休茶"风靡一时,小而简朴的草庵茶室,灰黑色的粗瓷茶碗,象征着千利休理想的茶道世界。他厌恶豪华奢侈,追求淡泊宁静,为茶道注入了新的创意,奠定了茶道的审美意识基础。渐渐地,茶文化和禅宗文化进行了初步的融合,形成了独具特色的草庵茶风,这便是日本茶道的雏形时期。

从明清时期开始,我国饮茶时会将开水和茶叶一起注入茶壶进行冲泡，这也是延续至今的泡茶方式。日本茶道在明清茶道的影响下，参考抹茶道的一些风俗和礼仪规范，将两者结合，逐渐形成了独具特色的煎茶，这也是日本茶道中最著名的方式。最终，煎茶道在江户时期流传至整个日本，而江户时期也是日本茶道最辉煌的发展时期，进而形成了日本独具特色的抹茶道、煎茶道，也就是现在世界人民所熟知的日本茶道。

2. 日本茶道的内容

日本茶道以其礼仪繁琐而著称。在日本人看来，规矩的礼仪能够让人在制茶、饮茶的过程中与茶合二为一，体会到禅宗的奥妙，借此达到人与自然的和谐统一。日本茶道并不仅仅是喝一杯茶而已，而是将与饮茶相关的所有内容都一并归入茶道，且用相当明确的礼仪规定下来。

（1）茶会

这些繁琐的礼仪基本上体现在四个小时的茶会之中。按规定，每次参加茶道的人数不得超过五人，即使是白天的茶会，房间里的灯光也必须是微暗的。茶会期间，任何人不得喧哗、私语。在灰暗的光线下适应后，人们才能看清楚茶室内没有一点装饰，这与佛教哲学"空"的概念完全吻合。只有在这种情况下，人们才能够真正明白壁龛中插着的小白花和旁边挂着的山水画所自带的特殊美感。

（2）茶具

茶具是人们对茶道的第一印象。对于日本茶道而言，茶具不但能让整个过程如行云流水般完成，让每个参与的人都体会到茶道的真谛，并且它还是享受这种独特美感的必需品，是享受这种独特美感的必经途径。其中，雪白的麻制方巾和小竹刷必须是崭新的，但其他物品，如茶锅、茶碗、茶勺等上面无一不留下岁月的痕迹。

日本茶具基本上是从自然中取材的，代表自然，让每个人在饮茶的时候，都能够通过充满自然意趣的茶具，来一场与大自然的心灵会晤。重要的是，精湛的木式结构茶室，内部装修极为简单，多以本色或自然色为主，无虚饰的造作，给人一种淳朴、返璞归真的美的享受。

（3）茶礼

茶礼，是茶道仪式中所要求的礼节，也是茶会中主客们之间的行为规范。

日本茶道之所以成为世界闻名的饮茶文化，除了独具特色的日式美感和充满古韵的饮茶方式外，茶礼是最主要的特点。日本的茶道是将取自天然的茶叶和取材于自然的茶具结合起来，通过优雅、沉静的礼仪，让每个参与的人都感受到禅意。茶道礼仪的最高礼是"无声礼",也就是说,参与茶道的每个人都不发出声音,通过无声的方式,让每个人通过仪式般的行为获得自己的感悟。在茶道的过程中,每个人的位置、茶具的位置、茶道的顺序、泡茶的动作、喝茶的时机都有严格的规定,这样就形成了一套严明的礼法。

日本茶道的精髓是"和敬清寂",这也是日本茶道的四则,即"和、敬、清、寂"。具体而言,"和"体现为主客在茶室内相向而坐,彼此敬茶、谦让有度;"敬"强调的是谦逊和互让的精神;"清"为清静、清寂的感觉;"寂"为日本茶道中审美意识的原点。日本茶道的主旨是"无",也就是说,日本茶道否定一切主体,只有否定了主体,才能够让人放逐自我,在与自然的交锋中体会到自然的真谛。而"无"的具体表现就是和、敬、清、寂,这四则是茶道的中心。正是在这种中心思想的指导下,才衍生出了充满和式风味的各种茶具、建筑、点心等。

日本的茶道中,茶室的设置应当闹中取静、典雅静谧,同时茶会的气氛也要肃穆安适。想象一下,人们在百忙之余,悠闲地坐在与尘世相隔绝的茶室中,听着炉子上水沸腾的声音,看着茶师们优雅的点茶姿态,体味着奔波的人生中难得的片刻宁静与休闲,简直是一种高雅的享受。"禅"与茶道的相通之处在于对事物的纯化,这种纯化,在禅里是靠对终极实在的把握来完成的,而在茶道那里则是靠以茶室内的饮茶为代表的生活艺术而实现的。

3. 日本茶道的本质

从某种意义上说,日本茶道的本质也是日本文化的性格,它孕育了日本人审美意识的基本特征:崇尚自然,追求寂静,在平淡中出奇趣,简易中寓深意。在寂静的氛围中,天地无限之禅机即涌动于茶人的体内。随着茶事的进行,茶道在这个过程中渐渐露出其本来面目。这种在时空中进行,并一直流动着的艺术,犹如行云流水的舞蹈一般,能够让品茶者得到灵魄的放松和身心的享受。

今天,日本茶道已经是一门修身养性、立身处世的人生艺术,早已与服装、书画、园林、建筑、饮食等融为一体。千利休曾强调说,茶道之精华不在其形式而在其内涵,就其宏观意义而言,这种观点几乎回到了中国茶文化精神的原点。但受日本民族特性和禅宗的影响,日本茶道不断走向规范化,日本人民一丝不苟的做事态度在茶道中得到了充分体现。日本茶人对茶道的程式、动作、场地等一系列严格的规定,使日本茶道融宗教、哲学、伦理、美学等于一体，并从当今世界文化的一朵绚丽的花朵演变成为一门综合性的文化艺术。

第八节　五花八门的中西饮食文化

从古至今，"吃"是全世界各国人民一直共同关注的生活的重要组成部分。从原始时代部落中的共食到现代社会多元的宴会形式，丰富的菜肴种类和各式各样的宴会礼仪，都是不同时期各个国家人们社会生活的真实写照。

通俗意义上解释，宴客就是请客吃饭，它以一种特殊方式反映着社会礼仪的进步，影响着人类文明的进程。但是，宴客绝不等同于简单意义上的请客吃饭，它是人们历代传承下来的宴饮方式和礼仪规范等。虽然在各国人们的日常生活中，并没有用法律条文对其加以规定和约束，但它对参加宴客的人们有极强的规范和限制作用。

一、宴客

宴客的作用由其社会功能所决定的。在人际交往活动中，由于某些原因，来自世界各国的人们聚在一起，把酒言欢，品尝美味。在这个过程中，人们之间的距离不断缩小，感情也在慢慢加深。请客吃饭之所以成为一种普遍行为，正是因为它具有联络感情和疏通人际关系的作用，因此，宴客所具有的这种疏通人际关系的基本功能，绝不能被忽视。这一点在世界各国的宴请活动中都有着充分的体现，例如，为了加强各单位之间的沟通和交流，很多国家的各种大小公司、商业部门都设有公关部，一些大学商学院还设有公关课程。这些设置是为了满足人们在各种业务交往中联络感情、疏通人际关系的实际需求。

世界上不同国家、不同民族，都以宴请的形式来庆祝本民族特有的传统节日和大型庆典活动，英、汉语国家在宴客习俗上有着很大差异，这主要是由地理环境的不同、中西饮食起源的差异所导致的。随着当今社会科学技术的迅猛发展，以及文化生活日新月异的变化，人们在思维方式和价值观念上也发生了改变，这些变化使得中西宴客行为的差别越发明显。不同文化背景下的人，对于婚姻、节日、宗教等活动中的宴客习俗，甚至可能会出现相互对立的情形。而且，宴客活动中所涉及的场地、环境、食物、服务等各个细小环节，都能够从侧面反映出不同国家地域间人们的喜好、性格特点和深层次的宴客习俗。

二、西方人的理性饮食观

考古学家根据公元前 30 世纪至前 20 世纪两河流域关于节日和祭祀的宴饮记录推断，面包和葡萄酒已作为祭祀食物出现在当时的庆典中。这是西方宴饮活动的最早记录，其源头可追溯至祭祀活动。由此可见，西方在古埃及时期就已经有了宴饮的萌芽。西方文艺复兴时期的著名学者迈克尔·让纳德（Michael Lenault）曾说过："宴席表达了这个时代的信念，即在上帝的恩典下，人们既可以同大自然和谐相处，又可以生活在社会的中心。"从这句话，我们可以看出宴客在西方饮食中的地位和重要性。

在早期西方国家，畜牧业与农业并重，这种经济结构奠定了西方饮食以肉食为主、蔬菜为辅的基础，主要食物是肉食品，且用量极大；而蔬菜、水果、面食品的用量相对较小，属于次要但不可缺少的食物类别。日常生活中，每个国家的人民都会在不经意间流露出其自身所承载的文化背景，其中，饮食文化便是最具代表性的一个方面。

1. 饮食文化

西方哲学历来重理性和科学，西方人所追随的宗教思想也促使他们秉持"以人为本"的理念，在天人关系上强调"天人两分"。在认识活动中，他们重视必须借助言说的理智方法，且认为阐述得越详尽越好。所谓理智方法，强调必须依赖思维、推理和经验。这样一个注重理性分析的民族，在对待饮食的态度上自然也表现出理性特征。正因为如此，西方人在烹饪时，从营养角度出发，自始至终都坚持饭菜实用性第一的原则，重视食物营养的完整性和对人体的健康性，不过分追求饭菜的花样性和美观性。在饮食上，西方人严格奉行"营养至上"原则，重点关注蛋白质、脂肪、碳水化合物、维生素及各类无机元素的比例是否恰当，卡路里的供给是否恰到好处，这些营养成分是否能被进食者充分吸收以及有无其他副作用等。

一些西方人认为，"吃"的本质仅仅是一个维持生命机能的动作而已。对他们而言，这个动作就好比给一台工作中的机器注入燃料以保证其正常运行。只要吃了以后能够保持身体健康、结实，并足以抵御病菌、疾病的攻击，那么其他的因素皆在"吃"这个概念之外。此外，西方人强调个体主义，尤其注重个人的价值与尊严、个体的特征与差异。同样，他们所崇尚的价值取向也体现在饮食文化上。通常，在请客吃饭时，他们奉行的是分餐制，就餐者各点各的菜，这一点体现了西方人对个性的尊重。进餐时人各一盘，并可随意添加调料，就连付账也往往采取 AA 制。在这一点上，他们和中国人有着本质上的不同。

在理性饮食观念的指导下，即使是参加盛大的西餐宴席，西方人通常也不过是享用六道菜，其中只有两道菜算得上是主菜，其余均为陪衬。可见，西方人的宴会重点并不在吃上，他们更看重宴会形式的自由和多样化，主人会千方百计地创造出一种轻松、和谐、欢快的气氛，让客人们身心都能享受到那种自由自在的美好时光。更多的时候，西方人把吃饭看成是聚会和交流的一个绝好机会，吃在其中固然重要，但却不是最重要的。这种宴请不需要讲排场和摆阔气，平时宴请中的饭菜就更为简单。我们口中常说的"party"（聚会）上，主人通常只提供饮料、酒和一些简单的食物，如奶酪、炸薯条、三明治等，并不提供正式的饭菜。

2. 宴客形式

英语国家的宴客形式丰富多样，大致有以下几种：seated dinner（有席位的宴请）、buffet dinners（自助餐）、luncheons（正式午餐）、receptions（招待会）、cocktail parties（鸡尾酒会）、picnics（野餐）、tea parties（茶会）。在宴客时，究竟采用哪种用餐形式，完全取决于客人的身份、主人想要达成的目的以及方便程度。该正式的场合一定要正式些，该随意的场合就随意些，重要的是达成宴客的目的。

在现代西方人的社会活动中，商务晚餐已被大多数西方人所接纳，尽管它不如午餐那么方便，但当被宴请的人无法赴午餐之约时，晚餐便成为首选的宴客形式之一。参加这种晚宴的人通常是致力于共同事业的若干人。但类似这种形式的宴请，一般不包括被宴请人的家属。宴客的主人务必提前到达以迎接客人，并且要事先预定一个比较安静的座位或是包间。如果就餐的人没有级别上的差异，那么大家可以随意就座。一般来说，饭前会为每位客人准备两杯酒，正式晚餐在饭前酒之后开始，主要有六道菜，包括汤、鱼、主菜、色拉、甜食（如布丁、蛋糕、冰激凌等），再加上茶或者咖啡。用餐结束后，主人会主动邀请客人一起去听音乐会、看足球比赛或是欣赏歌剧。

在大部分西方国家，尤其是美国，cocktail parties（鸡尾酒会）深受人们的青睐，这主要是因为主人举办起来比较经济，不会耗费太多的钱财和时间。它是西方社会中一种传统的宴会形式，主要以鸡尾酒来招待客人。有时，它也泛指各种各样的酒会（drinks parties）。这种宴客方式的特点是比较随意，宴请的客人人数可多可少，举行的时间也比较灵活。一般的鸡尾酒会，举办方可以通过电话通知来邀请客人。然而，一些大型正式的鸡尾酒会需要宴请方发出正式的请帖邀请，同时要求客人明确答复是否参加。因其轻松、愉悦的就餐氛围，这种酒会越来越受到人们的欢迎。cocktail parties 不设专门的餐台和座椅，就餐宾客可以随意走动，相互交谈，还能自行选取自己喜欢吃的食品。这种宴请方式有利于参加者开展广泛的社交活动。另外，宾客到达和离开的时间也很自由，可早可晚，可迟到或早退，他们不受过多约束，更不拘泥于礼节。整个酒会进行时间大约一个小时，相对较短。

酒会上宴客以酒、水为主，食品多为放在餐桌上的三明治、面包、小香肠等各种小吃，用餐的客人用手拿着吃或用牙签插起食用，人们一般不用刀叉。在酒会进行过程中，饮料和食品主要由服务员用托盘端送。这类酒会的场面虽然热闹，但吃食一般较简单，常以炸土豆片、花生米、起司条、鱼子酱、冷牛肉等来下酒。就餐的客人通常是在酒会结束前 10 分钟左右告别。由于鸡尾酒会的节俭性和简单易行性，这种宴客方式成为不少人回送人情的最佳选择。按照"礼尚往来"的社交原则，受人之请，还人以情，西方人常在家中举办这类酒会，把该请的朋友、同事都请来，一次性还完自己所受的人情"债务"，这就是另一种酒会的渊源"Pay-back Parties"（还人情酒会）。实际上，它是成功变身后的鸡尾酒会。

此外，在西方一些商务业务往来活动中，以午餐形式进行的宴请也是人们的首选。这种就餐一般安排在对主人和客人都比较方便的餐馆里。如果你需要和客人就某个特定主题进行交谈，最好提前预订一个比较安静的桌位，这种宴请的时间一般不超过两个小时。在主食上桌前，主客双方可以喝一杯鸡尾酒、橘子汁或是矿泉水。这种就餐形式比较随意，就餐座位的安排也无需特别在意。西方国家崇尚自由，追求一种不受繁文缛节约束的自由生活，因此，buffet dinner（自助餐）便应运而生。顾名思义，"自助餐"就是客人自己拿着餐盘，来到主人已摆好食品的桌边，自己动手挑选自己喜欢的饭菜。这是现在非常流行的一种自助餐或半自助餐式的宴请活动。宴客时，主人把准备好的食物和各种饮料放在餐桌上，由客人根据自己的需求随意选用。用餐开始后，被宴请的客人挑选自己喜欢吃的食物放入手中的托盘，然后找到空闲的座位，一边吃，一边和周围的朋友交谈。自助餐之所以盛行并被众人广为接受，原因很简单：首先，客人可以随意走动，自助取食，比较自在随意；其次，它不受餐桌座位数量的限制，能宴请较多客人，同时，不需要服务人员提供餐前饭后的帮助；再者，自助餐的用餐方式是客人自我服务，在宴客场所找到无人就座的位置坐下后，可以和周围的用餐者随心所欲地交谈。这种不讲究座次的用餐方式，给了用餐者极大的活动自主性。

酒在西方各种宴客形式中是必不可少的调味品，一次宴会中需要准备的酒品往往有很多种，如餐前会喝一些开胃的鸡尾酒，主菜时需要搭配葡萄酒。根据不同的菜品，所饮用的酒也会有所不同，如吃鱼或主菜时应该喝干白葡萄酒；吃红色的肉菜，如牛排、猪排一类的，则应该喝红葡萄酒。宴客后一般会饮用咖啡，它是西方宴客中的特色饮品。一般来说，咖啡杯很小，使用时一定要注意不要用手指穿过杯耳端起杯子，而应该用拇指和食指捏住杯把再端起杯子。饮咖啡时，一般右手端起咖啡杯，左手轻轻托着咖啡蝶，慢慢移向嘴边轻啜。咖啡汤匙放在杯子旁边，是用来搅拌咖啡的。如果咖啡较热，用咖啡匙轻轻搅拌，等它稍微冷却后再饮用，但一定不要用它来舀咖啡，更不能用嘴对着杯子吹凉气，这是一种非常不礼貌的行为。

3. 宴客习俗

一般来说，在宴请客人之前，西方人都会先进行预约，以此表示诚意。对于一些比较正式的宴请活动，主人需要提前几周就开始发送邀请卡或电子邮件，逐一通知客人。但若是家人或朋友聚会，通过电话或者口头通知就足够了。被邀请的客人必须及时回复，以示礼貌。由于西方人的时间观念较强，个人主义倾向明显，所以宴会前的预约是很必要的。根据预约信息，他们会非常明确地告知你具体的到访时间。因此，即使客人提前到了宴会场所，也需要在外面等到预约的时间点再进去。

在西方参加宴请时，一般遵循"礼轻情意重"的送礼原则。一束鲜花、一瓶洋酒、一盒巧克力等，都是宴会上不错的见面礼物。同时，西方人非常注重礼物的包装，有的礼物甚至会包上好几层。一般来说，比较合适的做法是主人在接受礼物时，当面直接打开礼物，并且要表达出自己收到礼物时的欣喜和快乐之情。

西方人的宴饮十分讲究座次排列，良好的座次礼仪可以体现出对客人的尊重，一般要遵循以下两个原则：一是遵从女士优先的原则。宴客开始时，应请女性客人先入座。女主人在宴会中坐主位，主位同中国一样是面对门的座位，而背对门的座位通常是男主人的座位。二是男女宾客需要穿插而坐，且遵循右手为尊的原则。客人中，最重要的女性客人要坐在男主人右边，男主宾要坐在女主人右边。切记，就餐时对女士一定不能按照年龄来排主次位置，因为在西方，女士的年龄是隐私。如果宴客没有女士参加，则男主人坐在主座位上，主宾坐在男主人的右手边，依次按照右手为尊的方式进行排座。就餐落座时，夫妇两人尽量不要挨在一起，这样做是为了让大家可以认识更多的人。女主人认为时间合适了，便会招呼大家入席。入座时，一般男士要走在女士后面，并且男士还要为自己邻座的女士拉开椅子，帮助其入座，以显示绅士风度。女主人跟随在其他客人之后，最后一个进入餐厅。在正式的西式宴会上，主人会为客人准备座位的指示卡，客人按照卡片入座。随着多元化、快捷化社会的迅速发展，现在中西宴会的座位安排并不拘泥于传统或固定某一种坐法。尤其是亲朋好友聚会时，座位的排列只要舒适、方便就好。

为了饮食方便和饮食礼仪的需要，西方人制造了各种各样的餐具用于就餐。他们的餐具种类繁多，陈列的餐具各司其职：有吃鱼的刀叉、面包刀、黄油刀、生蚝叉和蜗牛叉等；杯子方面，有大小不一、功能各异的香槟酒杯、水杯、红酒杯、白酒杯等；匙子也分汤匙、甜点匙、咖啡匙等。在宴客时，西方遵循"先汤后菜"的用餐顺序，主要食物有开胃菜、餐前汤、主菜、甜点、水果、咖啡等，无论哪个环节的菜品，大家都使用自己的餐具分份食用。所有客人入座后，作为"带路人"的女主人会先把餐巾打开，这一动作表明可以开始进餐了。

第一环节的开胃菜是西方宴会的餐前开胃品，一般是小份的冷热开胃菜以及小面包，主要作用是刺激食欲、让人心情愉悦。接着是汤，同样起到开胃润喉的效果。主菜在汤后呈上，一般以肉类为主，如牛排、烤猪、鸡肉、鱼等。西方的菜名比较简单直接，通常就是食物种类加上烹饪方式，如茄汁猪排、火腿蜜瓜、香橙烤鸭等；也有按地名或人名来命名的，如法式焗蜗牛、罗马鸡。每个人的盘子里每道菜一般只有三样：一块肉，搭配一些蔬菜、芝士或其他调料。主菜之后便是种类繁多的甜点，甜点中除了小蛋糕、奶酪，还有布丁、煎饼等，以及富含维生素的水果。最后，西方人会再喝点咖啡或茶，以此作为宴客的收尾。

与中国宴客相比，西方宴会上的菜品在种类和数量上或许稍显逊色，但西方菜品中的蛋白质含量和维生素含量是经过仔细研究和搭配的，营养十分丰富。从冷菜到最后的甜品，都是为了补充人们身体所需的各种能量。此外，西方人不喜欢浪费，人们可以按照个人意愿点餐，但一定要吃多少点多少。女主人看到大家吃得差不多了，便会暗示用餐结束，这就代表大家可以离席了。

在宴会上，西方人也会敬酒、干杯祝福，但是不会劝酒。他们认为，喝酒是个人行为，自己想喝多少就喝多少。在餐桌上进餐时，人们应该举止文明、从容大方，讲究节俭，避免浪费。如此，餐桌上的整个气氛才会和谐、融洽。

三、中国人的感性饮食观

习俗是由"礼"逐渐发展演变而来的，我国自古以来就很重视"礼"

所发挥的作用。在《汉书》中，有"礼祭天子九鼎"的说法。"宴"的古字写作"筵"，筵和席同义。我国最早的宴饮行为源自先秦时期的祭祀礼仪，宴饮活动的雏形也正是在那个时期得以形成。先秦时期的宴饮，一般表现为大家聚在一起，席地而坐进行聚会交流的场景。

中国是一个以农耕文化为基础，并呈现出鲜明农业文明特征的国家。受农耕文明的深刻影响，中国饮食形成了以植物蔬菜为主、以动物肉食为辅的结构体系。从先秦时期开始，中国人的饮食便确立了"五谷为养"的生活方式，即饮食中粮食占比较大，肉类相对较少，辅以各类菜蔬，植物类菜品在整个饮食结构中占有主导地位。

1. 饮食文化

作为东方哲学代表的中国哲学，其显著特点是宏观、直观、模糊且不可捉摸。中国人对饮食的追求，是一种难以用言语精准表达的"意境"。世代以来，中国人都将"天人合一"视为最高境界，这是因为中国人在认识外界事物时看重直觉，而直觉是一种可以意会却难以言传的微妙感受。若想真的懂得这些道理，就必须亲身去体验，用心去感悟。中国的饮食观是感性的，充满了艺术的"性灵"与境界美，其饮食文化是基于中国哲学基础之上的感性饮食观。由这种饮食观延展而来的中国饮食文化，一方面为创造力提供了灵感来源；另一方面则体现在饮食的随意自由性上，如菜肴的搭配、器具的使用等方面，都可以随心所欲地发挥，甚至到了一种艺术的极致境界。在一定程度上，这种随意性可以加深感官的认知体验。

中国人的直觉与事物融为一体，他们追求事物的和谐统一之美，追求人与自然、社会、国家的内在统一，追求"天人合一"的境界。泱泱中国，地域饮食丰富多彩，每个厨师依据自己的体悟制作出的菜肴口味各异，这在一定程度上有利于饮食文化的创新。要知道，这种直觉创新并非依靠思维活动，也不必有推理过程，只是在脑海中灵光一闪即成，它具有一种无法解释的神秘意境，因而这是一种重内心体验的感性认识。中国人心中的饮食文化，是以由感官而至内心的愉悦为首要因素，去追求那种难以言传的"意境美"。对于这种"只可意会不可言传"的美好感觉，人们想方设法地从感官上加以把握，用色、质、香、味、形和器等可以感受的因素将它们具体化、实物化。在菜肴制作上，讲究调和，追求各因素的和谐统一。其中，味道最难以捉摸，却最能引发人感官和内心的愉悦，因此，它居于众要素之首。同时，在中国饮食中，味道也是最为人们所追求和珍视的。评价一个厨师的技艺如何，味美是居于色、香、味、形等诸多因素之首的标尺。正如民间俗语所说:"民以食为天,食以味为先。"纵观亘古五千年的中国饮食文化,我们一直都把追求美味奉为进食的首要目的。

从另一个角度来说,简简单单的"吃",其实蕴含着丰富的心理、文化和深刻的社会意义。中国菜系中的一些菜,其本身只是作为味道的载体而出现,如公认的名贵食材海参、鱼唇、驼峰,其主要成分都是廉价的动物胶,全靠用鲜汤来腌制本身毫无味道的它们。因而,众多学者将中国人这种特有的观念称为"泛食主义"的文化倾向。中国人宴客的特点:重吃,注重菜肴的丰富多彩,却相对忽视食物的营养配比。

在中国人的主要菜肴里,素菜在平常的饮食结构中占有主导地位,因而西方人认为中国人具有植物性格。将其拓展到中国人的文化行为方面,可以看到,绝大部分中国人喜欢安居乐业,追求稳定的生活条件和安逸的生活环境。这使我们时时刻刻记挂着自己的"家"和祖宗的"根"。在海外旅居数十年的华人,古稀之年会步履蹒跚地拄着拐杖,千里迢迢来祖国认祖寻根。中国人身上固有的这种叶落归根的情怀和我们的饮食文化是息息相通的。它使中华民族有着更强的凝聚力,让中国的传统文化习俗有着催人泪下的人情味道。

在中国饮食文化的发展道路上,如今我们已经在运用理性思维把握其科学的发展方向,注重营养与健康的理念。这种理性思维绝不是呆板地复制西方的理性观,而是在质上和量上进行理性控制。我们坚决抵抗不利于身体健康的饮食,而对于民族饮食文化中的优秀传统,则要大力发扬,实现多样化发展。在形式与内容上感性把握,在追求其色、香、味的同时,保持食物营养的完整性,将西方饮食文化中的科学、营养和注重卫生的优良特质融入中国饮食文化的发展进程,从而保持汉民族饮食文化的精髓,追求感性与理性的完美结合,使其成为一个营养科学与色香味俱美的有机结合体。

2. 宴客习俗文化

从传统习俗的角度来看,中国人请客时,无论是在餐馆还是在家里,都十分重视较为正式的宴客形式。中国人具有多样化的时间观念,这一点在参加宴请时表现得尤为明显,他们往往会因为各种原因迟到一会儿。对此,主人似乎也早有思想准备,通常会在这段时间安排一些其他活动来打发"等待"的时间,如打牌、聊天等,让其他客人在轻松玩乐中消磨时间。对于这种"迟到"现象,主客双方都不觉得有什么问题,并不将其视为对宴客主人的不礼貌行为。

当然,随着全球一体化的进程加快,人们在宾客活动中的时间观念已经逐渐加强，越来越多的人会准时赴宴，迟到的现象也越来越少。客人到达后，相互寒暄一番便落座。通常，宴客中的座位安排以面向南为上，面向北为下，"南"的方位在中国人心目中象征着至高无上。长期占统治地位的儒家文化倡导长幼有序、尊重长者的思想和行为准则，这一准则常常被用作排座的标准，位高权重者或年长者先入座并坐在首席。此外，受浓厚的歧视女性的思想影响，部分中国人缺乏对女性的尊重，有些地方在宴客时仍有"女人不上席"的旧习俗。

农耕文化与中国饮食有着无法分割的紧密联系。中国人在用餐时喜欢使用圆桌，用筷子吃饭，这些看似平常的细节，都体现出一种祥和之气，表现了中国人喜欢和平与安定的生活，以及反对侵略的内心愿望。宴客进餐时，进餐礼仪自始至终都贯穿着一个"让"的精神。宴客开始时，一般来说，主人会先给主宾夹菜；当有新菜上来，让主人、主宾和年长者先动筷，以表示尊敬；随后，他们会频频敬酒，客人则谦让有礼。中国人认为，这样的宴客方式才能充分体现主人的热情和诚恳。然而，中国人在宴客时所表现出来的这种热情和谦虚，常常会令西方人感到难以应对或不可理解。

中国人的传统观念决定了他们更倾向于"众乐"而非"独乐"。因此，他们往往采用"共享"的宴客方式。在一席之上，大家高声畅谈，共享桌上的美味菜肴，这主要是由中国人的集体主义观念所决定的。"四海之内皆兄弟""天涯若比邻"等传统的待客观念代代相传。具体体现在宴客中，就是大家在一起要吃得开心、吃得舒坦，像一家人一样。在满足个体生命和心理需求的同时，中国人的宴客更注重满足社会与情感的需要。因此，共聚餐桌旁、开心享美食的就餐情景，能让我们真切地感受到"民以食为天"、团圆幸福的至乐画面。

"持家要俭，待客要丰"是中国人宴客的传统文化观念。中国人在请客吃饭时十分讲究排场，会不遗余力地准备丰富的菜肴，认为菜肴越丰富就越能体现出主人的殷勤和客人的身份。一般来说，正式宴请至少要上七八道菜，且饭菜的量通常会大大超过主人和客人所能消耗的量。然而，随着时代的发展和节俭意识的提高，宴客或饮食中的浪费现象已成为我们要摒弃的陋习。例如，在山东烟台大学第七餐厅工作的保洁员师傅，带领部分大学生率先加入了学校餐厅的"光盘"行动，他们提倡餐厅不多点、食堂不多打、厨房不多做，呼吁每一个人都要养成珍惜粮食、厉行节约、反对浪费的好习惯。"光盘行动"倡导厉行节约，反对铺张浪费，带动大家珍惜粮食、吃光盘子中的食物。这个词汇一度成为2013年十大新闻热词、网络热度词汇，并且成为知名的公益品牌之一。如今，它已经悄然影响到我们寻常百姓的日常生活和外出就餐。饥饿离我们并不遥远，即便在今天，我们依然要谨记"锄禾日当午，汗滴禾下土。谁知盘中餐，粒粒皆辛苦"，珍惜粮食、节约粮食仍是需要我们坚守的传统美德之一。当然，要彻底改变沿袭数千年的文化积弊，仍需一个漫长的过程，它需要我们每一个人的参与，并在长期推广后才能真正得以实现。

3. 宴客习俗中的"君子"——茶

中国是世界上最早发现茶树并利用茶叶的文明古国，是茶叶的故乡。早在4700多年前，我们的祖先神农氏就发现了茶的药用价值。慢慢地，茶成为中国人日常生活中不可缺少的用品之一，"粗茶淡饭""开门七件事，柴米油盐酱醋茶"等俗语，正是对茶在人们生活中重要地位的真实写照。

作为文化形式的物质载体，茶在人们的生活习惯、风俗礼仪中占据着相当重要的地位，这一点集中体现在各民族的婚俗礼仪和宴客习俗之中。在中国，从招待各国贵宾的重大节日到款待亲朋好友的良辰喜事，茶都是宴客时必不可少的饮品。"客来敬茶"既是我国传统的待客礼仪，也是传统美德的体现，不敬茶会被认为失礼。

茶文化是一种从物质载体中升华出来的精神境界。中国人在喝茶的过程中，形成了自己独特的茶文化。中国人喝茶讲究"清冽淡香"，无论是花茶还是绿茶，都以水洁茶香为首要追求，这与西方人常饮的咖啡截然不同。为了品到真正的茶味，一定不能将牛奶、糖块之类的佐料放入茶壶。中国人饮茶，不仅讲究品位、意境，更讲究心情。品茶者最能领悟饮茶可使身心获得放松与健康的真谛，因而，饮茶是一种颇为讲究的生活习惯。在家中待客时，主人必须使用专用茶匙摄取茶叶后放入茶壶，不能用手直接抓取茶叶，因为这既不卫生也不礼貌。泡好茶后，主人最好准备茶盘，且茶水不能倒满。喝茶讲究小杯慢饮，切忌用大杯喝茶，正如中国俗话所说"茶满欺客"，一般倒七分满即可。主人将茶端至客人面前时，可略躬身说："请用茶。"客人也应礼貌地接过茶，同时注意饮茶要适量。需要注意的是，隔夜茶或是浸泡时间过长的茶是不能继续饮用的，因为长时间浸泡的茶会产生微量毒素，影响饮茶人的身体健康。此外，还有一种说法，中国人喝茶时如果发现有茶梗在茶杯中浮起，预示着有贵客要临门，这是让喝茶人十分高兴的一件事；另外，倒茶时一定要注意茶壶的壶嘴不能对准客人，因为这在习俗中意味着要赶客人走。这也算是饮茶的一种文化习俗。

作为中西方跨文化交际活动中一种必不可少的交流方式，宴客是其中非常重要的一个环节，它对整个交际活动的成功与否起着至关重要的作用。不论是东方人在盛宴上的交杯换盏、把酒言欢,还是西方人在聚会上的浅杯小酌、窃窃私语,都表明在现代社会的社交活动中,宴客的意义不仅仅局限于吃饭消遣,它更是加深情谊、谋求合作发展的一种绝佳方式。但是在现阶段,我们对宴客的系统性研究还存在一定的欠缺和不足之处。可以说,对于外语学习者和跨文化交际的参与者来说,这是一个值得我们深入学习和探究的领域。

花海踏浪篇(8)——"无酒不成宴"的友好邻邦:俄罗斯

作为地跨欧亚大陆、世界上面积最大的国家,俄罗斯疆域辽阔,拥有漫长的陆上和海上边界线。受海洋文明、农耕文明等特殊地理环境和人文环境的共同影响,在长期的历史发展进程中,俄罗斯融合了东西方不同文化,成为两种截然不同文明的融合体。在欧洲文化的影响下,俄罗斯饮食文化同时兼备亚欧大陆饮食文化的基本特征。在保留本民族传统文化的基础上,俄罗斯充分汲取外国饮食文化的精华,使得本民族饮食文化日益发扬光大。在饮食方面,俄罗斯人更看重食物的营养搭配,对食物的色、香、味却未有过多苛刻的要求。至少,我们可以这样说,味觉享受不是俄罗斯人饮食的第一着眼点。不可否认的是,经过千百年的发展,俄罗斯饮食已经成为世界美食园地中一块独具魅力的芳草地。

无酒不成俄罗斯人的宴席。在俄罗斯人的宴客活动中,酒的重要性无与比拟。无论是宴请朋友、庆祝生日,还是举办喜事、迎接新年等场合,酒在俄罗斯人的宴席上都起着"领舞"的作用。

1. 饮食文化

和中国人的饮食相比,俄罗斯人的饮食显得极其单调。白菜汤和燕麦粥是俄国人的家常菜,其烹调模式基本上采取"鱼就是鱼,牛排就是牛排"的原则。即便有所搭配,那也只是在盘中的一种简单拼凑,就像"1+1=2"那样一目了然,绝无饮食的调和之美和艺术感可言。固有的思维方式和处世哲学,使俄罗斯人形成了自己独特的饮食特征:精巧专维、自成体系,他们更关注食物中的营养成分。

同西方人的饮食观念一样,俄罗斯人的饮食观念倾向于科学性和理性化。在色、香、味、形等诸多因素中,食物的营养被放在第一位。他们最关心营养成分,讲究一天要摄取多少热量、维生素、蛋白质等,这些一定要得到保证。所以,在饮食中他们尤其关注食物营养成分搭配是否合宜,这些营养成分能否被充分吸收以及有无其他副作用等,而菜肴的色、香、味则置于次要位置。即便摆在面前的是口味一般的饭菜，让他们毫无食欲，但内心的理智却会告诉他们：一定要吃下去，因为这些有营养的食物对他们的身体健康有益而无害，如众所周知的"五大领袖""四大金刚""三剑客"。所谓"五大领袖"，指的是面包、牛奶、土豆、奶酪和香肠，其中土豆是俄罗斯人餐桌上不可缺少的"主角"特色食品。此外，生西红柿、生洋葱、酸黄瓜、酸白菜等也是他们的最爱。"四大金刚"指圆白菜、葱头、胡萝卜和甜菜。"三剑客"指黑面包、伏特加、鱼子酱。这个极其形象化的说法，不仅俏皮、可爱，而且十分贴切地说明了俄罗斯饮食文化的特点。

　　总之，俄罗斯民族粗犷、豪放、朴素、实诚，他们对饮食有着三项基本要求：量大、油重和热乎。黑面包加白菜汤，基本符合了这些要求。因此，简单粗放的传统饮食习惯，使俄式菜命名突出原料，直截了当。它们极少像中餐那样运用修辞手段来报菜名，如 жареная рыба （炸鱼）、жареные курицы （炸鸡）、салатиз огурца （凉拌黄瓜）、варёное мясо （煮肉）、копчёная колбаса （熏香肠）等，这些俄式菜名，固然缺少了言语的艺术性，却多了几分菜肴的实用性。

　　从某种程度上说，饮食特点是一个民族特性的生动反映。俄罗斯地域辽阔，大部分区域处于温带，冰雪和严冬是其典型气候特征。这里有着严酷漫长的冬天，以及舒适却短暂的夏季。除了干燥的草原和西伯利亚地区外，以泥泞、干旱和沼泽地为主的地质土壤和自然条件，不利于农业发展，因而决定了这里能够种植的农作物数量有限。但是，大自然中广袤的森林和肥沃的草原，却滋养了大量的牛羊群。再加上俄罗斯人身上秉承的游牧民族和航海民族的文化血统，发达的畜牧业为他们提供了丰富的肉类食品和奶制食品。此外，俄罗斯人必须拥有强健的体魄，才能抵抗漫长而又寒冷的冬天，因此，他们必须摄入热量高、油重的食物御寒。上述种种原因，使得俄式菜肴的特点之一便是油大味重、制作简单、重视火候，各种肉类和野味必须煮得很熟才能入口。许多菜做完后，还要浇上少量黄油再食用。除少量俄式菜，如红菜汤（борщ），是将多种荤素材料放在一个锅里熬制而成外，俄式餐更多地强调原料本味及调味料各自独立使用。如"土豆烧牛肉"这道菜，对俄罗斯人来说，就是烧好的牛肉加上煮熟的土豆。这道菜绝不像中国人那样，把土豆和牛肉一锅烹制，最后加入调味品盛盘上桌。

　　特殊的地理位置，使得俄罗斯的很多菜式源自法国、波兰和意大利等西方国家，但经过其自身若干年的发展和创新，大多菜式已改变了原有的烹调方式和口味，成功地变身为地道的俄式大菜（русская кухня）。具体来说，俄式大菜的特点是一般不串味，菜肴的主料和配料通常分置，色彩上对比鲜明，在味道上各种原料一般互不调和，泾渭分明。

2. 宴客习俗

无论是东方国家还是西方国家，各国丰富多彩的文化背景造就了其五花八门的宴客习俗。当然，俄罗斯也不例外。

俄罗斯人坦诚、热情且十分好客。一般来说，无论是到别人家做客，还是邀请朋友来自己家做客，都要提前告知对方。稍微正式一点的宴请，则需向对方发出书面邀请；非正式的邀请，可以是口头表述或电话传达，以便主人做好宴客准备。只要是朋友来访，无论是因工作关系，还是专程来访，都会受到被拜访者的热情款待。招待朋友时，主人总是身着节日服装迎候客人，随后开车带着客人游览当地名胜，晚上则在家中举行隆重宴会。宴客时一般使用长桌，男女主人分坐两端，并且按照男女主宾和一般客人的次序，安排男女穿插就座，以女主人的座位为准，主宾坐在女主人右上方，主宾夫人坐在男主人右上方。

按照俄罗斯的宴客习俗，他们会用"面包和盐"来招待最尊贵的客人。通常，身穿节日盛装的姑娘会手捧一个圆面包和一个小盐缸，站立迎宾。首先，被迎接的贵宾要吻一下面包，然后掰下一小块，在上面撒上一点盐，品尝一下后表示自己的谢意。俄罗斯人对盐的崇拜可以说是无以复加，他们认为盐具有驱邪除灾的神奇力量。

宴客进餐时，餐具主要为西式刀叉，一般采取分餐制。用餐时使用刀叉和羹匙，叉放在盘碟左边，刀和羹匙放在右边，酒杯在盘碟前面。用餐者右手持刀或羹匙，左手拿叉。羹匙的持法与握笔方法基本相同，匙柄放在大拇指与食指之间，用中指在柄下拖住；刀叉的拿法是轻握后半部，食指按在柄上。使用刀叉进餐时，左手拿叉按住食物，右手持刀切成小块，用叉子送入口中。一般是切一块吃一块，不要一下子切完，每块大小以一口量为宜。吃完一道菜后，将刀叉排放在盘上，且刀叉柄朝右，此时服务员会前来把它们收走。如果下一道菜需要继续使用刀叉，则要把它们放在桌子上。通常而言，俄罗斯餐桌上的宴客餐大致可分为三道菜：菜汤和冷盘是第一道菜。丰富多样的俄式菜特别体现在凉菜上，一次家宴往往会上近十个品种的凉菜。凉菜之后的热菜属于第二道菜，也就是我们所说的正菜，一般是烧烤的鸡鸭鱼肉，分量以刚好吃完或稍有剩余为佳。如果是在家里宴客，最好能把所有的菜吃完，这样的话女主人会非常开心,认为大家非常喜欢她做的菜。

宴客过程中,主人一定要热情、坦诚待客,不论烹饪技艺高低,都要像俄罗斯谚语中说的那样"炉子里有啥,往桌上端啥"。餐桌上的俄罗斯人,在安静地切割自己盘中的饭菜时,还必须时刻注意自己的餐桌礼仪及仪表。如汤菜过热时,一定不能用嘴去吹,可待其放凉后再吃;喝汤时绝对不能发出响声。进餐过程中,就餐者要闭嘴咀嚼,且不要说话。如果有人同你讲话,一定要咽下食物后再做回答。切记不能舔嘴唇、咂嘴发出声音。和左右两边的客人交谈时,要注意音量,保持在对方能听见的程度即可,别人讲话时不可以插话回应。正菜吃完后,主妇就会撤去刀叉和菜盘,接着端出自制的大蛋糕或甜馅饼、冰淇淋等作为第三道菜,同时沏上一壶浓茶,同客人边喝茶边闲聊。

去过俄罗斯的中国人都有同样的感受,在俄罗斯的大小餐厅用餐时,无论何时都不会受到任何喧嚣、嘈杂声音的困扰。人们一边享用美食,一边低声细语地交流。进餐的每个人都在用心营造一个幽雅、安静的公共就餐环境,这有利于朋友之间进行个人情感的交流。这一点的确值得我们学习。

3. 宴请习俗中的"领舞"者——酒

酒是一种蕴含着不同文化的交际工具。在宴请宾客和朋友聚会的场合中,它发挥着沟通感情、传递友谊的桥梁和纽带作用。早在公元9世纪时,俄罗斯的历史文献中就提及了酒的生产和制作。到了15世纪,俄罗斯开始大量生产酒,并进行出口贸易。现如今,在俄罗斯人的日常生活、重大节日、婚嫁丧娶、招待宾朋的宴请活动中,最离不开的东西就是酒。作为一个嗜酒民族,俄罗斯人在长期的历史发展过程中,形成了自己独具特色的酒文化。

热情、粗犷和豪放是俄罗斯人的性格特点。他们世代祖居于北西伯利亚寒带地区,冬季从当年的9月一直延续到次年的4月,这意味着大多数俄罗斯人要忍受漫长且寒冷的冬季。为了抵御严寒,饮酒成为俄罗斯人日常生活中的重要内容之一。久而久之,这种饮酒习惯成为俄罗斯人的生活习俗,进而形成了俄罗斯独具特色的酒文化。俄罗斯人对酒的崇拜和对酒精的依赖,展现出其他任何民族都不具备的狂热。在重大庆典和节日活动中,酒是宴会上真正的"领舞"者,正所谓"无酒不成宴"。宴会上的人们开怀畅饮,把酒狂欢,以此表达心中的兴奋,展示属于自己的那份欢乐。

俄罗斯的酒种类繁多,其中人们最常饮用的有伏特加、啤酒、葡萄酒和香槟酒等，普通老百姓家里都备有饮用各种酒类的各式专用酒杯。伏特加实际上是一类酒的泛称，又叫俄得克或俄斯克。在俄罗斯，几乎所有的白酒叫伏特加，它相当于中国的白酒。伏特加的原产地是东欧，后传入俄罗斯，成为俄罗斯人情有独钟的一种酒。饮用伏特加酒的酒杯大多是200~300毫升的大杯子，饮酒之前最好把酒杯放进冰箱冷却一下，据说这样口感更佳。伏特加被赞誉为俄罗斯民族的"精神和灵魂"，更被戏称是俄罗斯男人的"第一妻子"。对于俄罗斯男人来说，它不只是日常生活的重要组成部分，更是他们的精神寄托。由此可见，伏特加是俄罗斯人的最爱，在俄罗斯的宴请活动中，它的社会地位和重要性不言而喻。据统计，现在俄罗斯生产的伏特加占世界传统伏特加酒市场总产量的4%。

此外，另一种酒精饮料——啤酒，也备受俄罗斯人的宠爱和青睐，在俄罗斯，啤酒是作为一种普通饮料出售的。换句话说，它并不作为酒类饮料在政府控制下销售。因此，在任何一个出售软饮料的商店、商亭里，你都可以方便地买到啤酒。无论是在酷夏的清晨，还是在严冬的深夜，你都能看到悠闲自得的俄罗斯男女手持啤酒瓶开怀畅饮的场景。近年来，俄罗斯啤酒业取得了迅猛发展，啤酒已成为广大消费者的重要选择。由于俄罗斯人逐渐意识到健康等因素的重要性，因而对烈性酒的消费兴趣逐年下降，转而更加青睐葡萄酒。对于喜欢葡萄酒的俄罗斯人来说，使用专门饮用葡萄酒的酒杯品酒，是一种身心愉悦的享受。葡萄酒专用酒具是一个底部稍宽、顶端附近呈锥形的透明玻璃用具，它由杯座、杯茎和杯肚三部分构成，其形状像极了郁金香。这种形状的酒具能让喝酒的人边喝边晃动葡萄酒，晃动后的酒香会汇聚在狭窄的开口处，直接朝着饮酒者的鼻子方向飘散。俄罗斯对葡萄酒的大量消费，使其销量增长势头惊人。在酒精类产品中，葡萄酒的销量已经超过了啤酒。不过，由于苏联的主要葡萄酒产区格鲁吉亚、乌克兰等纷纷独立，俄罗斯葡萄酒产业大幅度萎缩。因而，现在市场上销售的半数葡萄酒为进口产品。

香槟酒也是俄罗斯人在重大节日、婚礼等重要庆祝场合不可缺少的最爱，其绵软的酒度和甜甜的口味博得了大多数俄罗斯人的喜爱，几乎适宜于所有年龄段的人，包括男人、女人、老人、儿童，正所谓"如果说伏特加是属于俄罗斯男人的，那么香槟酒则是属于全体俄罗斯人的"。饮用香槟酒的酒杯是那种又细又长的高脚杯，其似碟形的杯身能使酒保持低温，同时展示它升腾的气泡。当今俄罗斯商店里，酒类产品品种繁多，有伏特加、香槟酒、葡萄酒、啤酒及其他酒精饮料，人们的选择余地很大，但香槟酒以其独特风味得到了俄罗斯人的广泛喜爱。

在俄罗斯人的宴客习俗中，祝酒词作为酒文化的一项重要内容，发挥着举足轻重的作用。祝酒词，指在各类酒席宴会上发表的一种应酬说辞，它表达了主人对来宾的热情欢迎与真挚问候，客人则以衷心的祝愿表示答谢。祝酒词是主人招待宾客常见的一种宴客礼仪方式，更是俄罗斯人宴席上的一大特色。

祝酒词不仅能够让餐桌上的就餐者回忆起美好的情感，更能为宴请创造和增添热闹活跃的氛围，它是增进人们情感交流的重要措施之一。无论在何种宴会上举杯畅饮，俄罗斯人都需要借助各种形式的祝酒词来烘托气氛。他们的祝酒词犹如一首优美的诗篇，诙谐幽默且充满激情，充分表达了对亲朋好友的情感、对他人美好品行的赞美以及对生活与生命的热爱。俄罗斯人的祝酒词自有其规矩和讲究。按照他们的宴客习俗，第一杯酒祝贺朋友相逢（相识）；第二杯酒祝福朋友身体健康（友谊长存）；第三杯酒祝福女人永远年轻、漂亮；在喝最后一杯酒时，则会说"上帝保佑，这不是最后一杯酒"。正式场合的祝酒词必须是严肃、深沉且委婉的表达，而亲朋好友聚会的祝酒词则可以进行谐谑和调侃式的陈述。在各种不同的祝酒词中，"爱"是出现频率最高的词汇，它包括对国家、民族、亲朋、好友及家人广泛意义的爱，更包括对上帝的爱。

不同宴席中通常采用不同标准的祝酒词。婚礼上的祝酒词要注重情感方面的表达，如婚宴上的第一句祝酒词是献给新郎、新娘，通常的形式是："今天，我们欢聚一堂，为了……和……走在了一起，现在我们大家共同举杯，为了新人的幸福干杯！"此外，在整个婚宴期间，要不止一次地喊"苦啊！苦啊！"而在葬礼或忌辰的酬客宴席上，祝酒词通常以逝者生命中某些幸福的感人片断作为第一部分，以"为……的伟大无私而干杯"开头，最后以"……我们永远怀念你，你永存我们心中"作为结束语。众所周知，俄罗斯人有酗酒的不良习惯。但在宴请客人时，他们自始至终都会表现得礼让有加、彬彬有礼，这大概是希望在客人心中留下一个美好的回忆吧。

酒文化是俄罗斯物质文化和精神文明的结晶，它已经成为俄罗斯宴客习俗中一个必不可少的组成部分。俄罗斯人祝酒词中蕴含着俄罗斯民族的民族性，折射出俄罗斯酒文化的个性特点。随着俄罗斯与世界经济文化的不断交流和发展，俄罗斯人的祝酒词将成为增进人们友谊、加深情感和相互交流的重要桥梁和纽带。

第五章

跨文化交际能力

在全球化的新形势下,各国、各民族间的交往日益频繁,一个全球化的"地球村"已渐露雏形。跨文化交流已经成为世界各国人民间普遍存在的人际交往活动,任何人都无法抵挡这种国际融合的趋势和潮流,跨文化交际学也因此成为一门非常重要的学科。为了能从容应对跨文化交际活动,我们必须迅速提升跨文化交际能力,以适应现代社会发展趋势的需求。作为外语学习者和跨文化交际活动参与者,我们需要越来越多的跨文化交际策略来融入并调和跨文化交际情境。全方位的跨文化交际能力是保证跨文化交际活动得以成功完成的首要条件。

据此,"跨文化交际能力"这一概念进入我们讨论的范畴。为了凸显其重要性,本书将其单独设为一章,以期引起大家的关注。

第一节 文化与跨文化交际能力

许多语言学习者在掌握了一定的语言能力后,能够自如地应对外事活动,但在和 native speakers(本国人)交际时,却常会因犯一些文化错误而导致交际失败。在某种程度上,这种文化错误往往比语法错误更令人难以接受。因此,语言学习者普遍认为,学习语言不能仅仅局限于语言系统本身,而必须将所学语言与对应的文化结合起来,增强文化意识和文化敏感性,进而培养跨文化交际能力。随着现代社会的发展和"地球村"的逐渐形成,世界各国的交往日益密切,各国之间的文化接触越发频繁,外语教学的目标也随之扩展到跨文化交际能力的培养和形成。

一、跨文化交际能力

近年来,跨文化交际能力的相关讨论已成为我国外语界的热点话题,大家对跨文化交际能力的兴趣和重视程度由此可见一斑。许力生（2000）曾指出："近年来，这个概念（即跨文化交际能力）在语言教学界（主要是第二语言和外语教学界）似乎有日渐流行的趋势；然而，对与之相关的一系列问题所进行的探讨（特别是有足够深度的探讨）却不多见，可以说还相当薄弱。"这种情况在十几年后的今天仍然呈现一种薄弱态势。跨文化交际能力本身是一个十分复杂的问题，各国学者对这一问题的讨论已持续半个多世纪。如何培养这种能力更是一个见仁见智的话题。无论如何，厘清一些基本概念是非常必要的。例如，什么是跨文化交际能力？如何定义跨文化交际能力？跨文化交际能力包含哪些要素？跨文化交际能力的培养有哪些途径？在不同阶段应该解决哪些跨文化交际能力问题？等等。

佩里（Perry）和索斯维尔（Southwell）指出（2011），众多学者对跨文化交际能力给出了各种不同的定义，但其中唯一的共同点在于，他们都承认"跨文化能力指与来自不同文化背景的人们有效、恰当地进行交往的能力"。施皮茨贝格（Spitzberg）（2000）这样界定跨文化交际能力："跨文化交际能力广义地说可以理解为这样一种印象，即这一行为在某一特定的语境中是恰当和有效的。"① 贾玉新认为，跨文化交际能力（intercultural communicative competence）应包括基本交际能力系统、情感和关系能力系统、情节能力系统和交际方略能力系统。基本交际能力系统主要强调交际个体为达成有效交际所应具备的能力，主要由语言能力、文化能力、交往能力和认知能力这四种能力组成。

1965年，美国著名语言学家乔姆斯基（Noam Chomsky）提出了"语言能力"这一概念，他认为，"语言能力指的是本族语者对本族语这种语言的认识，是说话者和听话者内在的语法知识，是一种比某种语言更抽象的知识体系或状态，这种知识结构本身能够使说话人完成具体的听、说、读、写、译等语言运用活动"②。按照乔姆斯基的理论，语言能力不能等同于语言的运用能力，但他也承认，语言能力是一种由先天基础能力和后天经过习得过程共同造就的产物，这为后来语言交际能力的提出奠定了理论基础。文化交际语言能力是在语言能力基础上形成的一种外语能力，主要是对目标国家或

---

① Spitzberg B. A Model of Intercultural Communication Competence [A]. In Samovar L A & Porter RE (eds.). Intercultural Communication; A Reader (9th. Ed.) [C]. Belmont, CA: Wadsworth Publishing Co., 2000: 375-387.

② [美] 诺姆·乔姆斯基. 句法结构（第二版）[M]. 陈满华, 译. 北京：商务印书馆，2022.

者交际对象国语言认知和内化的知识结构。按照乔姆斯基的理论，语言能力是语言行为的基础，然而语言行为却不一定能够真实反映一个人的语言能力。跨文化交际中的语言能力是跨文化交际能力的基础，是衡量一个人跨文化交际能力时不容忽视的参数。

继乔姆斯基提出语言能力后，1971年，社会语言学家海姆斯又扩展了这一概念，提出了交际能力，其包括语法（合法性）、心理（可行性）、社会文化（得体性）和概率（实际出现）等方面，即涉及在何时、何地、如何以及与谁进行交流。他强调，从语言到实际行动的转化过程才是真正的交际能力的体现。一个人的语言在形式上是否符合语法规则决定了其可能性，而这种语言能否被人们付诸实践行动，或者在多大程度上能够转化为行动，则决定了其可行性；它在某一特定场合或情境中是否得体，决定了其得体性或恰当性；而是否已经实施或是实施的程度，则决定了它的有效性。海姆斯的交际能力概念强调了语言与实际行为的得体、有效转化。

众所周知，跨文化交际的行为本身并不等同于其交际能力，但交际能力往往是通过交际语言和交际行为得以体现的。语言的确切性与行为的得体性在很大程度上取决于交际场景和交际对象，交际行为的得体性能够反映出其是否符合交际语境中交际对象的社会文化规范。因此，交际能力不仅是跨文化交际能力的基础，而且是语言能力向跨文化交际过渡的关键。没有交际能力，跨文化能力就如同纸上谈兵；语言能力又构成了交际能力的基础，没有扎实的语言知识基础，交际能力的培养就成了无源之水、无本之木。

跨文化交际能力可表述为：跨文化交际能力＝目的语适宜性＋目的语文化知识。由此可见，目的语适宜性与目的语文化知识相互作用、相互制约、相辅相成。那么，形成跨文化交际能力的重要基础是什么呢？

在跨文化交际能力的概念中，交际的有效性和行为的合适性是两个地位等同、密不可分的因素。其中，交际的有效性是指与来自异文化的人进行沟通时，若达到了交际目的、有效地传递了信息、实现了沟通，那么这就是有效的交际。行为的合适性是指在异文化的各种情境下，能够选择合适的行为。将这两者融合在一起，便构成了跨文化交际能力的定义，即指在异文化环境里，要按照自己的意愿实现某个目的，所选择的交际行为在异文化的人看来也是合适且可接受的。一个人在掌握了一门外语的语言能力和交际能力之后，其文化能力就能帮助他正确地判断交际场合和交际目的，从而合适地使用语言，有效地表达和传达意思。可以说，交际能力与文化能力的有机融合是有效形成跨文化交际能力的重要基础。

跨文化交际能力（intercultural communication competence）与跨文化能力（intercultural competence）是两个绝对不能等同的概念。文秋芳认为，跨文化交际能力是两个部分组合而成，包括交际能力和跨文化能力。在她的跨文化交际能力图表中，交际能力与跨文化能力共同构成了跨文化交际能力。具体而言，交际能力则包括语言能力、语用能力和变通能力；跨文化能力则包括对于文化差异的敏感、对于文化差异的容忍以及处理文化差异的灵活性。

二、文化差异在跨文化交际中的重要性

跨文化交际学的创始人爱德华·霍尔认为，了解外国文化交际方式的最佳动力是激起一种活力和意识感——唯有体验到强烈的对比和差异，才会引发兴趣。也就是说，不同语言背景下的文化对比可以帮助我们深入了解所学习语言对应的外国文化，从而顺利地完成跨文化交际活动。

习俗文化作为文化的一部分，因国家、地区不同的地理位置和语言文化背景，各地的习俗呈现出鲜明的地域性和趣味性。众所周知，习俗文化现象是表面生活风俗习惯和深层文化的统一体。对比中西方生活习俗及其文化根源，不仅可以提升跨文化交际能力，也有助于语言学习者深入理解词语及语法的生成逻辑，进而真正掌握这种语言。

中国传统文化历史悠久、博大精深。作为一名中国人，我们肩负着保护和传播中国传统文化的双重重任，因为我们是中国传统文化的传承者和创造者。然而，作为一名语言学习者和跨文化交际活动的参与者，如果要详细阐述日常生活习俗现象背后的深层次原因并深究其根本，恐怕不是每个人都能做到。因此，首先，我们必须充分了解本国古今文化；其次，要全力学习有一定陌生感的西方文化，包括常见的文化习俗以及这些习俗背后的深层次价值观念及其在语言中的具体体现。文化差异问题是一个内容十分丰富且极其复杂的问题，跨文化交际中产生的误解、不快、关系紧张等诸多问题，都与交际双方不了解对方的文化习俗密切相关。因此，不同文化背景下的文化习俗差异是跨文化交际中的重要障碍之一，或者说是导致跨文化交际不能顺利进行的重要原因之一。

中西方文化差异对比不仅有助于我们深入了解自身的文化，还能让我们触碰更多的西方文化盲区，对于促进中西方的跨文化交际具有重要作用。同时，在具体的跨文化交际活动中，我们经常会遇到"文化定势"现象，即对某一社会群体的某种文化一概而论，没有考虑个体差异或具体的交际情景。因此，在跨文化交际中，我们必须全方位考虑文化内核的结构差异、传统文化的特征差异、宗教观念的不同及其在语言中的具体表现，从而避免犯

文化定势的错误。这就要求人们在跨文化交际中具备较深厚的文化功底，建立敏感的文化差异意识，深刻理解不同文化之间的差异。

第二节 外语教学与跨文化交际能力的培养

2010年颁布实施的《国家中长期教育改革和发展规划纲要（2010—2020年）》明确提出，要"开展多层次、宽领域的教育与合作，提高我国教育国际化水平"，要"培养大批具有国际视野、通晓国际规则、能够参与国际事务和国际竞争的国际化人才"。

就外语教育而言，对接国家的人才战略需求，凸显国际化优势，培养国际化外语人才显得尤为必要且重要。针对国际化外语人才的培养，众从学者从不同层面进行了阐述。曹德明（2011）提出，应以国际化培养为主线，以学生发展作为工作中心，全力培养善于进行跨文化沟通的国际型外语人才。他倡导在人才培养定位和课程设置方面，要更加契合国际化需求，积极创新教育方式，强化思维训练，尤其是注重打造一支高水平、国际化的师资队伍，扩大国际交流的规模，强化交流的效果。庄智象等（2011，2012）在对比国内外外语人才培养经验、剖析我国外语人才培养存在问题的基础上，探讨了国际化创新型外语人才的内涵，并从10个方面详细阐述了此类人才培养的目标、途径、渠道和方法等。课程设置作为外语教学的重要组成部分，在一定程度上决定了所培养人才的性质。

继海姆斯提出交际能力包括语法性（即合乎语法规范性）和可接受性（涵盖文化层面的可行性、情境中的得体性和现实性）之后，卡纳勒（Canale）和斯温（Swain）于1980年进一步提出，交际能力由语法能力（grammatical competence）、社会语言学能力（sociolinguistic competence）、语篇能力（discourse competence）和策略能力（strategic competence）共同构成。赵爱国和姜雅明（2003）则认为，跨文化交际能力特指运用非母语或第二语言进行外语交际的能力，包括语言能力、语用能力和行为能力。其中，语言能力由语音能力、词汇能力、语法能力和语义能力共同组成；语用能力则包括语境能力、语篇能力、社会语言学能力和社会文化悟力；行为能力则包括社交能力、非语言交际能力和文化适应能力。杨盈和庄恩平（2007）尝试建构了一个由全球意识、文化调适、知识和交际实践这四大能力系统所组成的外语教学跨文化交际能力框架。

因此，结合教学实践来看，跨文化交际能力指的是在跨文化交际过程中，为顺利完成交际所必需的，基于跨文化意识的语言能力、语用能力和交际实践能力。其中，语言能力包括听、说、读、写、译等基本技能；语用能力则包括语用行事能力、语用推理能力、语用心理能力、语用文化能力以及语用语境能力等；交际实践能力包括语言交际实践能力与非语言交际实践能力，并强调语言规则和交际规则的灵活转化。跨文化交际能力的培养、跨文化意识的形成和文化知识的建构，这三者之间存在紧密的联系。学习者需在培养跨文化意识的基础上，掌握相关的语言知识和文化知识，进而培养语言能力和语用能力，并通过文化融入和策略培训等方式，在跨文化交际的实践过程中进一步提升其跨文化交际能力。

一、跨文化交际能力培养的局限性

培养跨文化交际能力已成为外语教学的目标。可是，在我们的实践教学工作中，仍存在一系列无法回避的问题。

首先，存在过度强调讲英语的西方国家文化的情况，英语因其广泛的适应性，已成为一种世界性语言，但这种倾向会导致学习者最终获得的只是英语世界中特定文化体系的交际能力，而不是他们中许多人认为的具有普适性的跨文化交际能力。在跨文化交际中，即便使用其中一方的母语作为交际媒介，也并不意味着双方所有的言语行为都要符合那一方文化的语用规范。跨文化交际中言语行为的适当性，不能完全由所使用的语言来决定。例如，到中国来的美国商人，虽然在用英语与中国人交往，但他们不可能完全坚持其美国文化的语用规约，至少应当在一定程度上顺应中国文化环境的交际适当性。在跨文化交际中，我们必须承认差异的存在，并允许差异共存，其中自然也包括交际双方在语言运用上的差异。如果仅以交际一方的文化习俗为标准去消除差异，使双方达到语用上的统一，那么就很有可能最终丧失交际中的跨文化性质。诚然，用这样的方式可以降低相互交往的难度，但在一定程度上，会极大地限制跨文化交际中双方实现各自话语潜势的空间。跨文化交际的真正目的，在于使交际双方不仅可以充分表达属于自己文化的观点和声音，而且能够最大限度地相互接近和理解，从而实现真正意义上的无障碍沟通。

其次，存在过多夸大对目的语文化学习的问题。许多学习者往往忽视了对自身本族语文化的了解和认识，在完全舍弃自己母语文化的同时，却对西方历史文化了如指掌。甚至有一部分外语学习者只是盲目地接受目的语文化的生活方式和世界观，进而改变其文化认同，这种做法显然是不可取的。跨文化交际能力包括认知、情感、行为等诸方面的适应能力。具备这些能力的交际者，能够在跨文化交际中根据实际情况搁置或修改自己原有的文化习惯，去学习和顺应与之不同的文化习惯，并创造性地处理交际双方之间的文化差异。在此过程中，跨文化交际学习者不仅能获得目的语文化知识和交际技能，而且可以深入了解目的语文化，实现两种语言和文化价值系统的互动，使其目的语文化的融合力与母语文化的鉴赏能力相互促进，从而充分发挥自身的潜能。对此，高一虹教授提出了跨文化能力中的文化超越问题，这主要包含以下几层含义：

第一，要意识到文化差异或文化定型的存在，但不被其束缚和限制。

第二，能够以更加开放、灵活且有效的方式进行跨文化交际。

第三，在跨文化交际中积极建构自我认同。所谓"生产性"，源自人本主义心理学家弗洛姆（Fromm）的理论。在外语学习中用来指对母语与目的语的掌握，对于本族文化与目的语文化的理解，以及两者之间的积极互动，相得益彰，对两种文化的认识也在质量和深度上达到新水平，促进了人的认知、情感、行为的成长。

最后，如何培养跨文化交际能力，是一个需要外语研究者和语言学习者不断深入研究和探索的问题。跨文化交际能力的培养离不开外语教学中的文化教学，文化教学包括文化知识、情感态度以及举止行为三个方面。在当下的外语教学中，对跨文化交际能力的培养以及文化教学大多还停留在文化知识层面，而对其他两个层面的分析相对较少。在这些现有的教学模式中，教师以灌输的方式为主，启发式教学方法几乎鲜少运用。在课堂教学过程中，学生处于一种被动接受知识的状态，所学内容与他们的切身体验缺乏联系。这种教学模式带来的最明显后果是学生所掌握的文化知识缺乏系统性，老师随意讲和学生泛泛听，是因为没有一个循序渐进、条理清晰的教学模式，而这样的教学现状，根本无法满足外语教学中文化多元性和发展性的需求。

基于上述存在的局限性，高一虹教授指出，新的跨文化交际能力的培养模式应该具备以下特点：

第一，以文化意识的培养为中心，有对文化多元性的意识和对文化差异的宽容态度，对异文化的共情能力，以及对自身文化价值观念及行为方式的觉察和反省。这种文化意识有助于学习者主动获取深层次处理文化知识的能力，使他们在跨文化交际行为中具有更强的灵活性和创造性。

第二，注重态度和情感层面的培养，其中也包括认知层面，尤其要强调批判性的反思能力。

第三，该模式应适用于与任何文化（包括本国文化中的亚文化）成员的人际交往，而不局限于目的语文化。

二、提高跨文化交际能力的策略

如何在跨文化交际实践中提高跨文化交际能力呢？首先，要具备跨文化意识。这意味着要突破语言障碍，在此基础上认识、理解母语文化和目的语文化的特点，明晰两者之间的文化差异，并秉持尊重其他文化的态度，只有这样，才能切实有效地提高跨文化交际能力。

1. 认识增强本族文化意识

在跨文化交际中，诸多社会因素，如受教育程度、经济地位，以及对目的语文化的认同感和从属感等，都会影响个人的价值观念和行为模式，而文化在其中起着决定性作用。爱德华·霍尔曾指出，文化涵盖了人的个性、表达方式、思维习惯、行为模式等各个方面。可以说，人类生活的每一个方面，都与文化紧密相连，并深受其影响。因此，我们需要在日常的学习和生活中时刻保持思考，用心去认识和理解身边无时不在的文化。通过这种方式，我们才能提高对母语文化的认识。在追寻本族文化的根源过程中，我们要深入认识文化是如何影响个人的价值观、信仰、习惯和行为的。同时，还要认真审视哪些价值观、信仰、行为和习俗是与本族传统文化紧密相联的。

2. 学习、理解目的语文化

学习目的语文化知识，对于我们理解在跨文化交际中遇到的陌生价值观、信仰和行为有着极大的助益。虽然这些知识不能保证我们准确无误地预见他人的各种观念和行为，但一定能给我们的深入思考提供拨云见雾般的指导。

具体而言，我们可以通过多种途径来学习目的语文化知识。首先，通过书籍、艺术和现代技术等渠道来学习。其中，阅读是人们普遍采用的认识和理解外族文化的重要方式。其次，在尊重对方文化的前提下，向目的语文化的传播者学习。我们应将来自外族文化的人看作其文化的传播者和协调人，在与他们交谈与共事的过程中，学习其文化习俗。此外，那些曾在双文化或多文化环境中生活过的朋友、同事和邻居，也是我们获取异域文化知识的重要来源。通过与他们的交流互动，我们能感受到不同的信念和习惯，进而更新自己的观念。参加外族的文化活动，同样是帮助我们理解和欣赏其蕴涵文化的绝好方式。通过亲身参与庆祝节日、宗教仪式、社区生活等不同文化活动，我们能逐步加深对异域文化的认识。最后，掌握外族的语言是学习其文化的关键。无疑，这也是学习文化最快捷、有效的方法。语言与文化的关系十分紧密，某个文化中的诸多内容都反映在其语言之中。

因此，外语能力是跨文化交际能力的有力保证，具备使用一门或者多门外语进行交流的能力，对于提高跨文化交际能力起着至关重要的作用。同时，外语的使用能够提升个人的交际策略，拓宽思考的角度。在这个微妙而神奇的过程中，人们常在不知不觉中超越自己看待客观世界的固有视角，将自己的认识提升到一个全新的高度。

3. 提高跨文化交际的效率

经过一段时间的学习和积累，我们扎实掌握了某种语言的语法知识，在充分了解异域文化，并具备一定文化意识之后，我们必须着力提高跨文化交际的效率。

第一，要培养跨文化交际的正确理念。包括尊重来自不同文化背景的人，以诚恳的态度尝试从对方文化的视角来思考和理解客观世界；尊重文化差异，乐于接受新知识，保持思想的灵活性和应变能力，善于利用不同的文化资源；具备敏锐的幽默感，能够容忍文化差异的误解，摒弃成见，避免先入为主地评判他人；对本族文化的局限性有清醒的认识，始终抱着学习的态度待人接物；把文化差别看作学习的宝贵资源，在对比文化差别中学习不同文化知识，而非简单地比较其优劣强弱。

第二，要切实提高跨文化交际能力。包括建立和维持良好交际关系的能力，最大程度减少交流失误的能力，协同合作以达成共识或达到共同目标的能力。

第三，要协调跨文化交际中各因素的关系。主要是指处理好意识、态度、知识和技能四个方面的关系。跨文化交际意识是形成正确态度、学习知识、增强技能的前提条件；跨文化交际的态度又决定着知识的学习和技能的提高；跨文化交际的知识是意识和态度的体现，又是提高技能的基础；跨文化交际的技能则是其他三者的集中体现。同时，跨文化交际的态度、知识和技能又共同强化跨文化交际的意识，它们相互依存，相互促进。处理好这四个方面的关系，对于提高跨文化交际能力，进而提升其效率具有重要意义。

归根结底，外语教学的最终目的是培养学生熟练运用目的语与不同文化背景的人们进行跨文化交际活动的能力。掌握目的语的语音、词汇、语法等语言结构规则，是进行交际的前提条件。严谨的语法结构规则有助于我们说一口流利、正确的外语。值得注意的是，熟悉与这种语言相关的文化知识，掌握其使用规则，更有助于我们恰当得体地使用这种语言。正如邓炎昌、刘润清（1989）所说："学习一种外语不仅要掌握语音、语法、词汇和习语，而且还要知道使用这种语言的人如何看待事物，如何观察世界；要了解他们如何用他们的语言来反映他们社会的思想、习惯、行为，要懂得他们的心灵之语言，即了解他们社会的文化。"因此，学习和运用外语必须了解与这种语言密切相关的文化，必须培养学生的跨文化交际能力。

三、跨文化交际能力的培养途径

语言与文化之间存在密不可分的关系，这种关系决定了语言学习不仅仅是语言知识的学习，更应该包括文化知识的学习，以及对语言学习者跨文化交际意识和交际能力的培养。学习一种语言，本质上就是一种文化的熏陶过程。要想真正掌握一种语言，就必须熟悉并掌握它所承载的文化内涵。只有让学生在学习语言的过程中同步获取文化知识，才能切实有效地提高学生的交际能力。

如何培养跨文化交际能力，在学术界是一个备受关注的重要课题。在认知层面，一般采用讲课、阅读有关材料、使用音像制品、开展网络教育等方式进行教学。但是，认知的转变并不等同于感情和态度的变化，更不意味着各种能力的自然获得。在感情层面，培训方式多种多样，包括典型案例分析、与不同文化背景的人互动交流、实地体验异文化环境等。在能力层面，语言能力比较具体，可通过科学的方式进行检验，并且能通过授课等方式习得，其他能力则主要通过在实际生活和工作中不断实践来培养。大量的实践案例充分证明，培养跨文化交际能力是一个艰巨、复杂且长期的过程，不是仅仅通过课堂上的授课就可以实现，但不可否认，外语课堂教学的确是跨文化交际能力培养极其重要的一步。

张红玲（2007）认为，外语教学不是培养跨文化交际能力的唯一途径，历史、地理、文学等科目都可以从不同的角度向学生介绍文化知识。实际上，只单纯依靠外语教学来培养跨文化交际能力是远远不够的。跨文化交际能力的培养不仅需要社会和学校大环境的支持，而且也有赖于其他学科的密切配合。Byram（2008）指出，长期以来，英国高等教育界一直认为，高层次的交际能力只有通过实地体验才能获得，对于跨文化交际来说更是如此。张红玲（2007）认为，跨文化交际能力培养应该被视为"外语教学的高级目标"。[①] 实际上，跨文化交际能力的培养不仅需要在教学环节进行精心设

---

① 张爱玲，吴诗沁. 跨文化能力教学参考框架发布 [J]. 外语界，2022（5）.

计，还需要大量的课外活动与之配合，其中就包括国外学习或工作等实践活动。目前，国内大多数高校的外语专业安排了与国外高校互派交流生、互认学分的教学项目，这种实践性极强的教学方法，不但有利于培养学生的外语语言能力，而且对他们的跨文化交际能力培养起着十分重要的作用。研究证明，在异文化环境中生活、与不同文化背景的人接触，都是获得跨文化交际能力的重要途径。

早在2000年，《高等学校英语专业英语教学大纲》就已明确提出跨文化交际能力的培养，但当时大纲设计者仅将其安排在低年级的概况课程和高年级的文化课程之中。不可否认，概况课程和文化课程的确能够为学生提供西方国家的地理、历史以及文化等方面的知识，并且在课堂教学中，这些课程也有助于培养学生的跨文化交际能力。但纵观目前我国各大外语院校的教学大纲，可以发现，跨文化交际课程的设计者对于跨文化交际能力的认识尚未达成统一，并未予以其足够的关注和重视。但前面已经提到，对不同文化的认知能力只是跨文化交际能力的一个层面，仅仅在课堂上进行知识点的输入，难以真正培养学生的跨文化交际能力。换句话说，跨文化交际能力的培养并非一门或几门课程就能完成的教学环节，它必须贯穿于学生的整个教学过程，外语专业的诸多课程都应当建立在跨文化交际的层面之上展开教学。即使是语言学习基础教学阶段的一篇精读课文，也应该以不同文化的对比和提高文化意识为出发点进行讲解。这对外语教学而言，无疑是一种大胆的革新，也就是我们所说的教学中的跨文化视角（intercultural perspective）。

除此之外，在教学中培养学生的跨文化交际能力，既要涵盖教学内容，更要注重教学方法的革新。只是在教材中添加一些跨文化交际的内容，并不能有效提高学生的跨文化交际能力。众所周知，在很大程度上，方法比内容更重要。

"培养学生的跨文化交际意识"和"形成学生的跨文化交际意识"绝非意义等同的概念，培养是一个过程，通过这个过程才能形成某种能力的结果。显然，在中小学阶段的外语学习中，要求"形成学生的跨文化交际意识"的确要求过高，或者说是望尘莫及的目标。但不可否认的是，这一阶段正是为"培养学生的跨文化交际意识"和"形成学生的跨文化交际意识"打下基础的最佳启蒙时期。

据此推算，大学阶段的外语教学应该是"在体验跨文化交际的过程中，教师引导学生逐步形成跨文化交际能力"的重要阶段。作为外语教师，我们必须清醒地意识到，培养跨文化交际能力是一项长期而艰巨的任务，帮助学生获得跨文化交际能力是一项需要多管齐下的教学活动，这种能力的获得不可能一蹴而就。

四、外语教学与跨文化交际能力的培养

在外语教学的实践中，我们应该从哪些方面入手来培养学生的跨文化交际能力呢？英国教育家巴瑞·汤玛琳（Barry Tomalin）在 Cultural Awareness（《文化意识》，1998）一书中，提出了7个文化教学目标：培养学生对人们行为都会受到文化影响的理解力；培养学生对社会受到如年龄、性别、社会阶层和居住地等影响人们的言行方式而变化的理解力；增强学生对目标文化在一般情况下常规行为意识；增强学生对目的语中的词和短语的文化内涵意识；培养学生用实例对目标语文化进行评价和完善的能力；培养学生获取目标语文化并对有关信息加以整理的能力；激发学生对目标语文化的求知欲并鼓励学生与该文化的人们有所共鸣。① 在安排外语教学的相关课程设置和教学计划时，我们可以从中得到有益的参考与借鉴。

巴瑞·汤玛琳建议，要通过所学习的语言来了解其背后的文化；对文化行为的学习是每一课必不可少的部分；使学生获得他们认为所需的社会经济能力；使所有水平的学生都能获得跨文化的理解，即对自身文化的理解和对目标语文化的理解；认识到并非所有文化教学都意味着对自身行为的改变，而是为了加深文化认知，进而培养理解和宽容自身及他人行为的意识。因此，对跨文化交际能力的培养应着眼于研究干扰跨文化交际的文化因素，这些因素包括语言手段、非语言手段、社交准则、社会组织和价值观念等多个方面。语言手段包括词语的文化内涵、篇章结构、逻辑思维以及翻译等值等方面。非语言手段则指手势、身势、服饰、音调高低、微笑、沉默以及对时间与空间的不同观念等。②

我们应当促使学生意识到来自不同文化背景的人们惯用的言行交际方式，增强学生对不同文化背景下人们日常行为的了解，并将这些行为与受自身文化影响的具体行为相联系，从而加深学生对自身文化的意识，以及对不同文化、不同道德标准下人们行为的理解。同时，要引导学生深入了解不同文化背景下人们的日常生活模式、言语及非言语行为方式，以及具体情境下的行为原则。具体而言，我们要着重培养外语专业人才的外语能力，以助力他们应对21世纪的挑战。

---

① ［英］Barry Tomalin, Susan Stempleski. Cultural Awareness ［M］. 邓明德，导读. 上海：华东师范大学出版社；牛津：牛津大学出版社，1998.

② 胡文仲. 文化与交际 ［M］. 北京：外语教学与研究出版社，1994.

1. 大学外语教育着重体现文化素质教育

语言是人类文化和知识的载体，因而外语教学成为实施文化素质教育的一个重要途径。语言知识和语言技能的教学需通过学生的实践才能得以完成，在很大程度上，学习效果取决于学生的主观能动性和参与程度。因此，大学的外语教学更强调教师的指导作用。作为课堂教学活动的组织者和实施者，教师应在最大程度上充分发挥自己的课堂引导作用，积极挖掘学生的主观能动性，目的是使学生成为课堂教学的真正参与者和合作者。

在外语教学的实践中，"效能兼顾"的教学方法可以提供大量的语言知识点和文化着眼点的有效输入，同时营造轻松愉悦的学习氛围和课堂文化环境。在此基础上，该方法能充分调动学生主动学习的积极性，从而引导学生形成有效的学习方法，并同步提升自身所习目的语语言的相关文化知识储备。

必须注意的是，我们习得的外语可以用于获取信息，也可用于了解世界各个国家和各民族的文化历史、社会习俗、政治经济、风土人情等多方面的知识。但需要特别强调的是，在文化素质教育中绝不能忽视母语的学习，良好的母语基础是学好外语、提升文化素质、培养跨文化交际能力的根本所在。

2. 正确地发挥教学中教材的作用

在跨文化交际能力的培养过程中，外语学习教材的选择无疑起着举足轻重的作用。

一本优质的教材应该具备以下特征：它不仅要包含所学习外语的语言知识，还必须涵盖外语运用的知识和相关文化背景知识。对此，我国外语界人士已充分认识到文化在跨文化交际语言使用中的重要性，各大高校的外语专业相继开设了英美概况、英美文学、哲学等课程，旨在提高学生外语能力的同时，帮助他们扩大视野。但略有不足的是，上述所提及的文化教学大多聚焦于英语国家的政治、历史、文学和经济等方面的知识，即所谓的"成就文化"，而对于在外语实际交际活动中受文化影响最大的"行为文化"（behavior culture）则涉及甚少，甚至根本未予提及，这样的教学状况导致学生在跨文化交际能力的培养方面成效甚微。

因此，高校外语专业有关跨文化交际能力的课程改革已迫在眉睫，必须立即制定相关的课程内容，并将其切实应用于课堂教学实践中，如此培养的外语专业毕业生才能成为21世纪所需的人才，才能够顺应时代和社会发展的需求。

在课堂的实践教学活动中,授课教师在关注教材内容的同时,还要采用切实可行的教学方法,使书本上静态的语言素材活泼起来。通过事实例句,引导学生自主发现母语和所习得外语之间的相同点和不同点,认识两种不同语言中所隐含的不同文化和价值观念。在此基础上,让学生自己总结并真正认识到,语言深层的交际是使用得体的语言形式进行跨文化交际,而不仅仅是语言层面上的一种形式交流。授课教师必须时刻牢记,教材是课堂教与学的源头活水,它是为教学服务的。基于教材提供的语言素材,师生采用教、学互动的方式,提高课堂知识输入量,确保学生在一定的课堂时间内有效汲取外国优秀文化的精华。

3. 课堂上培养学生的自我完善意识

交际能力主要由语言能力和文化能力构成。在着力培养学生文化能力的同时,并不意味着要放弃或是放松目的语语言能力的学习。

语言知识是语言技能的基础,没有扎实的语言知识,就不可能掌握较强的语言技能,而语言技能的提升也会促进语言知识的深化理解和巩固。在掌握语言技能的过程中,应正确处理准确与流利的关系,以及阅读与其他技能之间的关系。在进行听、说、读、写、译的技能训练时,运用语言知识的准确性与运用语言技能的流利性有时会产生一定的冲突。但准确和流利不应处于对立状态,它们犹如一个硬币的两面,相互依存。准确是流利的基础,流利则是准确的升华。若没有流利,准确只是空中楼阁,根本谈不上进行有效的口头和书面翻译交际。从语言学习规律来看,语言技能的娴熟程度直接体现在语言交际能力上。听、说能力的提升是获得语言交际能力的基础,大量的语言输入建立在听和读的基础之上。同时,说、写、译是对语言素材的深层次应用和消化,语言知识也在这个过程中逐步得到系统巩固。

在语言教授过程中,教师应积极引导学生自己归纳、总结知识,培养学生主动学习的能力,耐心指导学生如何在学习过程中通过上下文来记忆和巩固所学单词。总之,教师应时刻关注培养学生的语言意识、语言学习意识、跨文化交际意识以及主动通过实践获取知识的意识。如此一来,学生在学习一门外语时,就不仅仅是在学习语言知识,同时也在学习如何学习。与此同时,外语的学习过程就演变成了一个人获取语言能力、交际能力、文化能力和跨文化交际能力的综合性过程。

外语教学的主要目标是培养学生的交际能力,而不了解所习得语言国家的文化,就不可能真正具备跨文化交际能力。因此,在培养学生跨文化交能力的过程中，应鼓励学生尽可能多地涉猎跨文化交际方面的书籍，鼓励他们与不同文化背景的人们进行交际，不断培养和提高他们的跨文化意识，以及对不同文化的敏感性和理解能力。这样，学生就能在学习语言的同时学习文化，从而成功地实现跨文化交际活动。

参考文献

1. Edward Sapir. Language [M]. New York Harcourt. Brace and Company, 1921.

2. Palmer L R. An Introduction to Modern Lingustics [M]. New York: Publications Inc., 2006.

3. Michael Byram. Cultural Studies and Foreign Language Teaching [M]. // in a Bassnett (ed.) Studying British Cultures: An Introduction. London: Rougledge, 1997.

4. Michael Byram. Michael Routledge Encyclopedia of Lannguage Teaching and Learning [M]. London: Routledge, 2004.

5. Clifford Geertz. The Interpretation of Cultures [M]. New York: Basic Books, 1973.

6. Claire Kramsch. Language and Culture [M]. 上海: 上海外语教育出版社, 2000.

7. Spitzberg B. Issues in the Development of a Theory of Interpersonal Competence in the Intercultural Context [J]. International Journal of Intercultural Relations, 1989, 13 (3): 241-268.

8. Spitzberg B. A Model of Intercultural Communication Competence [A]. In Samovar L A & Porter RE (eds.). Intercultural Communication: A Reader (9thEd.) [C]. CA: Wadsworth Publishing Co., 2000: 375-387.

9. Витте С. Ю. *Воспоминания*: В 3 т. Талин, 1994.

10. [苏] 鲍瓦西里耶夫. 这里的黎明静悄悄 [M]. 王金陵, 译. 长沙: 湖南人民出版社, 1981.

11. 邓炎昌, 刘润清. 语言与文化 [M]. 北京: 外语教学与研究出版社, 2001.

12. 邓炎昌. 英汉语言文化对比 [M]. 北京: 外语教学与研究出版社,

1989.

13. 傅美琳. 中国风俗大辞典［M］. 北京：中国和平出版社，1991.

14. 关世杰. 跨文化交际学——提高涉外交际能力的学问［M］. 北京：北京大学出版社，1995.

15. 高等学校英语专业英语教学大纲［M］. 北京：外语教学与研究出版社，2000.

16. 高一虹. 语言文化差异的认识与超越［M］. 北京：外语教学与研究出版社，2000.

17. 胡超. 跨文化交际使用教程［M］. 北京：外语教学与研究出版社，2006.

18. 胡文仲. 英美文化词典［M］. 北京：外语教学与研究出版社，2004.

19. 胡文仲. 文化与交际［M］. 北京：外语教学与研究出版社，1994.

20. 何晓明. 姓名与中国文化［M］. 北京：人民出版社，2001.

21. 贾玉新. 跨文化交际学［M］. 上海：上海外语教育出版社，1997.

22. 教育部. 义务教育英语课程标准［M］. 北京：北京师范大学出版社，2011.

23. 教育部高等教育司. 大学英语课程教学要求［M］. 北京：外语教学与研究出版社，2007.

24. 罗常培. 语言与文化［M］. 北京：北京出版社，2004.

25. 刘焕辉. 语言交际学［M］. 南昌：江西教育出版社，1987.

26. 李荣建，宋和平. 外国习俗与礼仪［M］. 武汉：武汉大学出版社，1996.

27. 李振澜，王树英，杜家贵. 外国风俗词典［M］. 成都：四川辞书出版社，1989.

28. 梁漱溟. 中国文化要义［M］. 上海：上海人民出版社，2011.

29. 刘焕辉. 语言交际学［M］. 南昌：江西教育出版社，1987.

30. 束定芳，庄智象. 现代外语教学——理论、实践与方法［M］. 上海：上海外语教育出版社，2008.

31. 现代汉语词典［M］. 北京：商务印书馆，2012.

32. 张红玲. 跨文化外语教学［M］. 上海：上海外语教育出版社，2007.